LIAR

거짓말쟁이 역설에 관한 탐구

PARADOX

LIAR

거짓말쟁이 역설에 관한 탐구

송하석 지음

PARADOX

아카넷

머리말

    내가 거짓말쟁이 역설에 관심을 갖기 시작한 것은 1992년경 박사 논문을 준비하면서다. 당시 나는 두 개의 주제에 대한 논문 계획서를 제출하고 면담을 진행하고 있었다. 하나는 비트겐슈타인에 관한 것이고 다른 하나는 데이비슨을 중심으로 한 현대 인식론에 관한 것이었다. 어떤 주제로 박사 논문을 쓸 것인지 지도교수와 면담을 하던 중, 박사 과정 마지막 코스워크의 하나로 진리론 세미나를 수강했다. 이때 거짓말쟁이 역설에 관한 논문을 묶은 마틴(R. Martin)이 편집한 『진리와 거짓말쟁이 역설에 관한 에세이(*Recent Essays on Truth and the Liar Paradox*)』를 읽게 되었는데, 그 책의 논문들은 필자의 지적 흥미를 끌기에 충분했고, 그 세미나를 주관한 비커스(J. Vickers) 교수가 즐겨 인용하던 "진리는 허구보다 기이하다(Truth is stranger than fiction)"는 말씀은 진리론 연구에 대한 자극이 되었다. 나중에야 그 말이 유럽의 속담이라는 사실을 알게 되었지만, 허구보다 흥미로운 진리에 대한 탐구를 내 학생 시절을 마무리하는 논문으로 연구해보겠다고 결심하게 되었다. 나는 당시까지 발표된 거짓말쟁이 역설에 대한 논문들을 검토하고 전체적인 소개와 평가를 준비했다. 그런데 마침 벨납과 굽타의 『진리 수정론(Revision Theory of Truth)』이 출간되었다. 나는 다시 한번 진리 수정론의 견해에 매료되었고 거짓말쟁이 역설에 대한 여러 견해를 진리 수정론의 관점에서 비판하고 진리 수정론을 옹호하는 것으로 학위논문의 결론을 맺었다.

그러나 1994년 학위를 받고서는 스스로에게 했던 약속인 진리론에 대한 지속적인 연구를 오랜 세월 동안 미루고 있었다. 그러다가 2012년부터 논리학회에서 무모순율에 관한 논문 강독회를 하면서 거짓말쟁이 역설에 대한 많은 연구, 특히 초완전성 이론과 초일관성 이론을 중심으로 한 연구가 상당히 많이 이루어졌다는 사실을 알게 되었다. 이를 계기로 다시 거짓말쟁이 역설에 대한 후속 연구를 다짐하고, 2015년 한국 연구재단의 저술지원 사업의 지원을 받아 본격적인 연구를 시작했다. 이 연구 과정에서 많은 동료 학자들의 도움이 있었다. 논리학회에서 무모순율에 관한 논문과 거짓말쟁이 역설에 관한 논문을 같이 읽고 토론에 참여해주신 많은 분들, 그리고 내가 쓴 무모순율에 관한 논문과 거짓말쟁이 역설에 관한 논문을 읽고 심사를 해주신 분들을 포함해 일일이 이름을 거론하기 어려울 정도로 많은 분들의 도움이 있었다. 그분들의 도움이 없었다면 이 연구의 결실을 맺을 수 없었을 것이다.

이 글의 출간을 기꺼이 맡아 책이 완성되기까지 수고를 아끼지 않은 아카넷 출판사와 편집부에 감사를 전한다.

이 책은 거짓말쟁이 역설에 관해 지금까지 제시된 다양한 견해에 대한 내 나름의 평가를 포함하고 있지만, 여전히 역설에 대한 독창적인 견해가 제시된 것도 아니고 제시된 견해에 대한 평가도 나만의 독창적인 것은 못 된다는 점을 솔직하게 고백할 수밖에 없다. 거짓말쟁이 역설에 대한 보다 진전된 연구가 후배 학자들에 의해서 이루어지기를 바라며, 이 책이 그런 연구를 위한 자극과 출발의 계기가 되기를 기원하면서 젊은 논리철학자들에게 이 책을 바친다.

2019년 2월
송하석

차례

서론

"진리란 무엇인가"라는 질문은 철학의 시작과 더불어 던져지고 논의되어온 가장 기본적인 철학의 문제 중 하나다. 많은 철학자들이 이 문제에 답하려고 시도해왔지만, 여전히 그 대답은 합의에 이르지 못한 채 논쟁거리로 남아 있다. 아마도 이 질문만큼 자명해 보이지만, 심오하고 혼란스러운 철학적 질문도 없을 것이다. 그런 점에서 피처(G. Pitcher)는 이 진리에 관한 질문이 "아주 높은 벽과 같은 모습을 하고 있다. 우리는 무력하게 그것을 바라볼 수밖에 없다"[1]고 술회한 적이 있다.

20세기에 들어와서 타르스키(A. Tarski)는 이러한 질문에 의미있는 답변을 제시한다. 그 뒤로 '의미론적 진리개념(semantic concept of truth)'은 철학적 논의의 중심에 자리하게 되었다. 그런데 타르스키가 모든 진리이론이 만족해야 할 최소조건으로 제시한 T-도식은 '거짓말쟁이 역설(liar paradox)'이라는 문제를 낳게 되어, 그에 대한 적절한 해결이 주어지지 않는 한, 그의 진리이론은 성공적인 것으로 받아들여질 수 없다.

역설은 영어로 'paradox'라고 하는데, 이것의 문자적인 의미는 "일반적으로 받아들여지는 의견(doxa)에 반하는 것(para)"이다. 그러나 논리적 역설이란, 어떤 진술로부터 분명하게 타당한 추론 과정을 통해서 양립할 수 없는 두 개의 명제가 얻어질 때 원래의 명제를 논리적으로 역설(또는 역설명제)이라고 한다. 이러한 논리적 역설에 대한 논의가 처음 시작된 것은 그리스 시대로까지 거슬러 올라가지만, 현대적인 관심을 다시 불러일으킨 사람은 타르스키와 러셀(B. Russell)이다.

이 책의 서론에서는 그 기원을 그리스 시대에서 찾을 수 있는 의미론적 역설 중에서 대표적인 거짓말쟁이 역설이 무엇인지, 그리고 그것이 왜 문제인지를 설명하고, 일반적으로 제시되는 해결 방안의 윤곽을 제시할 것이다. 그리고 논리적 역설 가운데 하나인 집합론의 역설 중에서 대표적인 러셀의 역설(Russell's paradox)에 대해서 설명하고 그 역설의 철학사적 의의를 소개할 것이다. 그리고 거짓말쟁이 역설과 러셀의 역설을 비롯한 여러 가지 집합론에 대한 역설을 살펴보고 그 역설들이 갖는 공통적인 특징에 주목할 것이다.

1. 거짓말쟁이 역설

1.1 거짓말쟁이 역설이란?

거짓말쟁이 역설은 에피메니데스(Epimenides)라는 크레타 선지자가 다음과 같은 말을 했다는 데서 유래해서 에피메니데스의 역설이라고도 한다. 에피메니데스는 "크레타 사람들은 모두 거짓말만 한다"고 말했다. 그렇다면 그 선지자의 말은 논리적으로 참인가, 거짓인가? 만약 참이라고 한다면 자신을 포함한 크레타 사람은 항상 거짓말만 한다는 진술이 참이 되어서 자신이 한 이 진술도 거짓이 될 것이다. 또 만약 에피메니데스의 말이 거짓이라고 한다면 크레타 사람들이 진실을 말할 것이므로 그의 말은 참이 될 것이다. 결국 그의 말을 참이라고 가정하면 거짓이라는 결론이 나오고 거짓이라고 가정하면 참이라는 결론이 나옴으로써 전제와 결론이 항상 모순되는 역설이 발생함을 알 수 있다. 이러한 역설을 가장 간단한 형식으로 보여주는 문장은 다음과 같다.

(λ) 이 문장은 거짓이다.

(λ)를 참이라고 가정하면, (λ)가 진술하고 있는 것, (λ)가 거짓이라는 것이 참이 되어 (λ)는 거짓이 되고, 반대로 (λ)를 거짓이라고 가정하면, (λ)가 진술하고 있는 것, (λ)가 거짓이라는 것이 거짓이 되어 (λ)는 참이 될 것이다. 이렇게 (λ)를 참이라고 가정하면 거짓이라는 결론이, 거짓이라고 가정하면 참이라는 결론이 나오게 되어, (λ)는 역설을 낳는다. 이를 형식적으로 증명하면 다음과 같다.

1. $Tr(\langle\lambda\rangle)$ (가정)
2. $\lambda \longleftrightarrow \neg Tr(\langle\lambda\rangle)$ (거짓말쟁이 문장의 의미)
3. λ (1의 T-제거)
4. $\neg Tr(\langle\lambda\rangle)$ (2,3)
5. $Tr(\langle\lambda\rangle) \rightarrow \neg Tr(\langle\lambda\rangle)$ (1,4→도입)
6. $\neg Tr(\langle\lambda\rangle)$ (5의 귀류법)
7. $\neg Tr(\langle\lambda\rangle)$ (가정)
8. λ (2,7)

9. $\text{Tr}(\langle\lambda\rangle)$ (8의 T-도입)

10. $\neg\text{Tr}(\langle\lambda\rangle)\to\text{Tr}(\langle\lambda\rangle)$ (7,8→도입)

11. $\text{Tr}(\langle\lambda\rangle)$ (10의 귀류법)

12. $\text{Tr}(\langle\lambda\rangle)\wedge\neg\text{Tr}(\langle\lambda\rangle)$ (6,11∧도입)

이러한 역설을 거짓말쟁이 역설이라고 하고, 거짓말쟁이 역설을 낳는 (λ)와 같은 문장을 거짓말쟁이 문장이라고 한다. 어떤 언어에나 (λ)와 같은 자기 지시적인(self-referential) 문장이 있다는 것과 모든 명제는 참이거나 거짓이라는 진리치에 대한 배중률(law of excluded middle), 즉 이가의 원리(principle of bivalence)를 받아들인다면 거짓말쟁이 역설은 피할 길이 없는 것처럼 보인다. 그러므로 이 역설을 해결하려는 일반적인 시도는 이 두 전제 중 하나를 포기하거나 수정하는 것이다.

1.2 역설에 대한 전통적인 두 가지 해법

거짓말쟁이 역설이 발생한 이유에 대한 가장 직관적인 생각은 바로 (λ)와 같은 문장이 갖는 기이함 때문이라고 생각하는 것이다. 그리고 그 기이함이란 일반적으로 (λ)와 같은 문장이 자기 지시적인 문장이라는 데서 찾아진다. 즉 거짓말쟁이 역설이 발생하는 이유는 거짓말쟁이 문장의 자기 지시성 때문이라고 진단하는 것은 매우 직관적이다. 그렇다면 한 언어에서 자기 지시적 문장을 금지하면 어떨까?

그러나 (λ)의 자기 지시성은 역설 발생의 충분조건이 아님은 분명하다. 왜냐하면 자기 지시적 문장이 모두 역설을 낳는 것은 아니고, 얼마든지 의미 있고 참인 자기 지시적 문장이 있기 때문이다. 예컨대 "이 문장은 열네 글자로 이루어졌다"라든지 "This sentence is written in English"

와 같은 문장은 자기 지시적이지만, 역설을 낳지 않을 뿐만 아니라 의미 있는 참인 문장이다. 그렇다면 거짓말쟁이 역설과 같은 역설을 막기 위해서 자기 지시적 문장을 모두 금하는 것은 빈대를 잡기 위해서 초간삼간을 태우는 격이 될 것이다.[2] 그렇다면 자기 지시성은 의미론적 역설의 필요조건인가? 다음 문장의 진리치를 생각해보자.

(1) 아래 문장은 거짓이다.
(2) 위 문장은 참이다.

(1)을 참이라고 가정하면, 그 진술이 뜻하는 바에 따라 (2)가 거짓이 된다. 그런데 (2)가 거짓이면 '(1)이 참'이라는 말이 거짓이 되어, (1)은 거짓이 된다. 또 (1)을 거짓이라고 가정하면, 그 진술이 뜻하는 바에 따라 (2)가 거짓이라는 진술이 거짓이므로 (2)가 참이 된다. 그런데 (2)가 참이면, (2)가 뜻하는 바에 따라 (1)이 참이 된다. 여기서 우리는 (1)과 (2)가 자기 지시적이지 않음에도 거짓말쟁이 역설과 같은 의미론적 역설이 발생함을 알 수 있다.

그러나 '우편엽서의 역설'로 알려진 위 역설은 직접적으로 자기 지시적이지는 않지만 일종의 순환성(circularity)을 특징으로 하고 있어 변형된 자기 지시성에 불과하다는 비판이 있다. 러셀은 의미론적 역설을 낳은 진술의 특징을 순환성에 있다고 지적하고, 우편엽서의 역설도 순환성에서 그 원인을 찾는다. 그렇다면 자기 지시성, 혹은 순환성은 의미론적 역설의 필요조건인가? 만약 그렇다면 초가삼간을 태울지라도 적어도 의미론적 역설을 막을 수 있는 하나의 방법은 마련할 수 있는 셈이다.

야블로(S. Yablo)는 자기 지시적이지 않은 의미론적 역설의 사례를 제시하였다. 다음과 같은 문장들의 무한연쇄를 생각해보자.

(S_1) 1보다 큰 모든 K에 대해서, S_k는 참이 아니다.

(S_2) 2보다 큰 모든 K에 대해서, S_k는 참이 아니다.

(S_3) 3보다 큰 모든 K에 대해서, S_k는 참이 아니다.

. . .

(S_n) n보다 큰 모든 K에 대해서, S_k는 참이 아니다.

위 연쇄에서 S_n이 참이라고 가정해보자. 그러면 S_n이 진술하고 있는 것, 즉 'n보다 큰 모든 K에 대해서 S_k는 참이 아니다'가 참이다. 그러므로

(3) S_{n+1}은 참이 아니다.

그런데 S_n이 참이라고 가정하면 n보다 큰 모든 K에 대해서 S_k는 참이 아니므로,

(4) (n+1)보다 큰 모든 K에 대해서도 S_k는 참이 아니다.

(4)는 정확히 S_{n+1}이 진술하고 있는 것이다. 즉 (4)는 S_{n+1}이 참이라고 진술하고 있는 것이다. 그러므로 (3)과 (4)는 모순이다. 따라서 이 연쇄에 있는 모든 문장은 거짓이다. 그렇다면 이 무한연쇄에서 임의의 문장인 S_n 다음에 나오는 문장들이 모두 거짓이 될 것이고, 그 결과 그것을 진술하고 있는 S_n은 참이 될 것이다. 결국 위 문장의 무한연쇄는 모순을 낳는다. 야블로는 이로부터 "자기 지시성은 거짓말쟁이 역설과 같은 역설의 필요조건도 충분조건도 아니다"라고 결론 내린다.[3]

야블로의 역설에 대해서 프리스트와 볼은 야블로의 역설은 궁극적으로 순환적이라고 주장하고 소렌센(R. Sorensen)은 자기 지시적이지 않은

의미론적 역설이라고 야블로를 옹호한다.⁴ 프리스트의 주장을 발전시켜 야블로의 역설이 궁극적으로 순환적이라고 주장하는 볼의 논증을 요약하면 다음과 같다.

1) 야블로가 제시한 무한연쇄의 문장 집합이 역설을 낳음을 설명하기 위해서는 기술(descriptions) 이외에 달리 방법이 없다.
2) 야블로가 제시한 역설에 대한 기술은 순환적이다.
3) 순환적인 기술에 의해서만 설명될 수 있는 것은 모두 그 자체로 순환적일 수밖에 없다.
4) 따라서 야블로의 역설도 순환적이다.

이에 대해서 소렌센, 부에노(O. Bueno)와 콜리반(M. Colyvan) 등은 위의 논증에서 1)과 3)에 대해서 반론을 제기하면서 야블로의 역설이 순환적이지 않다고 주장한다. 야블로의 역설이 순환적인지 아닌지에 대한 치열한 논쟁은 아직도 끝나지 않은 상태지만, 나는 야블로의 역설이 자기지시성을 범하지 않는 의미론적 역설의 사례를 제시했다고 생각한다. 결국 자기 지시성이라는 순환성의 문제는 거짓말쟁이 역설의 발생에 충분조건도 필요조건도 아니다. 그러므로 거짓말쟁이 역설을 순환성을 봉쇄함으로써 해결할 수 있다고 생각하는 것은 성공적이지 않다.

거짓말쟁이 역설에 대한 두 번째 진단은 역설의 발생 원인을 모든 명제를 참이거나 거짓이라고 판단하는 진리치에 대한 배중률, 즉 이가의 원리에서 찾는 것이다. 이렇게 진단하면, 역설을 해소하기 위한 자연스러운 방안은 이가의 원리를 포기하는 것이라고 주장할 것이다. 즉 모든 명제가 참이거나 거짓이 아니고 제3의 진리치를 갖는 문장이 있을 수 있고 거짓말쟁이 문장이 바로 제3의 진리치를 갖는 문장이라고 주장하는 것이다. 이러한 진단과 처방도 그렇게 만족스럽지 않다. 거짓말쟁이의 문장이 갖는 제3의 진리치를 '미확정(indeterminateness)'이라고 하고 다음 문장을 생각해보자.

(λλ) 이 문장은 거짓이거나 미확정이다. (또는 이 문장은 참이 아니다.)

(λλ)의 진리치는 참이거나 거짓이거나 미확정이다. 먼저 (λλ)가 참이라고 가정해보자. 그러면 이 문장이 진술하고 있는 것, 즉 (λλ)가 거짓이거나 미확정이라는 것(참이 아니라는 것)이 참이다. 그러므로 (λλ)는 참이 아니게 된다. 또 (λλ)가 거짓이라고 가정해보자. 그러면 이 문장이 진술하고 있는 것, 즉 (λλ)가 거짓이거나 미확정이라는 것(참이 아니라는 것)이 거짓이다. (λλ)는 거짓도 아니고 미확정도 아니게 되므로 결국 (λλ)는 참이 된다. 마지막으로 (λλ)가 미확정이라고 가정해보자. 그러면 (λλ)가 진술하고 있는 것이 미확정이라는 것이고 (λλ)는 자신에 대해서 거짓이거나 미확정이라고 진술하고 있기 때문에, 그 문장은 참이 된다. 요컨대 (λλ)를 참이라고 가정하면 (λλ)는 참이 아니게 되고, (λλ)를 참이 아니라고(거짓이거나 미확정이라고) 가정하면 (λλ)는 참이 되게 되어 또다시 역설이 발생한다. 이러한 역설을 "강화된 거짓말쟁이 역설(strengthened liar paradox)"이라고 한다.[5] 결국 거짓말쟁이 역설을 이가의 원리를 포기함으로써 해결할 수 있다는 주장도 성공적이지 않은 것으로 보인다.

이렇게 문제점이 있음에도 거짓말쟁이 역설에 대한 전통적인 진단은 문장의 자기 지시성과 이가의 원리에서 그 원인을 찾는 것이 일반적이었다. 거짓말쟁이 역설이 발생하는 이유는 이 두 가지 외에 달리 있을 것 같지도 않다. 결국 위에서 지적한 문제점을 피하면서 거짓말쟁이 역설을 해결할 수 있는 세련된 방안을 마련하는 것이 철학자들에게 주어진 숙제인 셈이다. 다시 말해서 의미 있는 참인 자기 지시적 문장은 허용하면서도 문제를 낳는 자기 지시적인 문장을 적절하게 제한함으로써 거짓말쟁이 역설을 막는 방안을 제시하거나, 이가의 원리를 제한하되 강화된 거짓말쟁이 역설과 같은 복수의 문제를 해결하는 방안을 제시해야 할 것이다. 타르스키는 첫 번째 전략을 택한다. 거짓말쟁이 역설의 원인을 자기 지시성에 있다고 보고 자기 지시적인 문장의 용법에 적절한 제한을 하려는 처방이 타르스키가 제안한 언어 위계론이다. 1장에서는 타르스키의 의미론적 진리개념를 자세히 설명하는 동시에 거짓말쟁이 역설을 해결하기 위해서 그가 제안한 언어 위계론과 타르스키의 언어 위계론을 수정 발전시킨 파슨스(C. Parsons)와 버지(T. Burge)의 언어 위계론을 살펴볼 것이다.

이가의 원리를 논리적 법칙으로 수용하지 않고, 즉 참도 거짓도 아닌 문장이 있다고 주장함으로써 거짓말쟁이 역설을 해결하고자 하는 견해를, 참과 거짓 사이의 진리치를 허용한다는 의미에서 진리치 틈새 이론(gap theory)이라고도 하고, 모든 진리치가 참 또는 거짓으로 결정되지 않는다는 의미에서 초완전성 이론(para-complete theory)이라고도 한다. 초완전성 이론의 대표자는 크립키이다. 2장에서는 크립키의 초완전성 이론에 대해서 자세하게 설명하고 평가할 것이다. 최근 초완전성 이론을 수정하여 제시한 필드(H. Field)와 모들린(T. Maudlin)의 초완전성 견해도 소개하게 될 것이다.

1.3 초일관성론의 해결책

20세기 말, 의미론적 역설에 대한 새로운 설명이 나왔다. 프리스트(G. Priest) 등에 의해서 제시된 이른바 양진주의(dialetheism)가 그것이다. 양진주의는 참이면서 동시에 거짓인 문장, 두 개의 진리치를 동시에 갖는 문장이 있다고 주장하고, 그러한 문장을 양진문장(dialetheia)이라고 한다. 양진주의자들은 거짓말쟁이 문장이 대표적인 양진문장이라고 주장한다. 그들은 어떤 문장(φ)과 그 문장의 부정($\neg\varphi$)이 모두 참인 양진문장이 있다고 주장하기 때문에 고전 논리학이 자명하게 참으로 받아들이는 논리 법칙인 무모순율(Law of Non-Contradiction: 이하 LNC)을 일반적으로 받아들이지 않는다. 부분적으로나마 모순을 인정한다는 점에서 양진주의를 초일관성 이론(para-consistent theory)이라고도 하고, 참이면서 동시에 거짓인 문장이 있다고 주장한다는 점에서 진리치 과잉 이론(glut theory)이라고도 한다.

양진주의가 철학사에 처음 등장한 동기는 거짓말쟁이 역설을 해결하기 위한 것은 아니었다. LNC가 명료하게 드러난 최초의 문헌은 아리스토텔레스의 『형이상학』일 것이다. 아리스토텔레스가 LNC를 명료하게 제시하면서 이를 옹호했다는 사실은 아리스토텔레스 이전 혹은 그 당대에 모순을 주장한 철학자가 있었다는 방증이기도 하다. 실제로 헤라클레이토스와 많은 소피스트 철학자들이 거짓말쟁이 역설과 상관없이 모순을 주장하였고, 그런 점에서 그들은 양진주의자였다고 할 수 있으며, 아리스토텔레스 이후에도 양진주의 견해를 받아들인 철학자들이 있었다. 그럼에도 20세기 후반 다시 양진주의가 등장하게 된 가장 중요한 동기는 바로 거짓말쟁이 역설을 해결하기 위한 것이었다.

그러나 고전 논리학을 수정하지 않은 채, 양진주의를 받아들이면 모든 문장이 참이라는 주장, 이른바 전진주의(trivialism)를 받아들여야 한다. 고전 논리체계에서 모순명제는 임의의 명제를 함축하기 때문이다. 그런데 전진주의는 반직관적이고, 받아들이기에는 대단히 큰 부담이 있다는 점을 인정하는 양진주의자들은 양진주의가 전진주의를 함축하지 않는 논리체계인 초일관성론을 제시한다. 결국 초일관적 양진주의자들은 참인 모순(true contradiction)이 있지만 그로부터 모든 문장이 참이라는 것은 따라 나오지 않는다고 주장한다. 이를 위해서 초일관성론자들은 고전 논리학을 수정하지 않을 수 없다. 대표적인 초일관성론자 프리스트는 1979년 처음으로 자신이 역설의 논리학(logic of paradox)이라고 부른 초일관성론의 논리체계를 제시한 이래, 전진주의를 거부하면서 양진주의를 유지할 수 있음을 주장하고 있다. 이에 대해서는 3장에서 본격적으로 다루어질 것이다.

거짓말쟁이 역설에 대한 해결책은 그 외에도 비일관성론의 견해가 있다. 진리개념이 기본적으로 일관된 개념이 아니고 특별한 경우에 모순을 낳을 수 있기 때문에 거짓말쟁 역설은 불가피한 것이고, 역설을 자연스러운 것으로 인정하자는 견해이다. 치하라(C. Chihara), 헤르츠버거(H. Herzberger), 굽타(A. Gupta)와 벨납(N. Belnap) 그리고 최근 에클런드(M. Eklund) 등이 진리 비일관성 견해를 옹호하는 대표적인 철학자이다. 진리 비일관성 견해는 4장에서 상세하게 다루어질 것이다. 거짓말쟁이 역설에 대해서 소개하는 서론을 마무리하기 전에 본론에서 다루지 않을 해결책 하나를 소개하기로 하자. 그것은 언어행위 이론에 근거하여 발전된 진리 수행론을 토대로 마티니치(A. Martinich)가 제안한 것이다.

1.4 진리 수행론의 해결책[6]

거짓말쟁이 역설에 대한 일반적인 해결책으로 제시된 이상과 같은 제안 이외에 마티니치는 또 다른 주장을 편다. 그는 스토로슨(P. Strawson)의 진리 수행론(performative theory of truth)을 이용하여 거짓말쟁이 역설이 하나의 진술문을 구성하지 못하고, 따라서 거짓말쟁이 역설은 진정한 의미에서 의미론적 역설이 아니라고 주장한다. 그는 거짓말쟁이 문장을 발언하는 것은 진술문을 구성하기 위한 기본적인 언어행위 조건을 어기고 있으므로 그 문장은 참이거나 거짓이라고 할 수 있는 진술문이 아니라고 주장한다. 다시 말해서 거짓말쟁이 역설은 언어행위 조건을 어김으로써 발생하는 것일 뿐, 특별히 진리개념과 관련되거나 의미론적인 토대를 갖는 것은 아니라는 것이다. 그의 이러한 주장은 기본적으로 오스틴(J. Austin), 그라이스(P. Grice), 설(J. Searle)에 의해서 제시된 언어행위 이론(Speech Act Theory)과 언어행위 이론에 토대하여 진리개념을 설명하는 스트로슨(P. Strawson)의 진리 수행론에 의존하고 있다.

마티니치는 우리가 거짓말쟁이 역설을 말한다고 해서 어떤 진술을 하고 있는 것이 아니라고 주장한다. 그는 설의 언어행위 이론을 받아들여서, "진술을 함"이라는 언어행위의 기본적인 조건은 바로 하나의 진술을 말하는 화자가 청자로 하여금 그 진술이 어떠한 상황을 표상하는 것으로 인식하도록 의도하는 것이고 주장한다. 한 진술의 의미는 화자가 그 진술을 듣는 청자로 하여금 화자가 어떤 사실을 믿고 있다고 생각하게 하려는 의도인 것이다. 그런데 화자가 거짓말쟁이 문장을 말할 때는 그러한 의도를 수행하고 있다고 할 수 없다. 우리는 진리개념을 포함하지 않고, 언어행위 조건을 어김으로써 발생하는 많은 역설을 생각할 수 있는데 거짓말쟁이 역설도 그러한 역설과 같은 이유에서 생기는 같은 종류의 역설이라는 것이 마티니치 주장의 핵심이다. 예를 들어 다음 명령을 생각해보자.

(A) 나의 명령은 어느 것도 따르지 마시오. (나의 이 명령을 따르지 마시오.)

이 명령문은 분명히 우리를 당황스럽게 만드는데, 그것은 (A)가 명령이라는 언어행위의 기본적인 조건을 만족시키지 못하기 때문이다. 마찬가지로 우리가 "P는 참이다"라고 말할 때 우리는 P라는 문장에 대한 동의를 표현하는 언어행위를 수행하고 있는데, 거짓말쟁이 문장의 경우에는 P가 그 문장 자신에 대한 부정을 포함함으로써 수행적 기능을 하지 못하고 따라서 진술문을 구성하는 언어행위 조건을 어기고 있는 것이다. 결국 마티니치는 "거짓말쟁이 역설을 다루는 적절한 방법은 그 역설을 의미론적인 문제가 아니라 화용론적인 문제(pragmatic problem)로 보는 것이고, 역설적 진술을 주장하기 위한 필수적인 조건이 만족될 수 없음을 설명해내는 것이다. 따라서 설명되어야 할 역설적인 언어행위는 없다"고 결론 내린다.[7]

그러나 마티니치의 이러한 제안에 대해서 다음과 같은 반론이 제기될 수 있다. (A)와 같은 명령문이 언어행위의 기본조건을 어긴 것처럼 거짓말쟁이 문장도 진술이라는 언어행위를 위한 기본조건을 충족시키지 못한 것처럼 보인다. 그러나 우리는 진술이라는 언어행위의 조건을 만족시키는 역설적인 문장을 구성할 수 있다. 예를 들어 크립키가 타르스키의 언어 위계론을 비판하면서 제시한 다음의 상황을 생각해보자. 존스가 다음과 같이 말했다.

(i) 워터케이트에 관한 닉슨의 진술은 모두 거짓이다.

그리고 닉슨은 다음과 같이 말했다.

(ii) 워터게이트에 관한 존스의 말은 모두 참이다.

존스가 말한 (i)이나 닉슨이 말한 (ii)는 모두 진술이라는 언어행위의 조건을 충족하고 있음에 분명하다. 그럼에도 이 두 진술은 역설을 낳는다. 위의 두 진술은 언어행위의 조건을 충족하고 있지만, 매우 불리한 (unfavorable) 경험적 사실 때문에 그것들은 실제로 언어행위 조건을 만족시키지 못하는 셈이다. 이에 대해서 마티니치는 본질적이고 내재적으로 (inherently) 역설적인 언어행위도 있지만, 우연적으로(contingently) 역설적인 언어행위도 있다고 주장한다. 구체적으로 말해서 본질적으로 역설적인 언어행위는 (A)와 같은 명령이나 거짓말쟁이 문장의 진술, 그리고 다음과 같은 약속이라는 언어행위이다.

(B) 나는 당신에게 내가 어떤 약속도 지키지 않을 것임을 약속한다.

이 문장을 발언하는 언어행위도 명백하게 약속이라는 언어행위 조건을 만족시키지 못하고, 그 자체로 역설을 낳는다.

그러면 그 자체로 언어행위 조건을 어기는 것은 아니지만 경험적 사실이 매우 불리하기 때문에 우연적으로 발생하는 역설적인 언어행위를 이해하기 위해서 다음 상황을 생각해보자. 존스가 어떤 사람 X에게 다음과 같이 명령했다.

(iii) 닉슨이 당신에게 명령하는 것은 무엇이든지 따르시오.

그리고 닉슨은 X에게 다음과 같이 명령했다.

(iv) 존스의 명령은 어떤 것도 따르지 마시오.

이 경우, 존스의 명령과 닉슨의 명령 자체는 명령함이라는 언어행위 조건을 어기는 것이 아니지만, X로 하여금 곤란한 상황에 부딪히게 한다. 그것은 두 개의 명령이 결합하여 매우 불리한 경험적 사실이 되어 역설을 낳기 때문이다. 마티니치가 제시하는 또 하나의 우연적인 역설의 사례를 살펴보자.

> (v) 왕자: 나는 마키아벨리가 말하는 것은 모두 따를 것을 약속한다.
> (vi) 마키아벨리: 왕자님, 당신의 어떤 약속도 지키지 마십시오.

이 경우 왕자의 약속은 역설을 낳는다. 만약 왕자가 자신의 약속을 지킨다면 그는 마키아벨리가 한 말을 모두 지켜야 하고, 그것은 곧 (vi)에 의해서 왕자는 어떤 약속도 지키지 않아야 할 것이다. 또 만약 왕자가 자신의 약속을 지키지 않는다면 그는 마키아벨리가 말하는 대로 하게 되어 자신의 약속을 지키는 셈이 된다. 그리고 이러한 역설도 마키아벨리의 (vi)과 같은 진술이 매우 불리한 경험적 사실로 주어져서 (v)와 같은 약속이 언어행위 조건을 만족시키지 못하기 때문에 발생하는 것이다.

마티니치에 따르면, 경험적 사실이 극도로 불리할 때 진술이 역설적일 수 있는 위험성이 크다는 크립키의 주장을 진리술어에 국한되는 위험성으로 생각해서는 안 된다. 마티니치는 "진리개념을 포함하는 진술의 [역설을 초래하는] 위험성은 하나의 진술이 관련된다는 사실 때문"[8]이라고 말한다. 즉 그는 거짓말쟁이 역설이 발생하는 것은 진리개념 때문이 아니라 진술의 속성 때문이라고 주장하고 있는 것이다.

> 거짓말쟁이 역설과 [(iii)과 (iv)와 같은] 크립키의 문장들에 관한 혼란의
> 근원은 우리의 진리개념에 있는 것이 아니라, 그 역설이 의미론적으로가
> 아니라 화용론적인 근거가 있음(pragmatically based)을 보지 못하기 때문

이며, 진리의 속성이 아니라 진술의 속성 때문에 문제가 일어난다는 것을 보지 못하기 때문이다.[9]

결국 거짓말쟁이 역설은 거짓말쟁이 문장이 언급될 때 그 언급이 진술이라는 언어행위 조건을 만족시키지 못하여 하나의 진술문을 구성하지 못하기 때문에 발생한다는 것이다. 그러므로 거짓말쟁이 역설은 명령의 역설이나 약속의 역설 등과 같은 언어행위와 관련된 역설의 변종일 뿐 의미론적 토대를 갖는 것이 아니라는 것이다.

마티니치의 거짓말쟁이 역설에 대한 진단과 처방이 설득력 있는지 살펴보기 위해서 먼저 진리 수행론에 대해서 검토해볼 필요가 있다. 스트로슨은 진리 수행론을 통해서 "약속하다"나 "내기하다"와 같은 수행적 동사(performative verb)가 실제로 약속을 하고 내기를 하기 위해서 사용되는 것처럼 "참이다"는 진리술어도 어떤 진술에 대해서 주장하고 동의하기 위해서 사용되는 수행적 기능을 갖는다고 주장한다. 언어행위 이론을 주장하는 설도 스트로슨의 진리 수행론을 언어행위의 오류(Speech act fallacy)라고 평가한다. 설이 언어행위의 오류라고 부르는 것은 일반적으로 어떤 낱말 W의 의미는 W가 T라는 언어행위를 하기 위해서 사용된다고 말함으로써 설명할 수 있다고 생각하는 오류이다. 즉 "좋다(good)"라는 낱말은 칭찬이라는 행위를 수행하기 위해서 사용될 수 있는데 그것이 바로 그 낱말의 의미이고, 마찬가지로 "참이다(true)"라는 낱말은 어떤 진술에 대해서 동의하거나 인정하기 위해서 사용되는데 그것이 바로 "참임"이라는 낱말의 의미라는 것이다.

설은 한 낱말의 의미가 그 낱말이 나타나는 문법적으로 다른 모든 문장에서 같은 의미를 지녀야 한다는 것이 의미론이 지켜야 할 최소한의 조건이라고 주장한다. 따라서 "참이다"라는 낱말은 서술문에서나 의문문,

조건문, 그리고 명령문 등에서 모두 같은 것을 의미해야 한다. 그렇지 않다면 "이것은 참인가?"라는 질문에 대해서 "그것은 참이다"라고 대답하는 것과 같은 대화는 불가능할 것이다. 그러므로 이러한 조건은 낱말의 의미를 설명하는 모든 이론이 명백하게 만족시켜야 할 의미에 관한 적절성 조건(condition of adequacy)이다. 그런데 진리 수행론의 진리개념에 대한 설명은 이러한 조건을 충족시키지 못하고 있다. 우선 진리 수행론은 "참이다"라는 낱말이 동의함이라는 행위를 수행하기 위해서 사용되고, 그 낱말의 의미는 바로 어떤 진술에 대해서 동의함이라고 설명하는데, 그것을 강하게 해석하면 "'참이다'라는 낱말을 언급하는 모든 경우에서 우리는 동의함이라는 행위를 수행한다"는 것을 뜻한다. 진리 수행론을 이렇게 강하게 해석하면 우리는 어렵지 않게 반례를 생각할 수 있다. 예컨대 "너의 우정을 진실되게 하라(Make your friendship true)"와 같은 문장에서 "진실되다, 참이다(true)"라는 낱말은 동의함이라는 수행적 기능을 하고 있는 것이 아니다.

보다 약하게 진리 수행론을 해석하는 방법은 "참이다"는 낱말의 일차적인 사용(primary use)은 어떤 진술에 대해서 동의를 하는 것이지만 그 낱말이 언급되는 모든 문장에서 항상 동의함이라는 수행적 기능을 행하고 있는 것은 아니라고 보는 것이다. 그러나 그 낱말이 동의를 수행하지 않는 경우, 즉 일차적으로 사용되지 않은 경우에도 그 낱말의 의미는 수행적 기능과 관련해서 설명되어야 할 것이다. 그렇다면 진리 수행론을 주장하기 위해서는 "참이다"는 낱말이 동의함이라는 행위를 수행하지 않는 경우에도 그 낱말이 어떻게 수행적 기능을 하는 표준적인 서술문의 경우와 관련되어 설명될 수 있는지를 보여주어야 할 것이다. 다음 문장을 생각해보자.

(vii) 만약 그의 말이 참이라면, 이것이 정답이다.(If his statement is true, this is the correct answer.)

(viii) 나는 그의 말이 참인지 아닌지 궁금하다.(I wonder whether his statement is true or not.)

내가 위의 두 문장을 발언할 때 나는 동의함이라는 언어행위를 수행하고 있는 것이 아니다. 즉 (vii)과 (viii)에서 진리술어는 일차적으로 사용되고 있는 것이 아니다. 그렇다면 (vii)과 (viii)에서 사용된 진리술어를 진리술어가 동의함이라는 수행적 기능을 하는 표준적인 서술문과 관련되어 그 의미가 설명되어야 하는데, 그것이 어떻게 가능한가? 내가 (vii)을 발언함으로써 "내가 그의 말에 동의한다면, 그것은 정답이다"를 의미하고 있는 것인가? 또 내가 (viii)을 진술하는 것은 "나는 그의 말에 동의하는지 아닌지 궁금하다"와 같은 의미를 갖는다고 해석할 수 있는가? 그런 해석이 옳지 않다면 진리술어의 의미를 동의함이라는 수행적 기능을 하는 것으로 해석하려는 시도는 성공적이지 못할 것이다. 따라서 "어떤 낱말 W가 T라는 행위를 수행하기 위해서 사용된다"는 말로 W의 의미를 설명하려는 것은 W가 나타나는 모든 문장에서 그 의미를 설명하지 못한다. 진리 수행론이 진리개념을 포함하는 진술 중 어떤 것, 혹은 많은 것의 의미를 설명한다고 할지라도 진리개념을 포함하고 있는 모든 진술의 의미를 설명하지는 못함이 분명하다.

이제 언어행위 이론에 입각하여 전개된 진리 수행론에 의존하여 거짓말쟁이 역설에 대한 진단을 제시한 마티니치의 주장을 검토해보자. 그의 주장은 일견 설득력이 있다. 그러나 거짓말쟁이 역설의 근원은 진리개념이 아니라 진술의 속성에 있고, 따라서 그 역설은 의미론적인 문제가 아니라 화용론적인 문제라는 그의 결론은 오해의 여지가 있거니와 옳은 진단도 아니다.

우리는 먼저 역설을 일으키는 문장들이 왜 언어행위 조건을 만족시키지 못하는지 살펴볼 필요가 있다. 앞에서 예로 든 명령의 역설을 낳는 문장 (A)와 약속의 역설을 낳는 문장 (B)는 발화 수반 행위의 명제적 내용들이 그 언어행위를 나타내는 용어를 포함하고 있음을 알 수 있다. 즉 (A)에서는 명령이라는 발화 수반 행위의 명제 내용은 "나의 명령을 어떤 것도 따르지 말 것"이고, (B)에서 약속함이라는 발화 수반 행위의 명제 내용은 "내가 어떤 약속도 지키지 않을 것임"이다. 우리는 바로 이러한 사실이 위의 문장들이 언어행위 조건을 만족시키지 못하는 원인이라고 생각한다. (iii)과 (iv)에서 명제 내용도 발화 수반 행위를 나타내는 "명령"이라는 낱말을 포함하고, (v)와 (vi)에서도 "약속"이라는 낱말을 명제 내용에 포함하고 있다. 그 경우에 화자는 명령에 대한 명령을 하고, 약속에 대한 약속을 하는 것인데, 그것은 명령이나 약속의 개념이 일상적으로 사용되고 있지 않은 것이다. 이것은 마티니치가 제시한 또 다른 우연적으로 역설적인 경우에도 적용된다. 다음의 내기의 역설을 생각해보자.

(ix) 아담: 나는 브렌트가 그의 내기에서 이기라는 것에 걸겠다.
(x) 브렌트: 나는 아담이 그의 내기에서 질 것이라는 데 걸겠다.

이 경우에도 역설이 발생한다. 즉 아담이 내기에서 이긴다면 브렌트가 내기에서 이길 것이고, 그것은 (x)에 의해서 아담이 내기에서 진다는 것을 의미할 것이다. 또 아담이 내기에서 진다면 브렌트가 그의 내기에서 이기지 않을 것이고, (x)에 의해서 아담이 내기에서 이긴다는 것을 의미할 것이다. 마티니치는 (ix)와 (x)은 내기라는 언어행위의 조건을 만족시키지 못하기 때문에 역설이 발생한다고 설명한다. 이 점은 받아들일 만한 설명이다. 그러나 왜 (ix)와 (x)이 언어행위 조건을 만족시키지 못하는가? 아마 마티니치는 크립키의 주장을 받아들이면서 그것은 "극도로 불리한 경험적 사실 때문"이라고 답할 것이다. 그러나 이것은 또 다른 질문, "왜 그 경험적 사실은 극도로 불리한가?" 또는 "어떤 경험적 사실을 극도로 불리하다고 간주해야 하는가?"라는 질문을 피할 길이 없어 보인다. 만약 이 질문에 대해서 언어행위 조건을 어기기 때문이라든지, 역설을 낳기 때문이라고 대답한다면 그것은 선결문제를 요구하는(question-begging) 오류를 범하는 것이다. 우리는 이 경우에 아담의 내기라는 발화수반 행위의 명제내용이 "내기"라는 용어를 포함하여 내기에 대하여 내기를 하는 상황, 즉 일상적으로 사용되는 내기의 개념과는 다른 특별한 내기의 상황 때문이라고 진단한다. 바로 이러한 이유 때문에 그러한 경험적 사실이 극도로 불리한 것이 되고 언어행위 조건을 만족하지 못하여 역설이 발생하는 것이다.

그러면 이제 거짓말쟁이 역설의 경우를 생각해보자. 거짓말쟁이 문장, 그리고 (i)과 (ii)는 진술이라는 언어행위 조건을 만족시키지 못하는가? 그 문장들의 명제적 내용이 진술이라는 개념을 포함하는가? 그렇지 않다. 그 문장들은 명제적 내용에 진리개념을 포함하고 있을 뿐이다. 즉 거짓말쟁이 문장에서 일상적으로 사용되지 않은 것은 진술의 개념이 아니라 진리의 개념이다. 따라서 거짓말쟁이 역설이 발생하는 것은 진술의 속성 때문이 아니라 진리의 개념 때문이라고 보아야 할 것이다. 거짓말쟁이 역설은 거짓말쟁이 문장이 진술이라는 언어행위의 조건을 만족시키지 못한다는 점에서 마티니치가 제안한 것처럼 그 역설을 "진술 또는 주장의 역설(paradox of statement or assertion)"이라고 부를 수도 있을 것이다. 그러나 그것은 거짓말쟁이 역설이 진리개념 때문에 발생하는 것이 아니라 진술이나 주장의 속성 때문에 발생하는 것임을 의미해서는 안

되며, 거짓말쟁이 역설이 의미론적인 문제가 아니라 화용론적인 문제라는 것을 의미해서도 안 된다. 결국 거짓말쟁이 역설이 언어행위와 관련하여 설명될 수 있다고 할지라도 그 역설은 여전히 진리개념과 관련된 의미론적인 문제인 것이다. 보다 정확하게 말해서 거짓말쟁이 역설은 진리개념이 일상적이지 않은 방식으로 사용됨으로써 발생한 것이라고 이해해야 할 것이다.

2. 러셀의 역설과 유형이론

2.1 집합론의 역설

러셀의 역설은 집합론에 관한 역설 중 하나다. 집합론의 역설에는 칸토어 (G. Cantor)의 역설, 부랄리포르티(C. Burali-Forti)의 역설 등이 있다. 램지 (F. Ramsey)는 집합론에 관한 역설을 수학적·논리적 역설이라고 부르고, 의미론에 관한 역설을 인식론적 역설이라고 불러 구별한다. 램지는 이 두 가지 역설을 구별하면서 다음과 같이 말한다.

> 첫 번째 유형의 역설은 집합론에 논리적 또는 수학적 체계 그 자체에서 나타나는 역설로 구성되지만, (…) 두 번째 유형의 역설은 순수하게 논리적인 것이 아니고 논리적 용어로만 진술될 수 없는 역설이다. 왜냐하면 두 번째 유형의 역설은 모두 사고나 언어 또는 기호체계(symbolism)와 관련되기 때문이다.[10]

그러나 러셀은 기본적으로 집합론의 역설과 의미론적 역설을 구별하지 않는다. 그는 러셀의 역설과 같은 집합론의 역설이나 거짓말쟁이 역설과 같은 의미론적 역설이 발생하는 이유는 모두 순환성에 있다고 보기 때문에, 러셀의 역설에 대한 자신의 해결책은 궁극적으로 의미론적 역설에도 적용될 수 있다고 믿는다. 그런 점에서 비록 우리의 주된 관심사가 집합론의 역설 자체는 아니지만, 러셀의 역설과 그 역설에 대한 러셀의 해결 방안에 대해서 살펴보는 것은 의미가 있다.

러셀의 역설을 간단히 살펴보자. 모든 집합을 원소로 갖는 집합을 U라 하자. U 자신도 역시 집합이고 U는 모든 집합을 포함하므로, U는 자기 자신을 원소로 갖는다. 즉, $(U \in U)$이다. 그러나 어떤 집합은 자기 자신을 원소로 갖지 않을 수도 있다. 예를 들어, 모든 자연수만을 원소로 하는 집합을 N이라고 하면 N은 자연수 집합 자체를 원소로 갖지는 않기 때문에, N은 자신을 원소로 갖지 않는 집합이다. 즉 $(N \notin N)$이다. 이와 같이 자기 자신을 원소로 갖지 않는 집합을 A라 하자. 그러면

$$A = \{x | x \notin x\}$$

이다. 어떤 집합 θ가 집합 A의 원소라고 하면, A의 정의에 의해

$$(\theta \in A) \rightarrow (\theta \notin \theta)$$

이다. 그리고 어떤 집합 θ가 자신을 원소로 갖지 않는 집합이라고 한다면, A의 정의상 θ는 A의 원소가 되어야 한다. 즉, 다음이 성립한다.

$$(\theta \notin \theta) \rightarrow (\theta \in A)$$

여기에서 다음이 추론된다.

$$(*)\ (\theta \in A) \leftrightarrow (\theta \notin \theta)$$

이때, A는 자기 자신을 원소로 갖는 집합인가, 그렇지 않은 집합인가? A가 자기 자신을 원소로 갖는다고 하면 $A \in A$이므로 (*)에 의하여 A는 A의 원소가 아니다. 그리고 A가 자기 자신을 원소로 갖지 않는다고 하면 A는 A의 원소가 아니므로 (*)에 의하여 $A \in A$이다. 따라서 모순이 발생한다.

좀 더 쉽게 설명해보자. 모든 집합은 자기 자신을 원소로 갖거나 자기 자신을 원소로 갖지 않는다. 보통의 집합은 자기 자신을 포함하지 않는데, 이러한 집합을 정상 집합(normal set)이라고 하자. 이제 모든 정상 집합들을 원소로 갖는 무한집합 ω를 생각해보자. 즉

$$\omega = \{X \mid X \notin X\}$$

이다. 그러면 ω는 자기 자신을 원소로 갖지 않는 정상 집합인가 아니면 자신 자신을 원소로 갖는 집합인가? ω가 정상 집합, 즉 자기 자신을 원소로 갖지 않는다고 가정해보자. 그러면

$$(\omega \notin \omega)$$

이다. 그런데 ω는 정의상, 자신을 원소로 갖지 않는 정상 집합을 모두 원소로 가져야 하기 때문에 ω는 자신을 원소로 가져야 한다. 즉 다음이 성립한다.

$$(\omega \notin \omega) \rightarrow (\omega \in \omega)$$

이제 ω가 자신을 원소로 갖는 집합이라고 가정해보자. 즉

$$(\omega \in \omega)$$

이라고 가정해보자. 그러면 ω는 정의상 자기 자신을 원소로 갖지 않는 집합만을 모두 원소로 갖기 때문에

$$(\omega \notin \omega)$$

이다. 즉 다음이 성립한다.

$$(\omega \in \omega) \rightarrow (\omega \notin \omega)$$

위 추론에 의해서 모순이 발생하는데, 이를 러셀의 역설이라고 한다.

칸토어는 1895년 자신의 집합론이 역설을 포함한다는 것을 알았다. 이것은 2년 후에 부랄리포르티가 발표한 역설이었는데, 이는 초한 서수 (transfinite ordinals)와 관련된 것이다. 부랄리포르티의 역설은 "모든 서수들의 집합"을 구성하면 모순에 빠지고 따라서 그러한 구성을 허용하는 체계에는 역설이 포함되어 있다는 것을 보이는 것이다. 모든 서수들의 집합 Ω는 하나의 서수가 갖는 모든 성질을 가지고 있을 것이고, 그러므로 그 자체로 하나의 서수로 간주되어야 할 것이다. 그러면 우리는 Ω의 다음 수인 $\Omega+1$을 구성할 수 있는데, 이는 분명히 Ω보다 크다. 그러나 Ω는 모든 서수를 원소로 갖기 때문에 이 서수도 Ω의 원소이어야 한다. 결국

우리는 다음과 같은 모순에 빠지게 된다.

$$\Omega \langle \Omega+1 \leq \Omega$$

그 후 1899년 칸토어는 자신의 이름으로 알려진 집합론에 대한 보다 간단하고 근본적인 역설을 발견했다. S를 모든 집합의 집합이라고 가정하자. S의 멱집합을 US라고 하면, 멱집합에 대한 자신의 정리에 의해서 $US \rangle S$이다. 그러나 US는 집합(S의 모든 부분집합들의 집합)이므로 그것은 모든 집합들의 집합, 즉 S의 일부이어야 한다. 그러므로 이로부터 $US \leq S$이 따라 나오는데, 이것은 우리가 방금 얻어냈던 결과와 모순이 된다.

베리(G. Berry)의 역설은 "19개 이하의 음절로는 지칭할 수 없는 가장 작은 정수(*the least integer not nameable in fewer than nineteen syllables*)"와 관련된 것이다. 이러한 정수의 이름은 그것이 어떤 것이든 적어도 19개의 음절을 포함해야 한다는 것이 분명하지만, 위에서 인용부호로 묶인 구절의 단어들은 바로 그 정수의 이름에 해당하고 이는 18개의 음절만을 포함하고 있다.

그렐링(K. Grelling)의 역설은 새로 고안된 단어와 관련이 있다. 'short'이나 'English'는 그 자체에 적용되는 형용사들이고, 'long'이나 'German'이란 형용사는 그렇지 않다. 다시 말해서 'short'이라는 형용사는 일음절 단어로 짧은 단어이기 때문에 'short'이라는 단어는 자기 자신에 대해서 적용될 수 있다. 반면에 'German'이라는 단어는 독일어가 아니기 때문에 자기 자신에 적용되지 않는 단어이다. 이제 첫 번째 종류의 형용사들을 가리키는 형용사로 '자기수식적'이라고 하고 두 번째 종류의 형용사들을 '비자기수식적(heterological)'이라고 하자. 그러면 '비자기수식적'이란 형용사는 자기수식적인가, 비자기수식적인가? 만약 '비자기수시적'

이라는 형용사가 자기수식적이지 않다면 방금 한 정의에 의해서 그것은 그 자체에 적용되지 않으며 따라서 그것은 비자기수식적일 수 없다. 반면에 만약 그것이 자기수식적이라면 정의에 의해서 그것은 그 자체에 적용되며 따라서 비자기수식적이어야 한다.

리샤르(J. Richard)의 역설은 유한개의 단어로 정의될 수 있는 소수 (prime number)의 집합에 대한 것이다. 유한개의 단어로 정의될 수 있는 소수의 집합 E를 생각해보자. 그 집합은 열거가능한 집합이다. E={a_1, a_2, a_3, (…) a_n, (…)}이라고 하고, 다음과 같은 소수 N을 생각해보자. 즉 N의 첫 번째 자릿수는 a_1의 첫 번째 자릿수보다 1 크거나, a_1의 첫 번째 자릿수가 9라면 0이고, N의 두번 째 자릿수는 a_2의 두 번째 자릿수보다 1크거나, a_2의 두 번째 자릿수가 9라면 0이고, (…) N의 n번째 자릿수는 a_n의 n번째 자릿수보다 1 크거나 그 수가 9라면 0이다. 이러한 N은 분명하게 E에 속한 어떤 수와도 같지 않을 것이다. 즉 N∉E 이다. 그러나 N도 유한개의 단어로 정의될 수 있는 소수이다. 즉 N∈E이어야 하므로 역설이 발생하는데, 이것이 바로 리샤르의 역설이다.

러셀은 이상과 같은 집합론의 역설은 모두 자기 지시성 또는 순환성 때문에 발생한다고 보기 때문에 그 해결 방안도 동일하다. 앞에서 지적한 것처럼 러셀은 집합론의 역설뿐만 아니라 의미론적 역설도 궁극적으로 순환성 때문에 발생한다고 보는 만큼, 같은 처방으로 해결이 가능하다고 여기며 그 처방이 바로 유형이론(type theory)이다.

2.2 러셀의 유형이론

러셀은 『수학의 원리(*Principia Mathematica*)』에서 집합론의 역설에 대한 해결책으로 유형이론을 제시한다. 러셀은 명제함수가 의미를 갖기 위해서는 논항(argument)의 범위를 설정해야 하고 이 범위를 넘어설 때 역설이 발생한다고 진단한다. 유형(type)이란 주어진 명제함수가 함수값을 갖게 하는 논항의 집합이라고 정의할 수 있다. 개별자는 하나의 대상으로서 가장 낮은 단계의 유형이고, 개별자의 집합은 그보다 상위의 유형이 된다. 즉 개별자는 유형1에 속하고, 개별자의 집합은 유형2에, 개별자를 원소로 갖는 집합의 집합은 유형3에 속한다. 유형을 나타내는 숫자를 가진 논항은 그 숫자에 해당하는 유형을 논항 값으로 가질 수 있다. 예컨대 x_1은 유형1에 속하는 것을 논항 값으로 갖고, x_2는 유형2에 속하는 것을 논항 값으로 갖는다. 그렇게 해서 우리는 구문론적 규칙으로 형성규칙을 갖게 되는데, 그 형성규칙에 따르면 $(x \in y)$라는 형식의 정식은, y의 유형을 나타내는 수가 x의 유형을 나타내는 수보다 적어도 하나 이상 클 경우에만, 적형식(well-formed formula)이 된다. 요컨대 단순 유형이론의 핵심은 $x \in y$의 문장이 의미를 갖기 위해서는 y는 x보다 상위의 유형이어야 한다는 것이다. 그러므로 x가 y의 원소라는 진술이 의미를 가지려면, x와 y는 동일한 유형에 속해서는 안 된다. 즉 $(x_n \in x_n)$은 적형식이 아니다. 러셀의 기본적인 아이디어는 집합과 그 집합의 원소, 그리고 술어와 그 술어의 술어는 유형에 있어서 구별되어야 한다는 것이다. 술어는 개별자에 의해서 만족되지만, 술어의 술어는 개별자의 술어에 의해서 만족된다는 것이다. 그러므로 술어의 술어가 개별자에 대해서 무엇인가 주장되거나 부정되는 진술은 의미 있는 진술일 수 없다. 러셀은 러셀의 역설이 발생하는 이유를 바로 집합 사이의 유형을 구별하지 않았기 때문이라고 주장하고 유형이론을 통해서 러셀의 역설이 해소될 수 있다고 주장하는 것이다.

이제 러셀의 유형이론이 거짓말쟁이 역설에 어떻게 적용될 수 있는지 생각해보자. 러셀은 거짓말쟁이 역설을 해결하기 위해서 분지유형이론

(ramified type theory)이라고 불리는 세련된 유형이론을 제안한다. 여기서 그는 단순 유형이론을 유지하면서 유형을 다시 무한한 차수(order)의 계층으로 나누고, "어떤 집합이 전체를 갖는다고 가정했을 때 그 전체를 통해서만 정의될 수 있는 원소가 포함되어 있다면 그 집합은 전체를 가지지 않게 된다"는 악순환의 원리(vicious circle principle)를 제시한다.

분지유형이론은 명제와 명제함수의 차수에 위계를 부여하는 것으로 시작된다. 어떤 명제와 명제함수도 자신과 동일한 차수나 자신보다 높은 차수의 명제나 명제함수에 대한 것일 수 없다. '참이다'와 '거짓이다'와 같은 진리개념도 그것이 부가되는 명제의 차수에 따라 아래첨자로 조정되어야 한다. 다시 말해서 'n'차수의 명제는 'n+1'차수에서 참이거나 거짓이다. 자기 자신에 대해서 거짓이라고(참이 아니라고) 말하고 있는 거짓말쟁이 문장은, 마치 유형이론에서 자기 자신을 원소로 갖는다는 속성이 그런 것처럼, 이러한 차수의 위계를 무시한 것이기 때문에 의미를 지닐 수 없다. 따라서 러셀은 분지유형이론은 부당한 전체를 가정하여 범하게 하는 일종의 악순환을 피하게 해주는 장치로서, 모든 종류의 집합론의 역설과 의미론적 역설에 대한 해결책이라고 주장한다. 즉 모든 역설은 하나의 오류에 기인하는데, 그 오류는 바로 악순환의 원리를 위반하는 것이다.

> 하나의 집합 전체를 포함하는 것은 무엇이나 그 집합의 하나일 수 없다. 또는 반대로 "어떤 전체를 갖는 집합이 그 전체에 의해서만 정의될 수 있는 원소를 가질 경우 문제의 그 집합은 전체를 가질 수 없다.[11]

러셀이 어떤 집합이 전체를 가질 수 없다고 말하는 것은 그 집합의 모든 원소에 대한 진술은 무의미하다는 뜻이다. 악순환의 원리를 범하는 전형적인 사례는 자신을 이끌어내는 모든 문장에 대한 문장이다. "나는 지금 거짓말을 하고 있다(I am lying now)"라는 문장을 생각해보자. 러셀에 따르면, 이 문장은 "내가 동의하고 있는 문장이 있는데 그것은 거짓이다(There is a sentence that I am affirming and it is false)"라고 말하는 것과 같고, 이것은 다시 "어떤 문장에 대해서도, 내가 그 문장에 동의하지 않거나 그 문장이 참이라는 것은 참이 아니다(It is not true of all sentences that either I am affirming them or they are true)"라고 말하는 것과 같다. 결국 그 문장은 모든 문장에 대한 문장이고, 악순환의 원리를 위반하여 무의미한 것이다. 러셀은 "유형이란 명제함수의 유의미성의 범위, 즉 그 명제함수가 함수값을 갖기 위한 논항의 집합에 의해서 정의된다"[12]라고 말한다. 그래서 유형은, 개별자, 일차 명제(first-order proposition), 이차 명제 등의 위계를 갖게 된다. 일차 명제는 요소명제들과 개별자들을 논항값으로 갖는 변항을 포함하는 명제로 구성되고, 이차 명제는 일차 명제의 집합이고 그 변항들은 일차 명제를 논항값으로 갖는다. 그러므로 거짓말쟁이 역설을 낳는 논증에서 "자기 자신에 대해서 참이 아니라고 말하는 명제가 있다"는 전제는 명제의 유형을 구별하지 못함으로써 악순환의 원리를 위반하고 있는 것이다. 즉 거짓말쟁이 문장이 실제로 말하는 것은 "그 문장 자신이 동의하는 n차 문장이 있는데 그것은 거짓이다"인데, 그 문장은 $n+1$차 문장이어야 한다. 결론적으로 러셀은 그 전제를 무의미한 문장이라고 거부함으로써 거짓말쟁이 역설을 해소할 수 있다고 주장한다.

그러나 분지유형이론은 칸토어의 수학적 성과를 손상시키는 결과를 낳는다는 비판에 부딪힌다. 대표적인 것이 바로 자연수의 무한성과 관련된 것이다. 러셀과 프레게(G. Frege)는 자연수를 집합의 집합으로 정의하는데, 유형이론에 의하면 자연수의 원소가 되는 집합에 속하는 원소들은 모두 동일한 유형에 속해야 한다. 만약 그러한 낮은 유형에 속하는 대상이 유한개밖에 없다면 그러한 대상들로 이루어진 집합의 크기에는 어떤 유한한 최댓값이 있을 것이다. 그렇게 되면 최대의 자연수가 존재한다는 문제에 부딪힌다. 이런 문제를 피하기 위해서 러셀은 무한공리(axiom of infinity)를 도입한다. 무한공리란 간단히 말해서 공집합(φ), 공집합을 원소로 갖는 집합($\{\varphi\}$), 그리고 앞의 두 개의 집합을 원소로 갖는 집합($\{\varphi, \{\varphi\}\}$), 그리고 앞의 세 개의 집합을 원소로 갖는 집합($\{\varphi, \{\varphi\}, \{\varphi, \{\varphi\}\}\}$) 등, 무한히 많은 원소를 갖는 집합이 존재한다는 공리이다. 러셀은 프레게가 수를 대상으로 봄으로써 야기하는 문제를 피하기 위해서 수를 명제함수로 정의하고, 수가 무한하다는 것을 보이기 위해서 무한공리를 도입한 것이다. 그러나 이는 논리법칙으로부터 존재증명을 할 수 없다는 전통적인 견해와 충돌하는 것으로 이것을 공리로 받아들일 수 있는지 논란거리이며, 무한공리를 산수의 기본명제로 받아들이는 것은 결국 산수를 논리학의 발전으로 제시하고자 한 논리주의(logicism)를 포기하는 것에 다름 아닌 셈이다.

유형이론이 낳은 또 다른 문제는 하나의 자연수에 대해서 수많은 중복이 발생한다는 점이다. 즉 수 '1'은 단 하나의 원소만을 갖는 집합으로 이루어진 집합으로 정의되는데, 유형이론에 따르면 그와 같은 집합들은 모두 동일한 유형에 속해야 한다. 따라서 보다 높은 유형의 대상을 세기 위해서는 위와 같이 정의된 수 '1'과는 달리 정의되는 '1'이 필요하게 된다. 결국 모든 자연수는 각 유형마다 하나씩 정의될 필요가 생긴다. 이런 문제를 해결하기 위해서 러셀은 환원가능성 공리(axiom of reducibility)를 도입한다. 이 공리가 주장하는 것은 보다 높은 유형에서 성립하는 법칙들은 그보다 낮은 유형에서도 성립하는 유사한 법칙들로 환원될 수 있다는 것이다. 그러나 환원가능성 공리를 받아들이면 실수의 차수에 대한 문제점을 해결하여 전통적인 수학적 성과를 유지하면서 역설을 피할 수는 있지만, 환원가능성 공리를 받아들여야 할 다른 이유가 무엇인지 또 그 공리가 논리적으로 참인지의 문제는 계속해서 논리주의를 괴롭히는 문제이다.

1

언어 위계론과 맥락주의

거짓말쟁이 역설이 발생한 이유는 거짓말쟁이 문장이 갖는 특이한 구조 때문이라고 생각하는 것은 매우 직관적이다. 그리고 그 특이한 구조는 일반적으로 거짓말쟁이 문장이 자기 지시적인 문장이라는 데서 찾아진다. 즉 거짓말쟁이 역설이 발생하는 이유는 거짓말쟁이 문장의 자기 지시성 때문이라고 진단하는 것은 매우 직관적인 것처럼 보인다. 서론에서 살펴보았던 것처럼, 거짓말쟁이 문장의 자기 지시성이 역설의 필요조건도 충분조건도 아니라는 설득력 있는 논변이 있는 것은 사실이지만, 여전히 거짓말쟁이 문장의 자기 지시성이 역설의 원인이라는 직관은 버리기 쉽지 않은 것 같다. 러셀 같은 철학자는 거짓말쟁이 역설과 같은 의미론적 역설뿐만 아니라 집합론적 역설과 같은 논리적 역설도 모두 악순환의 원리(principle of vicious circle)를 어기기 때문이라고 주장하였다. 타르스키가 의미론적 진리개념을 제시한 이후, 거짓말쟁이 역설이 다시 철학자들의 주목을 받기 시작했는데, 이때 많은 철학자들이 거짓말쟁이 역설에 대한 해결책으로 제시한 것이 바로 언어 위계론(hierarchical view of languages)이었다. 언어 위계론은 거짓말쟁이 역설은 거짓말쟁이 문장이 자기 지시적인 문장이기 때문에 발생한다고 진단하고 자기 지시적 문장을 적절하게 제한하기 위한 장치를 제공하려는 것이다.

타르스키가 러셀의 분지유형이론과 유사한 언어 위계론을 제시한 이래 그에 대한 여러 가지 비판적 평가가 제시되었고, 이를 수정, 발전시킨 언어 위계론이 등장하였다. 1장 1절에서는 타르스키의 의미론적 진리개념과 그에 대한 몇 가지 평가를 살펴본 후, 거짓말쟁이 역설에 대한 해결책으로 타르스키가 제시한 언어 위계론에 대해서 구체적으로 살펴보고, 그에 대한 비판을 소개할 것이다.

그러나 거짓말쟁이 역설을 해결하기 위해서 제시된 타르스키의 언어 위계론은 의미론적으로 닫힌 일상언어에는 적용될 수 없다는 한계가 있는데, 이에 대해서 답하고자 하는 시도가 파슨스(C. Parsons)와 버지(T. Burge)에 의해서 이루어졌다. 파슨스는 「거짓말쟁이 역설(The Liar Paradox)」(1974)에서 거짓말쟁이 문장의 해석과 관련하여 양화사의 범위에 혼란이 있음을 지적하고 이를 타르스키의 위계론의 방법을 활용하여 해결하고자 한다. 또 버지는 「의미론적 역설(Semantical Paradox)」(1979)에서 거짓말쟁이 역설의 추론 과정에 진리술어의 전이(shift)가 이루어짐을 지적하면서 이를 화용론적인 개념으로 해결하고자 하는 수정된 언어 위계론을 제시한다. 파슨스와 버지의 수정된 언어 위계론을 2절에서 다룰 것이다.

수정된 언어 위계론은 진리개념 또는 거짓말쟁이 문장의 위상은 맥락 의존적이라는 주장을 함의한다는 점에서 맥락주의(contextualism)라고도 불리는데, 파슨스의 언어 위계론은 글랜즈버그(M. Glanzberg)에 의해서 발전되었고, 버지의 견해는 시몬스(K. Simmons) 등에 의해서 새롭게 수정, 발전되었다. 글랜즈버그는 「맥락에서의 거짓말쟁이(The Liar in

Context)」(2001)부터 계속해서 파슨스의 언어 위계론을 발전시켜왔다. 또한 시몬스는 『보편성과 거짓말쟁이: 진리와 대각화 논증에 대한 에세이(*Universality and the Liar: An Essay on Truth and the Diagonal Argument*)』(1993) 이후 최근까지 자신이 특이성 이론(singularity theory)이라고 부른 버지 식의 맥락주의를 발전시켜왔다. 3절에서는 글랜즈버그와 시몬스의 맥락주의를 소개하고 이에 대해서 평가할 것이다.

1. 타르스키의 의미론적 진리개념과 언어 위계론

1.1 타르스키의 의미론적 진리개념

어떤 문장이 참이라는 것은 무슨 뜻인가. 이 질문에 대한 전통적인 대답은 두 가지였다. 첫째는 그 문장이 말하고자 하는 사실과 그 문장이 대응할 때 그 문장은 참이 된다는 진리 대응설(correspondence theory of truth)이고, 다른 하나는 주어진 믿음체계 내에 정합적으로 그 문장이 받아들여질 때 그 문장은 참이라는 진리 정합설(coherence theory of truth)이다. 그러나 대응설과 정합설은 그 나름대로 진리의 어떤 측면을 설명하고 있기는 하지만, 어느 것도 모든 문장의 진리에 대해 설명하지 못하여 보편적 진리론으로 받아들여지지 못하고 있다. 그리하여 타르스키는 진리개념을 최소한의 의미론적 개념으로 환원하여 설명함으로써 모든 진리이론이 충족해야 할 최소조건으로 T-도식(T-schema)을 제시한다.

타르스키는 「형식화된 언어에서의 진리개념(The Concept of Truth in Formalized Languages)」(1933)에서 참인 문장의 정의가 무엇인지에 대한 기준을 제시하면서 특정한 형식언어를 구성하고 구체적인 사례를 통해서 그 언어에서의 진리개념을 설명했다. 이어서 그는 「진리의 의미론적 개념과 의미론의 토대(The Semantic Conception of Truth and the Foundations of Semantics)」(1944)라는 논문에서 자신의 의미론적 진리개념을 비교적 비형식적인 방식으로 상세하게 설명했다. 그는 과학적 방법에서 유용한 개념에 대해서 엄밀한 정의를 제공하는 것이 철학자에게 중요한 과제라고 보았고, 이를 위해서 가장 먼저 관심을 가진 개념이 바로 진리개념이었다.

　진리개념에 대한 타르스키의 작업은 두 가지로 구성된다. 첫째는 어떤 형식언어에서 참인 문장이 무엇인지에 대한 만족스러운 정의를 제시하는 것이고, 둘째는 일정한 범위의 형식언어에 대해서 만족스럽게 적용될 수 있는 참인 문장의 정의가 있다는 것을 보이는 것이다. 타르스키의 의미론적 진리개념을 본격적으로 설명하기 전에, 먼저 몇 가지 예비적인 설명을 하고 넘어가자. 타르스키는 진리술어가 어떤 언어의 문장에 부가된다는 점을 강조한다. '참이다'나 '거짓이다'와 같은 진리술어는 어떤 특정 언어의 문장에 적용되어야 한다는 것이다. 만약 이 점을 간과하면 문제에 빠질 수 있다. 예컨대 "Snow is black"이라는 문장도 어떤 언어, 즉 'snow'가 강아지를 가리키고 'black'은 동물 집합을 가리키며, 'is'는 영어에서처럼 계사 역할을 하는 언어(L)가 있다면 그 언어에서 이 문장은 참일 것이다. 타르스키에게 진리술어를 정의하는 문제는 항상 특정한 언어에 대한 진리술어이기 때문에 한 언어 L의 진리술어를 'true$_L$'과 같이 진리술어 밑에 아래첨자를 사용하여 그 언어를 표시하기를 제안한다. 따라서 "Snow is black"은 언어 L에서 참(참$_L$)인 것이다.

　타르스키가 고려하는 언어는 모두 "완전히 해석된(fully interpreted)" 언어인데, 어떤 언어가 완전히 해석되었다는 것은 그 언어의 모든 문장이 참 또는 거짓임을 판단할 수 있게 하는 의미를 지니고 있다는 뜻이다.

다시 말해서 완전히 해석된 언어는 그 언어에 속하는 모든 문장이 의미를 갖고 있어서 그 의미를 통해서 모든 문장에 진리치를 할당할 수 있는 언어이다. 그는 또 언어를 대상언어(object language)와 메타언어(meta-language)로 구별한다. 즉 대상언어로 진술된 문장과 대상언어의 문장에 대해서 진술하고 있는 문장(메타언어의 문장)을 구별해야 한다는 것이다. 메타언어는 대상언어에서 진술될 수 있는 모든 문장들을 표현하는 장치를 포함하고, 대상언어의 문장의 구문론이나 의미론에 대해서 언급하는 문장도 포함한다. 메타언어는 대상언어의 문장에 대해서 참 또는 거짓을 부가할 수 있는, 진리술어(true/false)를 포함하고 있다. 어떤 문장, S가 대상언어에서 참이라고 주장하는 문장은 그 대상언어에 속할 수 없고, 그 문장은 메타언어에 속해야 한다.

타르스키는 진리에 대한 만족스러운 정의가 충족해야 할 조건을 두 가지 제시하는데, 실질적 적합성(materially adequate)과 형식적 올바름(formally correct)이 그것이다. 타르스키는 진리정의가 가져야 할 실질적 적합성을 T-문장들(T-sentences)을 통해서 설명한다. "눈은 희다"는 문장이 참이 되는 조건은 눈이 하얗다는 것이다. 즉 눈이 하얗다면 그리고 오직 그럴 경우에만 이 문장은 참이다. 그러므로 다음과 같이 말할 수 있다.

'눈은 희다'는 참이다 iff 눈은 희다.[1]

마찬가지로 다음과 같은 동치문장을 얻을 수 있다.

'잔디는 녹색이다'는 참이다 iff 잔디는 녹색이다.
'갑돌이는 갑순이를 사랑한다'는 참이다 iff 갑돌이는 갑순이를 사랑한다.

그렇다면 이와 같은 T-문장들을 어떻게 일반화해서 진리정의로 제시할 수 있을까? 가장 먼저 생각할 수 있는 것은 다음과 같은 일반화이다. 임의 문장 x에 대해서,

　'x'는 참이다 iff x.

그러나 이는 올바른 일반화가 아니다. 왜냐하면 이 일반화 도식의 'iff' 왼쪽에 있는 'x'는 변항(variable)이 아니라 상항(constant)이기 때문이다. 그러므로 이 일반화 도식을 사례화하여 얻어지는 문장은 다음과 같은 기이한 문장이 될 것이다.

　'x'는 참이다 iff 눈은 희다.

다시 말해서 'x'는 영어 알파벳의 24번째 글자이지 문장이 아니기 때문에, "'x'는 참이다"는 문장은 적형식의 문장일 수 없다.

타르스키는 형식화된 언어를 제시하여 이 문제를 해결하는 방안을 보인다. 어떤 대상언어 L1을 생각해보자. L1은 세 개의 변항(x, y, z)과 하나의 일항술어(F), 그리고 하나의 이항술어(G), 그리고 진리함수적 연산자로 부정(¬)과 연언(∧) 기호, 존재양화사(∃)를 포함한다고 하자. L1의 문장의 참을 어떻게 설명하는가가 일차적 과제이다. L1의 복합문장은 그 복합문장을 구성하고 있는 요소문장의 진리치에 의해서 진리함수적으로 정의될 수 있다는 것은 분명하다. 그런데 L1의 문장들은 상항(단칭용어)으로 구성된 것이 아니라 변항으로 구성되어 있다. 다시 말해서 L1의 문장들은 문장함수로 구성되고 문장함수에는 그 함수의 변항들을 구속하는 양화사가 앞에 붙어 있다. 그래서 타르스키는 만족(satisfaction)이라는

또 하나의 의미론적 개념을 도입한다. 만족개념은 어떤 대상이 일련의 조건을 만족하는지 여부에 따라 문장함수에 그 대상을 적용하는 것이다. 예를 들어서 어떤 대상의 순서쌍이 G일 경우에 그리고 오직 그럴 경우에 그 순서쌍은 'Gxy'를 만족한다. 이렇게 어떤 대상이 술어(F와 G)와 변항만으로 이루어진 문장함수(Fx, Gxy)를 만족하는지 구체적으로 설명할 수 있다. 이렇게 만족개념을 사용하고 진리함수적 방식으로 L1의 모든 문장함수에 대해서 만족을 정의한다. 예컨대, 진리함수적 연산자인 부정(negation)에 대해서는, 어떤 것이 하나의 문장함수 Fx를 만족하지 않는다면 그리고 오직 그럴 경우에만 ¬Fx를 만족한다고 설명할 수 있을 것이다. 그리고 연언이나 존재양화사에 대해서 마찬가지 방식으로 만족개념을 정의할 수 있다.

타르스키는 T-문장들을 일반화하여 대상언어의 문장이 참일 조건을 다음과 같은 T-도식으로 제시한다. 임의 문장 x에 대해서,

'x'는 참이다 iff p.

이 T-도식은 메타언어에 속하는 문장인데, 여기서 x는 대상언어의 문장이고, p는 대상언어의 문장 x에 대한 메타언어의 번역문장이다. 그런데 'x'는 대상언어의 문장 x에 대한 메타언어의 이름이다. 타르스키는 진리정의의 실질적 적합성에 대해서 다음과 같이 설명한다.

우리는 '참이다'는 술어가 T-도식 형태의 동치문장이 주장될 수 있는 것 같은 방식으로 사용될 수 있기를 바란다. 그리고 우리는 모든 동치문장이 그것[T-도식]으로부터 추론될 수 있다면 또 오직 그럴 경우에만 진리정의가 "적합하다"고 부를 것이다.[2]

결국 진리정의가 실질적으로 적합해야 한다는 뜻은, 고려되고 있는 언어의 모든 문장에 대해서 진리조건을 제공할 수 있어야 한다는 뜻이다. 진리정의가 가져야 할 두 번째 조건은 형식적 올바름이다. 진리정의의 형식적 올바름이란 고려되는 언어가 정확하게 구체화된 구조(specified structure)를 가져야 한다는 것이다. 하나의 언어가 구체화된 구조를 갖기 위해서는 의미 있는 표현의 조건, 적형식 구성규칙이 분명해야 하며, 어떤 문장이 주장될 수 있는 조건 등을 구성할 수 있어야 한다. 그런데 나중에 상세하게 설명하겠지만, 이상과 같은 형식적 올바름의 조건은 일상 언어와 같은 의미론적으로 닫힌(semantically closed) 언어에서는 구성될 수 없다. 결국 타르스키가 말하는 형식적 올바름의 조건이란, 거짓말쟁이 역설과 같은 역설이 발생하지 않기 위해서 의미론적으로 열린 언어에 대해서 진리개념이 정의되어야 함을 의미한다.

타르스키의 의미론적 진리개념은 전통적인 진리론이 갖는 문제점들을 피하면서, 형이상학적으로 중립적이고, 무엇보다 진리술어에 대한 일상적인 직관을 유지하는 진리론을 제시했다는 점에서 의의가 있음에 분명하다.

T-도식을 통해서 진리개념을 설명하려는 타르스키의 시도에 대해서 몇 가지 비판이 제기될 수 있다. 첫째 쌍조건을 나타내는 논리적 연결사 'iff'는 전건과 후건 사이에 어떤 의미론적 동치도 요청하지 않는다. 그것은 단지 전건과 후건의 진리치가 같다는 것을 뜻할 뿐이므로 다음과 같은 참인 문장을 얻어낼 수 있다.

(*) "눈은 희다"는 참이다 iff 잔디는 초록색이다.

문장 (*)의 전건의 의미와 후건의 의미는 아무런 관련이 없다고 할지라도, 전건과 후건이 모두 참인 한, (*)는 참이다. 그렇다면 "눈은 희다"는 문장의 진리조건이 "잔디는 초록색이다"는 사실로 설명할 수 있는가? 이에 대해서 타르스키는 "잔디는 초록색이다"가 "눈은 희다"는 문장의 번역이라는 경험적 조건을 만족하지 않기 때문에 (*)는 앞에서 제시한 일상적인 T-문장들과 증명가능성에서 다르고, 그렇기 때문에 (*)는 진리조건으로 받아들일 수 없다고 답한다.

두 번째 비판은 'x' 문장의 언어와 그 번역인 'p'가 동일한 T-문장은 동어반복에 불과하다는 것이다. 즉 T-문장들은 너무 자명한 것이고 우리에게 언어의 문장들에 어떤 정보도 제공하지 못한다는 것이다. 그러나 타르스키가 진리개념을 지시와 만족이라는 개념으로 환원하여 설명하고 있다는 점을 기억한다면 이러한 비판에 대한 답이 주어질 수 있을 것이다. 즉 "'눈이 희다'는 참이다 iff 눈이 희다"가 말하는 바는 다음과 같이 표현될 수 있다.

'눈은 희다'는 참이다 iff '눈'이 지시하는 것이 '희다'는 술어를 만족한다.

요컨대 타르스키는 유클리드 기하학처럼 유한한 수의 공리와 이러한 공리의 적절한 사용을 통해서 정리를 산출하고 증명하는 진리에 관한 공리체계(axiomatic system)를 수립하려고 한 것이다. 즉 최소한의 의미론적 개념인 '지시'와 '만족' 등의 개념으로 진리조건인 T-문장을 그 정리로 산출하고 증명하려고 한 것이다.

그러나 타르스키 자신도 인정하듯이, 그의 주장은 일상적인 언어에는 적용될 수 없다는 한계가 있다. 그는 한 문장의 진리를 표현과 그 표현을 만족시키는 대상 사이의 관계에 근거하여 정의한다는 점에서 그의 이론은 외연적이고, 그가 사용하는 논리는 일차 술어논리이다. 그러나 일상 언어는 그가 다루고 있는 것과는 완전히 다른 구조와 언어적 장치를 포함한다. 즉 그의 의미론적 진리정의는 형식언어에만 적용될 수 있을 뿐, 일상적인 언어에는 적용될 수 없는 것이다.

필드(H. Field)는 진리개념이 의미론적인 원초적 개념을 사용하지 않고 정의되어야 한다는 타르스키의 주장에 형이상학적 중요성이 담겨 있다고 생각한다. 필드는 자신의 철학적 견해인 물리주의(physicalism)가 타르스키의 진리론에 전제되어 있다고 보는 것이다. 필드에 따르면, 타르스키는 진리, 만족 등과 같은 의미론적 개념을 단순히 제거하는 대신 의미론적 개념을 정의함으로써 물리주의의 요청을 수행한다. 즉 타르스키는 진리개념을 '지시(denotation)' '충족시킴' '적용됨'과 같은 개념으로 성공적으로 환원하여 설명해낸다. 그러나 타르스키는 진리개념을 환원한 다른 의미론적 개념에 대해서는 명백하게 설명하지 않음으로써 의미론적 개념을 물리주의자들이 수용할 만한 원초적 개념으로 환원하지는 못했다고 필드는 비판한다. 그러므로 타르스키의 진리론이 의도했던 목적을 달성하기 위해서는 보완이 필요하다는 것이 필드의 생각이다. 필드는 타르스키가 목적을 달성하기 위해서 제시했어야 했던 논증, T1과 타르스키가 실제로 제시했던 논증, T2를 구별하여 제시함으로써, 타르스키의 이론에 적절하게 보완되어야 할 것이 무엇인지를 논증한다.

어떤 대상언어 L이 이름과 일항 함수기호, 일항 술어를 갖고, L의 상항은 $c_1, c_2, (\cdots), c_k, (\cdots)$이고, 변항은 $x_1, x_2, (\cdots), x_k, (\cdots)$이다. 또 L의 함수는 $f_1, f_2, (\cdots), f_k, (\cdots)$이고, 술어는 $p_1, p_2, (\cdots), p_k, (\cdots)$이다. 언어 L에서 진리는 어떤 시퀀스에 상대적인 진리로 정의된다. 복합정식(complex formula)의 시퀀스 상대적인 진리는 복합정식의 보다 단순한 구성요소의 진리에 의해서 회귀적으로 설명된다. 이를 위해서 먼저 복합정식을 구성

하는 가장 간단한 구성요소인 원자정식(atomic formula)의 진리가 정의
되어야 한다. 필드는 원자정식이 참이 되는 필요충분조건으로 그 정식의
술어가 그 정식의 이름이 지시하는 것에 적용될 수 있음이라고 설명한
다. 즉 필드가 타르스키가 제시했어야 했다고 주장하는 T1은 다음과 같
이 정리할 수 있다.

> T1(A) 1. 'x_k'는 s_k를 [시퀀스 s에 상대적으로] 지시한다.
> 　　　　2. 'c_k'는 그것이 지시하는 것을 [시퀀스 s에 상대적으로] 지시
> 　　　　한다.
> 　　　　3. '$f_k(e)$'가 대상 a를 [시퀀스 s에 상대적으로] 지시한다는 것
> 　　　　은, (i) e가 [시퀀스 s에 상대적으로] 지시하는 대상 b가 있고,
> 　　　　(ii) 'f_k'는 ⟨a,b⟩에 의해서 충족될 경우 그리고 오직 그럴 경우
> 　　　　이다.

'지시'에 대한 이와 같은 설명이 받아들여지면, 진리정의는 다음과 같
이 쉽게 제시될 수 있다.

> (B) '$p_k(e)$'는 [시퀀스 s에 상대적으로] 참이라는 것은 다음 두 식의
> 　　연언과 동치이다.
> 　　(i) e가 [시퀀스 s에 상대적으로] 지시하는 대상 a가 있고, (ii)
> 　　'p_k'가 a에 적용된다.

이제 타르스키가 실제로 제시했던 설명과 이를 비교하기 위해서 필드
는 타르스키의 설명을 다음과 같이 제시한다.

T2(A) 1. 'x_k'는 s_k를 [시퀀스 s에 상대적으로] 지시한다.

2. 'c_k'는 c^*_k를 [시퀀스 s에 상대적으로] 지시한다.

3. '$f_k(e)$'가 대상 a를 [시퀀스 s에 상대적으로] 지시한다는 것은, (i) e가 [시퀀스 s에 상대적으로] 지시하는 대상 b가 있고, (ii) a는 '$f^*_k(b)$'일 경우 그리고 오직 그럴 경우이다.

(B) '$p_k(e)$'는 [시퀀스 s에 상대적으로] 참이라는 것은 다음 두 식의 연언과 동치이다.

(i) e가 [시퀀스 s에 상대적으로] 지시하는 대상 a가 있고, (ii) '$p^*_k(a)$'이다

T2에서는 타르스키의 의도대로 정의되지 않는 어떤 의미론적 용어도 사용되지 않고 있다. 그러나 그는 이 목표를 언어 L에 있는 모든 이름과 함수기호, 술어를 영어로 번역함으로써 달성한 셈이다. 예컨대 'c^*_k'는 L의 'c_k'에 대한 영어 번역에 해당한다. 필드는 T2가 의미론적 용어를 포함하지 않는 것이 T1에 비해서 장점일 수 있는지 묻는다. 물론 타르스키의 진리론의 목표가 진리술어를 의미론적 용어를 사용하지 않고 설명하는 데 있다는 점에서 T2는 T1보다 나아 보인다. 그러나 외견상의 그런 장점에도 불구하고, 필드는 그것은 진정한 의미에서 장점이 될 수 없다고 주장한다.

필드에 따르면, 오히려 T1이 T2에 비해서 몇 가지 장점이 있다. 우선 L은 그 언어의 모든 표현의 의미가 그 형식에 의해서 애매하지 않게 결정될 수 있다는 타르스키의 주장을 만족시켜줄 수 있는 언어가 아니다. T1은 애매한 표현을 포함하는 언어에 대해서도 아무런 영향도 받지 않고 적용할 수 있다. 그러나 만약 L이 애매해서 중의적이지 않게 영어로 번역하기 어려운 표현을 포함하고 있다면, T2는 수정이 불가피할 것이다. 또한

T2에서 진리 특성은 메타언어로만 주어질 수 있지만, T1에서는 그런 제한을 할 필요가 없다는 점도 T1의 장점이다. 타르스키는 진리나 지시, 적용과 같은 개념이 물리적으로 받아들일 수 있는 용어임을 보였다고 믿었지만, 필드는 그 믿음이 근거가 없다고 보는 것이다. 그래서 필드는 진리개념을 비의미론적인 용어로 환원하려는 시도는 성공적일 수 없다고 주장한다. 필드는 이를 화학의 원자가와의 유비를 통해서 설명한다. 원자가는 물리적으로 중요한 개념이고 물리주의자들은 이 개념을 물리적 용어로 설명하려고 할 것이다. 예컨대 어떤 원자의 원자가가 무엇인지를 설명하기 위해서는 그 원자의 구조적 속성을 발견하고 그것을 물리적으로 기술해야 할 것이다. 원자가에 대한 다음과 같은 정의가 있을 수 있다.

(VD) $(\forall e)(\forall n)\{(e$는 n의 원자가를 갖는다$)$ iff $(e$가 칼륨이고 n은 +1이다$)$ 또는 $(e$가 황이고 n은 +2이다$)$ 또는 $(\cdots)\}$

(VD)는 원자가에 대한 외연적으로 정확한 정의이기는 하지만 회귀적 정의도 아니고 받아들일 만한 환원적 정의도 아니다. 타르스키의 진리정의도 엄밀하게 말해서 (VD)와 같은 정의에 불과하다는 것이 필드의 비판이다. 즉 타르스키의 진리정의도 의미론적 개념을 비의미론적 개념으로 환원한 것이 아니라 그 개념을 외연적으로 그 목록을 나열한 것에 다름 아니라는 것이다. 원자가에 대한 다음과 같은 회귀적 정의를 구성할 수 있다.

(V1) $(\forall c)(\forall n)\{(c$는 n의 원자가를 갖는다$)$ iff $B(c, n)\}$

이로부터 우리는 'B(c, n)'에 의해서 화합물과 숫자 사이에 성립하는 원자가의 관계에 대한 외연을 결정할 수 있는데, 'B(c, n)'은 원소에만 적용되는 '원자가'라는 용어를 포함한다. V1은 단순한 것의 원자가에 의해서 복합물의 원자가를 설명할 수 있게 해준다는 점에서 원자가에 대한 회귀적 정의라고 할 수 있다. 그런데 V1의 'B(c, n)'에서 '원자가'라는 용어를 (VD)와 같은 환원을 이용해서 제거할 수 있다. 그렇게 해서 얻은 정식을 V2라고 하면, V2가 V1에 비해서 장점이 있는 것처럼 보일 수 있다. 필드의 주장의 요지는 "외연적 동치의 기준은 받아들일 만한 환원을 보장해주지 않는다"[3]는 것이다. V2는 V1으로부터 사이비 환원을 통해서 얻어진 것일 뿐인 것처럼, T2도 정의항에서 의미론적 용어를 제거하는 방식도 V1에서 V2를 얻어내는 것과 같은 사이비 환원일 뿐이다. 타르스키 작업의 철학적 중요성이 제대로 인식되기 위해서는 타르스키의 지시이론(theory of denotation)이 다시 조명될 필요가 있다. 필드는 타르스키의 지시이론을 (VD)에 비교한다. 먼저 타르스키가 지시(denotation)에 대해서 제시한 설명을 보자.

> 이름 x가 주어진 대상 a를 지시한다고 말하는 것은 그 대상 a가 (…) 어떤 특정한 유형의 문장함수를 만족한다는 것을 규정하는 것과 같다. 일상적인 언어에서 그것은 "변항, 단어 '이다' 그리고 주어진 이름 x"와 같은 순서로 된 세 부분으로 이루어지는 함수일 것이다.[4]

지시에 대한 설명은 "만족"이라는 또 다른 의미론적 용어로 주어진다. T2에서 지시와 만족의 개념을 결합하면 다음의 정의를 얻을 수 있다.

(D1) 이름 N이 주어진 대상 a를 지시한다고 말하는 것은 a는 프랑스이고 N은 '프랑스'이거나, (…) a는 독일이고 N은 '독일'이다.

(D1)은 타르스키가 진리정의에 대해서 요구하는 적합성 조건과 매우 유사한 적합성 기준을 충족하고는 있지만, 지시개념을 다른 비의미론적인 용어로 환원하고 있는 것이 아니다. 타르스키는 복합함수의 만족개념은 단순함수의 만족개념을 이용하여 회귀적으로 정의하지만, 단순함수의 만족개념은 열거적으로 정의할 뿐이다. 요컨대 타르스키는 자신의 진리론이 진리개념을 물리적으로 허용될 수 있는 개념으로 환원하는 것이라고 주장하겠지만 필드는 타르스키의 진리론은 진리개념을 또 다른 의미론적 개념으로 설명하고 있을 뿐이라고 주장한다.

1.2 타르스키의 언어 위계론

타르스키가 진리론을 제시하면서 대상언어와 메타언어를 구분한 배경은 거짓말쟁이 역설을 해결하고 일관성 있는 형식언어를 구성하여 그 형식언어에 대해서 진리정의를 제시하기 위한 것이었다. 타르스키에 따르면, 어떤 문장 S가 어떤 언어 L에서 참이라고 주장하는 문장은 L의 문장이 아니라 메타언어의 문장이다. 다시 한 번 거짓말쟁이 역설을 간단히 소개하자.

"이 문장은 거짓이다"는 거짓말쟁이 문장을 (λ)라고 부르기로 하자. 즉 거짓말쟁이 문장의 이름을 (λ)라고 하자. 그러면,

(1) (λ)는 (λ)가 거짓이라고 말하고 있다.

그리고 다음은 명백하게 옳다.

(2) 어떤 문장이 말하는 것이 사실일 경우에 그리고 오직 그럴 경우

에만 그 문장은 참이다.

이제 (λ)가 참이라고 가정해보자. 그러면 (2)에 의해서 (λ)가 말하는 것은 사실이어야 한다. 그런데 (1)에 의해서 그것이 말하는 것은 (λ)가 거짓임이기 때문에 (λ)는 거짓이다. 이제 (λ)를 거짓이라고 가정해보자. 그러면 (2)에 의해서 그것이 말하는 것은 사실이 아니어야 한다. 그것이 말하는 것은 (λ)가 거짓이므로 '(λ)가 거짓이다'가 사실이 아니게 된다. 다시 말해서 (λ)는 참이다. 결론적으로 (1)과 (2)로부터 모순적인 결론에 이르게 되어 역설이 발생한다.

타르스키는 거짓말쟁이 역설의 원인은 거짓말쟁이 문장이 자기 지시적이기 때문이라고 보고 따라서 대상언어와 메타언어를 구별하여 자기 지시성을 제한함으로써 역설을 해결할 수 있다고 주장한다. 즉 거짓말쟁이 역설은 일상언어가 의미론적으로 닫힌(semantically closed) 언어이기 때문에 발생한다. 의미론적으로 닫힌 언어란, 그 언어가 진리술어와 같은 의미론적 술어를 포함하고 있고, 그 의미론적인 술어들이 그 언어의 문장에 적용되는 언어이다. 거짓말쟁이 역설을 봉쇄하기 위해서는 그 언어가 의미론적으로 열린 언어이어야 한다. 타르스키가 진리정의의 조건으로 제시한 형식적 올바름이란 바로 진리개념이 적용되는 문장의 언어는 의미론적으로 열린 언어라는 것이다. 의미론적으로 열린 언어의 문장은 어떤 것도 그 언어의 문장에 대해서 참 또는 거짓을 부가하지 않는다. 마찬가지로 의미론적으로 열린 언어에 속하는 문장은 어떤 것도 그 문장 자체에 대해서도 참 또는 거짓을 부가하지 않는다. 그러므로 의미론적으로 열린 언어에서는 거짓말쟁이 문장과 같은 문장이 있을 수 없기 때문에 거짓말쟁이 역설도 발생하지 않는다. 결국 거짓말쟁이 역설에 대한 타르스키의 해결책은 단순히 의미론적으로 닫힌 언어를 무시하는 것이다. 그는 의미론적으로 닫힌 언어는 필연적으로 모순을 낳을 수밖에 없기 때문에 그런 언어를 사용하는 것을 제한해야 한다고 주장한다.

타르스키는 의미론적으로 열린 형식언어를 구성하여, 그 언어에서 진리술어를 만족이라는 용어로 정의하고 만족이라는 개념은 아무런 의미론적 용어를 사용하지 않고 정의하고자 한다. 형식언어가 아무런 의미론적 술어도 갖지 않는다면 어떻게 그의 그런 기획이 성공할 수 있을까? 타르스키는 바로 언어위계(hierarchy of languages)라는 장치를 통해서 그 기획을 수행한다. 즉 특정한 언어에 대한 진리를 다른 언어를 통해서 정의하고, 두 번째 언어는 첫 번째 언어에 속하는 문장에 대한 의미론적 술어를 포함한다. 두 번째 언어도 의미론적으로 열린 언어이고 따라서 그 언어도 자신의 의미론적 속성을 이름하는 의미론적 속성을 갖지 않기 때문에, 두 번째 언어에서도 거짓말쟁이 문장은 만들어지지 않고 거짓말쟁이 역설은 발생하지 않는다.

> 우리는 의미론적으로 닫힌 언어를 사용하지 않기로 합의했기 때문에, 진리의 문제를 다룰 때 우리는 두 개의 다른 언어를 사용해야 한다. (…) 첫 번째는 (…) "말하여지는" 언어이다. (…) 우리가 구하고 있는 진리정의는 이 언어의 문장에 적용된다. 두 번째 언어는 그 언어를 이용해서 우리가 첫 번째 언어에 "대해서 말하는" 언어이다. 우리는 두 번째 언어에 의해서 첫 번째 언어에 대한 진리정의를 구성하기를 원한다. 우리는 첫 번째 언어를 대상언어, 두 번째 언어를 메타언어라고 지칭할 것이다.[5]

메타언어에는 의미론적 술어가 있지만, 그것은 대상언어의 문장에 대한 술어이지 메타언어 자체에 대한 술어가 아니다. 결국 메타언어에 포함된 '참이다'와 '거짓이다'와 같은 술어는 실제로는 '대상언어에서 참이다'

와 '대상언어에서 거짓이다'를 의미한다고 할 수 있다.

앞에서 언급된 T-문장들은 대상언어의 문장에 대한 것으로 T-문장 자체는 메타언어이다. 예를 들어

'눈은 희다'는 참이다 iff 눈이 희다.

이 T-문장에서 '눈은 희다'는 대상언어의 문장에 대한 메타언어의 이름이다. 그러므로 다음과 같이 T-문장을 제시할 수도 있다.

① 'snow is white'는 참이다 iff 눈이 희다.
② '눈은 희다' is true iff snow is white.

①에서 대상언어는 영어이고, 메타언어는 한국어이다. 반면에 ②에서 대상언어는 한국어이고 메타언어는 영어이다. 대상언어의 문장에 대한 참은 항상 메타언어의 술어에 의해서 표현되기 때문에, 거짓말쟁이 문장은 "이 문장은 대상언어에서 거짓이다"와 같은 메타언어의 문장으로 표현되어야 하고 이렇게 되면 이 문장은 역설을 낳지 않는다. 요컨대 거짓말쟁이 문장은 자신이 대상언어에서 거짓(false in the object language)이라고 말하는 메타언어의 문장이다. 그러나 메타언어의 문장은 대상언어에서 참이거나 거짓일 수 없다. 따라서 거짓말쟁이 문장은 메타언어의 문장이기 때문에 그것은 자신에 대해서 주장하는 속성을 갖지 않는다. 그러므로 그것은 단순히 거짓이다.

타르스키의 거짓말쟁이 역설에 대한 해법은 러셀의 유형이론과 매우 유사하다. 그들은 모두 언어의 위계에 의존하고 "자신에 대해서 참이 아니라고 말하는 문장이 있다"는 전제를 거부하여 의미론적 역설을 해소

하려고 한다. 더 정확하게 말하면, 러셀은 문장의 차수의 위계를 제안하는데 어떤 문장도 자기 자신과 같은 차수나 높은 차수의 문장에 대해서는 언급할 수 없다. 타르스키는 언어의 위계를 제안하는데, 그 위계 중 어떤 것도 자신과 같거나 자신보다 높은 위계에 속하는 언어의 의미론적 속성에 대해서 언급할 수 없다. 그들은 자신에 대해서 참이나 거짓이라고 말하는 문장은 있을 수 없기 때문에 거짓말쟁이 역설은 해소된다고 결론 내린다.[6]

타르스키의 언어위계 개념에 의존하여 거짓말쟁이 역설을 해결하려는 시도에 대한 크립키의 비판을 하나만 소개하기로 하자. 크립키는 타르스키의 역설에 대한 진단과 처방을 비판하면서, 의미론적 역설에 대한 보다 만족스러운 해결책을 제시하기 위해서 진리술어의 형식적 올바름(formal correctness)과 관련된 문제에 관심을 갖는다. 타르스키의 언어 위계론에 대한 크립키의 비판은 거짓말쟁이 역설과 같은 의미론적 역설이 단순히 불가해한 철학적 말장난이 아니라, 우리의 일상적 삶에서 자주 등장할 수 있는 문제라는 통찰을 드러내준다는 점에서 의미가 있다. 크립키는 거짓말쟁이 역설이 발생하는 이유를 거짓말쟁이 문장과 같은 특정한 문장의 구문론이나 의미론이 갖는 고유한 어떤 성질 때문이 아니라, 경험적 사실 때문에 발생한다는 점을 설득력 있게 주장한다. 그래서 그는 "참이나 거짓에 대한 일상적 주장 중에서 상당히 많은 것, 아마도 대부분은 경험적 사실이 극도로 불리하다면, 역설적 특징을 쉽게 드러내 보인다"고 말한다.[7] 워터게이트에 대한 존스와 닉슨의 다음 대화를 생각해보자. 존스가 다음과 같이 말했다.

(1) 닉슨이 워터게이트에 대하여 한 말 중 대부분은 거짓이다.

워터게이트에 대한 닉슨의 주장 중에 다음 문장을 제외하고는 반 정도가 참이고 나머지 반 정도가 거짓이라고 하자.

(2) 워터게이트에 대해서 존스가 한 말은 모두 참이다.

존스의 진술 (1)과 닉슨의 진술 (2)는 함께 고려될 때 역설을 낳는다. 여기서 역설이 발생하는 이유는 (1)과 (2)라는 문장의 고유한 어떤 특성 때문이 아니라, 존스가 (1)을, 그리고 닉슨이 (2)를 말했는데 (2)를 제외한 닉슨의 주장의 반 정도가 참이라는 경험적 사실 때문이다. 그래서 크립키는 우리가 진리개념을 포함하는 진술을 할 때, 경험적 사실 때문에 그 진술들이 역설을 낳을 수 있다는 점에 주의해야 한다고 주장한다. 사실 일상적인 대화에서 등장하는 문장에 대해서 어떤 것이 대상언어의 문장이고 어떤 것이 메타언어의 문장인지 분명하게 결정하기 어려운 경우도 많다. 예를 들어서 다음 대화 상황을 생각해보자.

갑: 을이 병의 사생활에 대해서 한 주장은 대부분 거짓이다.
을: 갑이 병과 내가 삼각관계에 있다고 말한 것은 사실이 아니다.
병: 갑이 나에 대해서 말하는 것은 대부분 사실이다.

이 경우 누구의 진술이 가장 높은 위계의 언어인가? 결론적으로 우리가 의미론적으로 열린 언어의 위계를 구성한다면 거짓말쟁이 역설과 같은 의미론적 역설을 피할 수 있다는 타르스키의 주장은 옳다. 그러나 크립키가 보여준 것처럼 일상 언어에서는 일관된 언어의 위계를 구성하는 것이 항상 가능한 것 같지 않다. 그러므로 타르스키의 언어 위계론은 일상 언어에서 발생하는 거짓말쟁이 역설에 대한 해결책일 수는 없다.

그러나 타르스키의 언어 위계론이 일상 언어에 적용될 수 있는 다른 방법이 있다고 주장하면서 일상 언어에서 발생하는 거짓말쟁이 역설을 해결하려고 시도하는 철학자들이 있다. 이들의 주장을 수정된 언어 위계론(revised hierarchical view)이라고 부르자. 이 견해는 형식언어에 대한 타르스키와 러셀의 견해를 유지하면서 언어 위계론을 통해서 일상 언어에서 발생하는 의미론적 역설을 해결하고자 하는 견해이다.

2. 수정된 언어 위계론

앞에서 우리는 소위 정통적인 언어 위계론이라고 부를 수 있는 거짓말쟁이 역설에 대한 타르스키의 해결 방안에 대해서 살펴보았다. 그에 따르면, 거짓말쟁이 역설은 일상 언어가 의미론적으로 닫힌 언어이기 때문에 발생한다. 그러므로 의미론적으로 닫힌 일상 언어에서 역설의 발생은 불가피하고, 따라서 거짓말쟁이 역설을 피하기 위해서는 의미론적으로 열린 형식언어를 구성하여 그 형식언어들의 위계를 부가하고, 각 형식언어의 진리술어를 위계에 따라 정의해야 한다는 것이 타르스키의 핵심적인 주장이었다. 거짓말쟁이 역설에 대한 타르스키의 해결 방안은 그가 구성한 의미론적으로 열린 형식언어에 대해서는 성공적인 것처럼 보이지만, 우리가 일상적으로 사용하는 의미론적으로 닫힌 언어에서는 역설을 피할 길이 없다는 한계가 있다. 과연 타르스키의 제안은 일상 언어에는 적용될 수 없는 것일까?

파슨스와 버지는 타르스키의 언어 위계론에 의한 처방이 일상 언어에도 적용될 수 있는 방안을 제시하는 수정된 언어 위계론을 제시했다. 파슨스와 버지의 주장은 다른 점이 많지만, 언어의 위계라는 타르스키와 같은 처방을 거짓말쟁이 역설의 해법의 토대로 삼는다는 점과 이를 일상 언어에 적용하기 위한 방안을 제시한다는 점에서 유사하다. 다시 말해서 그들은 타르스키의 진리술어의 위계는 진리에 대한 일상적 개념을 설명하기 위해서 사용될 수 있다고 주장한다는 점에서 공통적이다. 이제 이러한 수정된 언어 위계론을 제시한 파슨스와 버지의 견해에 대해서 자세히 소개하고 평가해보자.

2.1 파슨스의 수정된 언어 위계론

타르스키의 언어 위계론에 따르면, 의미론적으로 닫힌 일상 언어에서 역설의 발생은 불가피하기 때문에 거짓말쟁이 역설을 피하기 위해서는 의미론적으로 열린 형식언어를 구성하여 그 형식언어들의 위계를 부가하고, 각 형식언어의 진리술어를 위계에 따라 정의해야 한다. 그러나 거짓말쟁이 역설에 대한 타르스키의 해결 방안은 그가 구성한 의미론적으로 열린 형식언어에 대해서는 성공적인 것처럼 보이지만, 우리가 일상적으로 사용하는 의미론적으로 닫힌 언어에서는 역설을 피할 길이 없다는 한계가 있다. 타르스키도 인식하듯이 일상 언어는 위계적이지 않고 의미론적으로 닫힌 언어이기 때문에 일상 언어에서 거짓말쟁이 역설은 불가피하고 그 역설을 해결하기 위해서 타르스키가 제안한 언어 위계론은 일상 언어에는 적용될 수 없다는 것이 타르스키의 언어 위계론에 대한 중요한 비판이었다. 과연 타르스키의 제안은 일상 언어에는 적용될 수 없는 것일까? 이에 대해서 파슨스는 다음과 같이 대답한다.

[그런 비판은] 자연언어의 문장들이 언급될 경우 그 진리 조건에 있어서 변이가 얼마나 다양하게 일어날 수 있는지, 특히 의미론적 역설과 결정적

으로 관련된 표현에서 그런 변이가 어떻게 발생하는지 파악하지 못해서 생긴 것이다. 아마도 '참이다'는 술어는 아닐지라도 (…) 양화사, '말하다' '의미하다' 그리고 간접발화를 포함하는 다른 표현들이 문제이다.[8]

요컨대 파슨스는 타르스키의 위계론과 같은 언어위계 개념을 이용해서 일상언어를 그럴듯하게 해석함으로써 거짓말쟁이 역설을 적절하게 해결할 수 있다고 생각한다. 파슨스는 이를 위해서 일상언어에 포함된 양화사의 해석을 다룰 때 그리고 의미론적 표현과 '말하다'와 같은 간접 발화의 표현 사이의 상호관련성을 다룰 때, 보다 신중해야 한다고 주장한다. 역설과 관련된 그의 첫 번째 주장은 명제를 표현하지 못하는 문장이 있다는 것이다. 다음 문장을 생각해보자.

(1) 이 책의 69페이지 11번째 줄에 쓰인 문장은 거짓명제를 표현한다.

(1)의 이름, 즉 "이 책의 69페이지 11번째 줄에 쓰인 문장"을 'α'로 간단히 표현하기로 하자. 그러면, 다음과 같이 쓸 수 있다.

(2) α=이 책의 69페이지 11번째 줄에 쓰인 문장

라고 하자. 우리는 어떤 문장 "p"에 의해서 표현된 모든 명제에 대해서, p일 경우에 그리고 오직 그럴 경우에만 그 문장이 표현하는 명제가 참이라고 말할 수 있다. 그러므로 'p'가 명제 x를 표현하고 있다면, 그러한 모든 x에 대해서, p일 경우에 그리고 오직 그럴 경우에만 x는 참이다. 즉,

(3) $(\forall x)\{(x$는 명제이고 'p'는 x를 표현한다$)\rightarrow(x$는 참이다$\leftrightarrow p)\}$

이다. 이제 α가 하나의 명제 x를 표현한다고 가정하자. (3)의 보편사례화 (universal instantiation)를 통해 보편양화사를 제거(∀)하면 다음을 얻을 수 있다.

(4) α가 사실일 경우 그리고 오직 그럴 경우에 x는 참이다.

그리고 'α'는 (1)의 이름이므로 다음이 얻어진다.

(5) (1)일 경우에 그리고 오직 그럴 경우에만 x는 참이다.

(2)와 (5)에 의해서, 다음이 추론된다.

(6) x는 참이다 iff α는 거짓 명제를 표현한다.

이제 x가 참이 아니라고 가정하자. α가 자신이 참이 아니라는 명제 x를 표현하기 때문에, α는 거짓 명제를 표현한다. 그러므로 (6)에 의해서

(7) x는 참이다.

그런데 (7)은 α가 표현하는 임의의 명제가 참임을 의미한다.

(8) x가 명제이고 α가 x를 표현한다면 모든 x는 참이다.
    (∀x){(x는 명제이다∧α는 x를 표현한다)→(x는 참이다)}

(8)의 이중부정을 통해서 다음을 얻을 수 있다.

(9) ¬(∃x){(x는 명제이다)∧(α는 x를 표현한다)∧(x는 참이 아니다)}

α가 표현하는 명제 'y'가 있다고 가정해보자. (9)에 의해서 'y'는 참이다. 그러나 (7)에 의해서, x 대신 y를 대입하면, α는 거짓명제를 표현한다. 이것은 α가 표현하는 명제가 참이라는 결론과 모순이다. 그러므로 (1)은 명제를 표현하지 않는다.

파슨스 자신도 인식하고 있듯이, 파슨스의 이 논증에 대해서는 즉각적인 비판이 제기될 수 있다. 파슨스의 위의 논증이 옳다고 가정해 보자. 즉 (1)이 아무런 명제도 표현하지 못한다고 가정해보자. 그렇다면 (1)은 자신에 대해서 그것이 거짓명제를 표현한다고 말하고 있기 때문에, (1)은 거짓인 어떤 것을 말한다. 그러므로 (1)은 거짓명제를 표현하고 있는 셈이다. 이는 또 다른 역설을 낳는다. 이런 문제에 답하기 위해서, 파슨스는 양화사의 범위가 논증을 전개하는 과정 동안 전이(shift)한다고 주장한다.

우리가 어떤 맥락에서 "모든 사람이 다 참석했다"고 발화했을 때, 우리는 지구상에 존재하는 모든 사람이 참석했다는 것을 의미하지는 않는다. 논의의 영역에 포함되는 사람들이 모두 참석했다는 뜻으로 해석하는 것이 자연스럽고 직관적이다. 다시 말해서 대상언어에 포함된 양화사는 논의의 영역에 걸쳐 있는 것들로 해석된다. "α가 표현하고 있는 명제 x가 있다"는 문장이 참이 되기 위해서는, α가 표현하는 명제가 논의의 영역 (U)에 포함되어야 하는 것이다. 그러나 우리는 U에서 (1)과 같은 문장들을 배제할 수 있다. 파슨스는 이에 대해서 (1)은 논의의 영역 U에 있는 어떤 명제도 표현하지는 않지만, U보다 더 큰 논의의 영역에서 거짓 명제를 표현한다고 말한다.[9] 그러므로 파슨스는 구속변항의 범위에 포함되는 명제를 표현하지 않는 적형식인 문장이 있다고 결론 내린다.

파슨스는 타르스키가 제시한 진리정의를 수정하여 다음과 같이 제시한다.

(10) y가 참이다 iff (∃x){(x는 명제이다)∧(y는 x를 표현한다)∧(x는 참이다)}

즉 어떤 문장이 참이기 위한 필요충분조건은 그 문장이 표현하는 명제가 있어야 하고 그 명제가 참이어야 한다는 것이다.

(11) (∃x){(x는 명제이다)∧('p'는 x를 표현한다)}→('p'참이다.↔p)

간단히 말해서 타르스키의 진리정의가 작동하려면 그 정의에 적용되는 문장이 명제를 표현해야 함이 전제되어야 한다는 것이다. 명제를 표현하지 않는 적형식의 문장이 있다는 첫 번째 주장으로부터 파슨스는 유비적으로 진리치를 갖지 않는 의미 있는 문장이 있다는 두 번째 주장을 이끌어낸다. (1)과 유사하지만 '거짓명제를 표현한다'는 술어 대신 '거짓이다'를 사용하는 다음 문장을 생각해보자.

(12) 이 책의 72페이지 14번째 줄에 쓰인 문장은 거짓이다.

"이 책의 72페이지 14번째 줄에 쓰인 문장"을 간단히 'β'라고 표현하면, 'β'는 (12)의 이름이 되고 다음을 얻을 수 있다.

(13) β는 거짓이다.

타르스키는 (13)을 T-도식에 적용하면 역설이 발생한다고 주장한다. 그러나 파슨스는 자신이 타르스키의 진리정의를 수정하여 제시한 (11)을 이용해서 T-도식의 적용을 제한해야 한다고 주장한다.

(14) ('p'는 참이다∨'p'는 거짓이다)→('p'는 참이다↔p)

일단 (14)를 가정해보자. 그런데 (14)에 'β'를 대체하면, (14)의 후건 [('p'는 참이다↔p)]은 모순이다. (14)를 참이라고 가정했는데 그 문장의 후건이 거짓이므로 전건[('p'는 참이다∨'p'는 거짓이다)]도 거짓이어야 한다. 결국 문장 (12)는 참도 거짓도 아니어야 한다. 구문론적으로 적형식이고 의미론적으로도 문제가 없는 의미 있는 문장이지만 진리치를 갖지 않을 수 있는 문장이 있는 것이다.

그러나 이에 대해서도 유사한 반론을 제기할 수 있다. (12)가 참도 거짓도 아니라면, (12)는 거짓이 아니다. (12)는 자신에 대해서 거짓이라고 "말하고" 있기 때문에 그것은 결국 거짓이다. 파슨스는 이 논증에 포함된 '말하다'가 애매하다는 점에 주목하면서, 잘못은 그 용어와 관련하여 양화사의 동음이의어적(homophonic) 번역 때문에 발생한다고 주장한다.

A가 "나는 지금 거짓인 어떤 것을 말하고 있다"고 말한다고 가정해 보자. 앞의 논증에서 보여준 것처럼, A의 이 진술로부터 A는 지금 어떤 명제도 표현하고 있지 않는다는 것이 따라 나온다. A가 어떤 명제도 표현하고 있지 않기 때문에 A는 거짓인 어떤 것을 말하고 있다고도 할 수 없는데, 그것은 정확하게 A가 말하고 있는 것이다. 그렇다면 A는 거짓인 어떤 것을 말하고 있는 것이 된다. 즉 역설을 낳는 것처럼 보이는 논증은 다음과 같이 구성될 수 있다.

(i) A는 자신이 거짓인 어떤 것을 말하고 있다고 말했다.

(ii) A는 거짓인 어떤 것을 말하지 않았다.

(iii) 그러므로 A는 거짓인 어떤 것을 말했다.

이 논증을 형식적으로 정리하면 다음과 같다.

(i′) A가 p라고 말했다

(ii′) ¬p

(iii′) 그러므로 A는 거짓인 어떤 것을 말했다.

이렇게 형식화하면 직관적으로 이 논증은 타당해 보인다. 이 문제를 해결하기 위해서 파슨스는 이 논증에 사용된 '말하다'라는 용어의 용법에 주목해야 한다고 주장한다. '말하다'는 이 논증에서 두 가지 서로 다른 용법으로 사용되고 있는데, 그 하나는 "느슨한 기준의 용법(lax standard use)"이고 다른 하나는 "보다 엄격한 기준의 용법(stricter standard use)"이다. 그는 "느슨한 기준에 따르면 A는 자신이 거짓인 어떤 것을 말하고 있다고 말했었을 수도 있다. 반면에 참과 거짓을 위해서 필요한 보다 엄격한 기준에 따르면 어떤 것도 말하고 있지 않다"[10]고 주장한다. 다시 말해서 위 논증의 (i)에서 사용된 '말하다'는 느슨한 기준의 용법으로 쓰인 것이고, 반면에 (iii)에서 등장하는 '말하다'는 보다 엄격한 기준에 따라 사용되고 있다는 것이다. 이 논증형식이 타당하기 위해서는 (i)에서 쓰인 '말하다'가 보다 엄격한 기준에 따라 사용되었어야 했다는 것이 파슨스의 진단이다.

"A가 자신이 거짓인 어떤 것을 말하고 있다고 말했다는 사실로부터, A는 그 말을 통해서 아무런 명제도 표현하지 못하기 때문에 A는 아무것도 말하지 않았다"는 파슨스의 주장에 대한 또 다른 반론이 있을 수 있다. A가 아무것도 말하지 않았다는 주장은 A가 원래 했던 진술의 부정이라는 사실에 주목하자. 그러면 A가 아무것도 말하지 않았다면 어떻게 우리가 A의 발화가 참이거나 거짓이라고 말할 수가 있는가? 우리가 A에 대해서 그가 아무것도 말하지 않았다고 말할 때 우리는 아무것도 말하지 않았다는 것을 인정해야 하는가? 파슨스는 그것은 단지 '말하다'라는 용어의 중의성(ambiguity)과 색인적 변이(indexical variation)가 거짓말쟁이 역설과 관련된다는 사실을 보여주는 것뿐이라고 말한다. 그가 말하고자 하는 요점은, 동일한 문장에 다른 해석 도식들이 적용되고 있다는 것이다. '말하다'라는 단어를 다른 상황에서 사용하는 것은 다른 해석 도식을 전제할 수 있고, 양화사의 범위는 단일한 논의의 영역에서도 다양할 수 있다. 즉 위 논증의 (ii)는 조금 덜 포괄적인 해석 도식을 전제하는 반면, (iii)은 보다 광범위하고 포괄적인 해석 도식을 전제하는데, 그 포괄적인 해석 도식은 덜 포괄적인 도식이 포함하지 못하는 진술에 대해서도 진리치를 부가한다. 보다 포괄적이고 덜 포괄적인 도식 개념은 언어의 위계 개념의 일종이라고 생각할 수 있다. 보다 포괄적인 해석 도식은 다른 도식에 대한 주석이나 반성을 포함함으로써 보다 넓은 논의의 영역을 전제하기 때문이다. 이에 대해서 파슨스는 다음과 같이 말한다.

예컨대 어떤 사람이 말하는 것에 대해서, 우리는 때로는 무엇인가에 대해서 말하는 담화와 참과 거짓을 서술하는 것과 같은 메타언어적 특성의 담화(discourse)가 동일하기도 하다는 것을 선험적으로(a priori) 배제하지는 않을지라도 그 두 종류의 담화를 구별해야 한다. (…) '자기 자신에 대해서 거짓이라고 말하는' 문장은 진리치를 갖지 않지만, 확장된 언어의 의도된 해석에서는 그 문장은 거짓이다.[11]

결론적으로 파슨스는 거짓말쟁이 역설은 다른 해석 도식이 동일한 문장에 적용되었기 때문에 발생한다고 진단하고, 따라서 그는 거짓말쟁이 문장은 아무것도 말하고 있지 않기 때문에 참도 거짓도 아닌 문장이라고 주장한다. 요컨대 거짓말쟁이 역설이 발생하는 것처럼 보이는 것은 '말하다'와 같은 용어의 애매성에 대해서 주의하지 못했기 때문이라는 것이 그의 주장이다.

이제 파슨스가 거짓말쟁이 역설에 대해서 제시한 진단과 처방에 대해서 평가해보자. 그는 거짓말쟁이 역설을 해결하기 위해서 타르스키의 T-도식을 수정하여 제시하고, 그 T-도식에 적용될 수 있는 문장은 하나의 명제를 표현하고 참이거나 거짓이어야 한다고 주장한다. 그런데 거짓말쟁이 문장은 명제를 표현하지 못하고 참도 거짓도 아니기 때문에 T-도식에 적용될 수 없는 문장이다. 따라서 거짓말쟁이 역설은 발생하지 않으며, 거짓말쟁이 역설이 발생한다고 생각한 이유는 거짓말쟁이 문장이 명제를 표현하고 T-도식에 적용할 수 있다고 오해했기 때문이라는 것이다. 이상의 파슨스의 주장을 평가하기 위해서 그의 주장으로부터 구성되는 복수의 문제를 논증으로 구성해보자.

(A) 'λ는 참이 아니다'는 참도 거짓도 아니다.

이로부터 다음을 얻을 수 있다.

(B) 'λ는 참이 아니다'는 참이 아니고, 'λ는 참이 아니다'는 거짓이 아니다.

(λ)는 거짓말쟁이 문장이므로, 다음이 성립한다.

(C) λ='λ는 참이 아니다'

(B)와 (C)에 의해서 다음이 추론된다.

(D) λ는 참이 아니고 λ는 거짓이 아니다.

(D)로부터 단순화의 규칙(연언지 제거)에 의해서 다음을 얻을 수 있다.

(E) λ는 참이 아니다.

(B)로부터 단순화의 규칙(연언지 제거)에 의해서 다음을 얻을 수 있다.

(F) 'λ는 참이 아니다'는 참이 아니다.

그런데 (E)를 T-도식에 적용하면, 우리는 다음을 얻을 수 있다.

(G) 'λ는 참이 아니다'는 참이다.

(F)와 (G)는 모순이어서 역설이 발생한다. 이에 대해서 파슨스는 (E)를 T-도식에 적용하여 (G)를 얻어내는 과정이 잘못이라고 주장한다. 즉 (E)는 명제를 표현하지 못하고 있어 T-도식에 적용할 수 없는 문장이라는 것이다. 앞에서 설명한 것처럼 적절하게 수정된 T-도식은 (14)라는 점을 기억해야 한다는 것이 이 역설 논증에 대한 파슨스의 대답이다. 그러나 (E)가 참도 거짓도 아니라는 주장은 문제가 있다. (A)로부터 (E)까지의 논증은 명백하게 타당하고, 전제인 (A)는 파슨스 자신의 주장이고,

(C)는 거짓말쟁이 문장에 대한 정의이므로 (A)와 (C)는 참이라고 할 수 있다. 그런데 타당한 논증은 진리치를 보존한다는 것을 인정해야 한다. 결국 (A)~(E)의 논증이 타당하고 그 전제들이 참이라면 (E)도 참이라고 해야 하지 않은가? 참이라고 인정되는 전제부터 타당하게 추론된 결론이 참도 거짓도 아니라는 점을 어떻게 설명할 수 있는가? (E)가 참이 아니라고 주장하기 위해서 우리가 타당하다고 여기는 추론 규칙 중 어떤 것을 포기해야 하거나 타당성 개념을 다시 정의해야 할 것이다.

파슨스는 타르스키의 T-도식을 수정함으로써 또는 T-도식의 사용을 제한함으로써 거짓말쟁이 역설을 해결하려고 할 뿐만 아니라 양화사의 범위가 전이하는 데서 발생하는 애매성을 지적함으로써 역설을 해결하려고 한다. 파슨스는 거짓말쟁이 역설을 낳은 논증이 어떤 용어를 중의적으로 사용하고 있다는 사실과, 동일한 문장을 해석하기 위해서 다른 도식을 적용하고 있다는 사실에 주목한다면 역설을 피할 수 있다고 주장한다. 그렇다면 주어진 상황에서 하나의 문장에 어떤 도식이 해석 도식으로 사용되어야 하는가를 설명하는 것이 그의 과제일 것이다. 그러나 파슨스는 해석 도식이 어떻게 결정되어야 하는지에 대해서는 설명하지 않고 있다. 단지 그는 어떤 문장이 발화되는 상황에 의해서 해석 도식이 결정된다고만 말하고 있다. 파슨스는 1974년 발표한 논문 「거짓말쟁이 역설」에 1982년에 후기를 첨부하는데, 그 후기에서 그는 버지의 진리술어의 색인적 개념(indexical conception)이 해석 도식을 결정하는 방법을 설명해줄 것이라고 말한다. 즉 파슨스는 진리술어의 외연은 맥락의 변화와 함께 다양하게 변한다는 버지의 주장이 맥락에 따른 변화 가능성을 적절하게 설명하고 또 일상언어에서 진리에 대한 위계론적 견해를 설명할 수 있는 형식적 모델을 제공할 것이라고 믿는다.

2.2 버지의 수정된 언어 위계론

버지는 거짓말쟁이 역설에 대한 해결 방안을 타르스키적인 언어 위계론에서 찾을 수 있다고 주장한다는 점에서 파슨스와 유사한 수정된 언어 위계론을 제시하고 있는 셈이다. 그러나 그는 파슨스와 달리 무언함의에서의 전이(shifts in implicature)와 진리술어의 색인적 해석(indexical construing)에 의존해서 거짓말쟁이 역설을 해결하고자 한다. 파슨스는 거짓말쟁이 문장이 하나의 명제를 표현하지 못해서 참도 거짓도 아니라고 주장하는 데 반해서, 버지는 거짓말쟁이 문장은 거짓이라고 주장한다. 거짓말쟁이 문장을 아무런 제한 없이 T-도식에 적용하면 모순이 발생한다는 사실을 알고 있는데, 버지에 따르면, 이는 거짓말쟁이 문장이 참이기 위한 조건을 결여하고 있음을 의미한다. 거짓말쟁이 문장을 들으면 우리는 직관적으로 그 문장이 참이 아니라고 생각하게 되는데, 버지는 우리의 이러한 직관적인 생각이 전적으로 옳다고 주장한다.

그러나 버지의 이러한 주장에 대한 반론이 있다. 거짓말쟁이 문장은 자신에 대해서 참이 아니라고 주장하는 문장이다. 직관적인 결론은 거짓말쟁이 문장이 참이 아니라는 것인데, 그것은 거짓말쟁이 문장이 말하고 있는 것이 참이 아니라는 것을 의미한다. 따라서 거짓말쟁이 문장은 결국 참이 된다. 일종의 복수의 문제(revenge problem)가 발생하는 것이다. 복수의 문제를 정리하면 다음과 같이 될 것이다.

(a) 이 문장은 참이 아니다.
(b) "이 문장은 참이 아니다"는 참이 아니다.
(c) 이 문장은 참이다.

버지는 이러한 복수의 문제는 두 단계로 구성된다고 파악한다. 즉 거짓말쟁이 문장이 등장하는 (a)로부터 거짓말쟁이 문장은 참이 아니라는 직관적 결론인 (b)로의 추론 단계와 그러한 직관적 결론인 (b)로부터 궁극적으로 거짓말쟁이 문장이 참이라는 모순이 등장하는 (c)로의 추론 단계이다. 이 추론 과정에서 표현의 의미나 문법에서의 변화는 없는데 거짓말쟁이 문장이 참이 아니라고 말하는 것으로부터 같은 문장이 참이라고 말하는 것으로의 전이가 있기 때문에, 버지는 여기에 색인적 요소(indexical elements)가 작동하고 있다고 말한다. 그러나 거짓말쟁이 문장은 자신에 대해서 참이 아니라고 평가하는 문장이기 때문에, 만약 거짓말쟁이 문장에 등장하는 '참이다'는 술어가 i-단계(true$_i$)의 술어라면 그 문장은 i-단계의 진리도식(truth$_i$-schema)으로 평가되어야 한다. 그는 (a)로부터 (b)로의 추론 과정에는 엄격하게 말해서 색인적 요소가 포함되어 있지 않지만 일종의 무언함의에서의 전이가 포함되어 있다고 주장한다. (b)로부터 (c)로의 추론 과정은 진리술어를 그 외연의 맥락에 따라 변화시키는 것으로 해석함으로써 설명되지만, (a)에서 (b)로의 추론은 (a)가 지닌 무언함의가 취소됨으로써 설명된다.

(a)에서 (b)로의 추론은 무언함의를 해석함으로써 설명된다는 버지의 주장을 구체적으로 살펴보기 전에, 그 추론이 진리술어에 있어서의 일종의 색인적 요소에 의해서 적절하게 설명될 수 있다는 견해부터 살펴보자. 이 견해에 따르면, 거짓말쟁이 문장이 (a)와 (b)에 등장할 때 각각 다른 의미론적 값(예컨대 진리치)을 가질 것이다. 예컨대 (a)에서 등장하는 거짓말쟁이 문장은 역설적임 또는 좋지 않음(bad)이라는 값을 갖고, (b)의 거짓말쟁이 문장은 참 또는 거짓이라는 값을 갖는다. 그러나 이런 견해는 문제가 있다는 것이 버지의 생각이다. 먼저 (a)에서 '참이다'의 외연을 진리술어에 아래첨자를 붙임으로써 명시적으로 만들어보자. 예를 들어

(a)의 진리술어는 'i-단계에서 참(true$_i$)'이라고 하자. 그러면 거짓말쟁이 문장에 대한 (b)의 주석은 외연의 전이를 포함할 것이고 "거짓말쟁이 문장은 k-단계에서 참(true$_k$)이 아니다"를 만들어낼 것이다. 그러나 우리가 알고자 하는 것은 거짓말쟁이 문장이 i-단계에서 참(true$_i$)인지 아닌지이다. 따라서 (a)에서 (b)로의 추론에서는 진리술어의 외연이 변해서는 안 된다. 버지는 (a)에서 (b)로의 추론에는 진리치와 같은 의미론적 평가에 있어서의 변화는 관련되지 않는다고 주장한다. 그럼에도 왜 이 추론 과정에 진리술어의 외연이 변화하는 것처럼 느껴지는 것일까? 이에 대해서 답하기 전에 먼저 버지가 이 추론 과정을 설명하기 위한 장치로 제시한 무언함의 개념에 대해서 살펴보자.

버지는 (a)에서 (b)로의 추론 과정을 무언함의라는 개념을 도입하여 화용론적으로(pragmatically) 설명한다. 그에 따르면, 화자가 진리술어를 포함하고 있는 문장을 발화할 때, 화자는 자신이 놓인 담화 상황이 정합적으로 해석될 수 있도록 진리술어의 단계가 결정되어야 한다는 것을 함의한다. 그래서 버지는 "관련된 무언함의는, 지시되고 있거나 양화되는 문장들이 평가하는 문장에서 등장하는 진리술어를 위한 진리도식으로 평가되어야 한다"[12]고 말한다. (a)에서 지시되거나 양화되는 문장은 평가하는 문장 자체이다. 즉 (a)의 거짓말쟁이 문장이 i-단계에서 표현된다면, 그 문장 자체는 i-단계의 진리도식에 의해서 평가되어야 한다. 거짓말쟁이 문장은 지시된 문장이 곧 주장된 문장 자체임이 밝혀지기 때문에 무언함의를 받아들임으로써 거짓말쟁이 문장이 모순을 낳는다는 것을 보일 수 있다. 같은 문장이 (b)에서 다시 주장될 때, 거짓말쟁이 문장의 의미론에서 어떤 변화도 생긴 것이 아니다. 거짓말쟁이 문장이 (b)에서 다시 주장될 때, (b)에 있는 그 문장은 i-단계의 진리조건(truth$_i$-conditions)을 결여하기 때문에 i-단계에서 참(true$_i$)이 아니다. 우리는 그 문장이 i-단계의 진리조건을 가질 것이라고 기대하지 않아야 한다. 결국 (a)의 무언함의는 (b)에서는 취소되어 버리는 것이다. 버지는 바로 이 점 때문에, (a)에서 (b)로의 추론이 의미론적 평가에서의 전이가 있다고 설명한다. (a)에서의 거짓말쟁이 문장은 평가하기에 적절하다고 여겨지는 '참이다'의 색인적인 적용 하에서 병리적으로 i-단계에서 참($true_i$)이 아니다. 반면에 (b)에서 다시 주장하면서 등장하는 거짓말쟁이 문장은 평가하기에 적절하다고 여겨지는 적용 단계인 k-단계에서 참($true_k$)이다. 그래서 그는 "(a)에서 그 문장이 처음 등장할 때 그 문장에 대해서 병리적으로 i-단계에서 참($true_i$)이 아니라고 생각하는 것에서, (b)에서 그 문장이 두 번째 등장할 때 동일한 문장에 대해서 k-단계에서 참($true_k$)이라고 생각하는 변화가 있다"[13]고 말한다. 그는 (b)에서 등장하는 거짓말쟁이 문장은 병리적이기 때문에 i-단계에서 참($true_i$)이 아니다.[14]

보다 광범위한 의미론적 맥락에서 평가하면, (a)와 (b)에서 등장하는 거짓말쟁이 문장은 두 경우에서 모두 k-단계에서 참($true_k$)이다. 버지에 따르면, 거짓말쟁이 문장은 "이 문장은 참이 아니다"와 같은 동일한 것으로 표상되지만, 그것이 동일한 것으로 표상되는 이유는 다르다. (a)에서는 그 문장은 i-단계의 진리도식으로 평가되기 때문에 i-단계에서 참($true_i$)이 아니다. 그러나 (b)에서는 그 문장은 i-단계에서 병리적이기 때문에 i-단계에서 참($true_i$)이 아니다.

이제 (b)에서 (c)로의 추론에 대한 버지의 설명을 살펴보자. 그는 이 추론 과정은 진리술어를 색인적으로 고려함으로써 설명할 수 있다고 주장한다. 진리술어에 대한 그의 색인적 해석은 구조적인(structural) 측면과 실질적인(material) 측면 두 가지를 갖는다. 그의 견해에서 진리술어는 그 외연이 고정되지 않고 사용되는 맥락에 의존해서 변하기 때문에 색인적이다. 어떤 맥락에서 진리술어는 구체적인 외연을 취하고 그 맥락에서 그 진리술어는, '참$_1$', '참$_2$', ($\cdots$), '참$_i$'처럼 아래첨자 숫자를 붙임으로써 표상될 수 있다. 색인성(indexicality)의 구조적 측면은 아래첨자 숫자와 관련되고 실질적 측면은 아래첨자가 하나의 맥락에서 어떻게 결정되는가와 관련된다.

버지는 색인성의 구조적 측면을 위해서 형식적 모델을 제시한다. 그는 진리술어의 색인성을 설명하기 위해서 형식적 모델로 세 가지 구조를 제안한다. 첫 번째 구조, C1에서는 i-단계에서 병리적이지 않은 문장만이 i-단계 진리도식에 적용될 수 있다. 즉 C1은 타르스키의 T-도식에 대해서 다음과 같은 제한을 한다.

(S가 i-단계에서 병리적이지 않다)$\rightarrow$(S는 i-단계에서 참이다$\leftrightarrow$p)

[(S is non-pathological$_i$)$\rightarrow$(S is true$_i$$\leftrightarrow$p)]

i-단계의 진리도식의 사례들은 i-단계에서 병리적이지 않은 문장에 대해서만 주장될 수 있다. C1에서 거짓말쟁이 문장은, i-단계에서 진리조건(truth$_i$-condition)이 충족되지 않기 때문이 아니라 i-단계에서 병리적이기 때문에, 참$_i$이 아니다. 버지는 C1에서 거짓말쟁이 문장이 병리적임을 강조하면서, k-단계의 진리술어(true$_k$)를 포함하는 문장이 k가 i보다 크다면 i-단계에서 참일 수 있기 때문에 C1은 지나치게 엄격한 것 같다고 생각한다. 그래서 그는 보다 완화된 두 번째 구조, C2를 제시한다.

C2에서, k가 i보다 크거나 같은 경우 k-단계의 진리술어(true$_k$)에 대한 어떤 서술도 포함하지 않는 i-단계에서 참인 문장(true$_i$ sentences)으로부터 i-단계에서 논리적으로 타당한 추론(valid$_i$ inference)의 결과는 i-단계에서 참이다. '눈은 모두 희다'는 i-단계에서 참이라는 전제, 즉 "'눈은 모두 희다'는 i-단계에서 참(true$_i$)이다"는 전제가 있다고 하자. 논리적으로

타당한 추론에 의해서, p가 무엇을 지시하든지 상관없이 '모든 눈은 희거나 p는 i-단계에서 참이 아니다'는 i-단계에서 참이라는 것을 얻을 수 있다. 왜냐하면 추론된 복합문장은 i-단계보다 높은 k-단계의 진리술어를 포함하고 있기는 하지만 그 문장의 i-단계에서의 진리조건은 '눈은 모두 희다'는 선언지에 의해서 결정되기 때문이다. 한 문장의 의미론적인 평가가 병리적이지 않고 추론될 수 있으려면, 진리술어를 갖지 않거나 보다 낮은 단계의 진리술어를 갖는 선언지에 의해서 의미론적 평가를 할 수 있어야 한다. C2는 C1의 아이디어를 유지하면서 이 점에 착안하여 수정한 것이다. C2는 다음과 같이 진리도식의 사용을 제한한다.

(S는 값 매김에 상대적으로 i-단계에서 병리적이지 않다.)→(S는 i-단계에서 참이다↔p) [(S is not pathological$_i$ relative to an assignment)→(S is true$_i$↔p)]

C1과 C2에서 모두 S가 i-단계에서 참이라면 S는 i-단계보다 높은 k-단계에서도 참이다. 그러므로 S가 k-단계에서 참이 아니라면, S는 i-단계에서도 참이 아니다. 그러나 우리가 고려해야 할 중요한 사례는 i-단계에서 참이 아니지만 i-단계보다 높은 k-단계에서 참이 되는 경우이다. 왜냐하면 거짓말쟁이 문장이 바로 i-단계에서는 참이 아니지만, (i+1)-단계에서는 참인 문장이기 때문이다. 버지는 C1과 C2의 아이디어를 유지하면서 거짓말쟁이 문장이라는 특수한 사례를 설명할 수 있는 보다 설득력 있고 완화된 구조 C3를 제시한다.

C3에서도, i-단계에서 참인 문장(true$_i$ sentences)으로부터 i-단계에서 논리적으로 타당한 추론(valid$_i$ inference)의 결과는 i-단계에서 참이라는 C2의 아이디어는 그대로 유지된다. 그러나 C2와의 중요한 차이는, C3에

서는 어떤 문장이 i-단계에서 참이라는 주장이 i-단계에서 참이라는 것이다. 즉 '눈은 모두 희다'가 i-단계에서 참이라고 하자. 그러면 "눈은 모두 희다" 그리고 "p는 i-단계에서 참이다"'는 문장은 C2에서나 C3에서나 모두 i-단계에서 참이다. 그러나 "모든 눈은 희다"가 i-단계에서 참이다'는 C2에서는 i-단계에서 참이 아니지만, C3에서는 참이다. 따라서 C3에서 진리술어의 반복이 반드시 단계의 상승을 수반할 필요는 없다. 다시 말해서 C2에서 "문장 p는 i-단계에서 참이다"는 i-단계에서 병리적이지만 (i+1)-단계에서 참일 수 있다. 그러나 "문장 p는 i-단계에서 참이다"가 C3에서는 i-단계에서 참이다. 버지는 C3에서 임의의 i에 대해서 만족스러운 방식으로 모든 문장에 i-단계의 진리치($truth_i$-value)를 할당할 수 있다고 주장한다. 자신에 대해서 i-단계에서 참이 아니라고 말하는 거짓말쟁이 문장은 i-단계에서 참이 아니고, 그것의 부정도 역시 i-단계에서 참이 아니다. 그러나 거짓말쟁이 문장은 i-단계보다 높은 k-단계에서는 참이다.

버지가 제시한 구조에서 닫힌 문장은 모두 임의의 i에 대해서 i-단계에서 참이거나 참이 아니므로 이가의 원리가 보존된다. 그러나 이것이 어떤 문장과 그것의 부정 중 하나가 i-단계에서 참이라는 것을 의미하지는 않는다. 왜냐하면 i-단계에서 병리적인 문장은 i-단계에서 참이 아니고, 그것의 부정도 또한 i-단계에서 병리적이기 때문에 그 문장도 i-단계에서 참이 아니다.[15] 이제 파슨스의 견해와 버지의 견해의 차이를 분명하게 알 수 있다. 파슨스는 거짓말쟁이 문장이 참도 거짓도 아니라고 주장한다는 점에서 3치 논리를 인정한다. 그는 진리치에 대한 배중율을 포기한 셈이다. 그렇다면 그는 서론에서 소개한 강화된 거짓말쟁이 역설에 대한 적절한 해결책도 제시해야 한다. 또한 앞에서 지적했듯이, 거짓말쟁이 문장이 참도 거짓도 아니라는 주장은 또 다른 모순적인 결론을 낳는다. 즉 거짓말쟁이 역설을 해결하기 위해서 파슨스가 제시한 방안은 복수의 문제에 부딪힌다. 그러나 파슨스도 그 문제가 진리술어의 위계, 즉 색인적인 요소 때문에 발생한다고 생각했지만 이에 대한 형식적인 설명을 제시하지 못했다.

버지가 제안한 구조에 포함된 진리술어는 불변적이지 않은 것 같다. 일상언어는 'i-단계에서 참(true$_i$)'이라는 도식적인 술어표현에 의해서 표상될 수 있는 단 하나의 색인만 붙은 술어를 갖는다. 아래첨자 'i'는 그 술어가 사용되는 특정한 맥락에 의존해서 무한히 많은 숫자 중 하나로 대체된다. 그렇게 'i'를 대체한 결과는 진리술어가 어떤 맥락에서 등장하는 특별한 경우를 표상하고, 그 맥락에서 진리술어의 적용이 고정된다. 버지는 "'i'를 대체하는 숫자가 새로운 술어 상항을 표시하는 것이 아니라 색인적인 진리술어의 맥락적 적용을 표시한다"[16]고 말한다. 이제 문제는 어떻게 아래첨자가 맥락에 따라 결정되는가이다. 이 문제는 버지가 색인성에 대해서 말했던 두 가지 측면 중 하나인 실질적 측면과 관련된다.

버지는 어떻게 진리술어에 아래첨자를 붙일 것인가의 문제에 답하기 위해서 화용론적 원칙 몇 가지를 제시한다. 그가 제시하는 첫 번째 원칙은 "진실의 원칙(principle of verity)"이다. 이 원칙은 "진리술어에 아래첨자를 붙일 때 모든 조건을 같이하여(ceteris paribus) 부가함으로써 해석자가 진리도식에 의해서 어떤 문장에 진리조건을 부여할 수 있는 능력을 최대화하라는 것"이다.[17] 어떤 사람이 "데카르트가 말한 것 중에서 역학과 관련된 것을 제외하고는 모두 참이다"고 말했다고 하자. 이 문장의 '참이다'라는 진리술어에 붙어야 할 아래첨자는 역학과 관련되지 않은 데카르트가 말한 모든 것을 만족스럽게 해석하거나 진리조건을 부여할 수 있을 정도로 충분히 높아야 할 것이다. 진리술어의 외연이 화자의 의도에 의해서뿐만 아니라 그 언어에 대한 일반적인 규약과 사용 맥락에 관한 사실에 의해서도 결정된다면, 그 원리의 정당화는 명백하다.

진리술어에 아래첨자를 부가하는 방법을 결정하는 두 번째 원칙은 "정의의 원칙(principle of justice)"이다. 갑순이와 갑돌이가 특정 시각 t에서 서로의 발화에 대해서 그것이 거짓이라고 말하는 순환 고리를 생각해보자. 이들의 발화의 의미론적 지위나 평가를 위한 단계를 다르게 부가하는 것은 임의적이다. 그 두 발화의 평가는 같은 단계에서 이루어져야 하고, 그 결과 모두 병리적으로 간주되어야 한다. 정의의 원칙에 따르면, "우리는 특별한 이유 없이 하나의 진술 대신 다른 하나의 진술에 진리 조건을 주지 않아야 한다."[18] 크립키의 비판적인 사례를 예로 들어보자. 존스가 다음과 같이 말했다.

(i) 워터게이트에 관한 닉슨의 진술은 모두 참이 아니다.

그리고 닉슨은 다음과 같이 말했다.

(ii) 워터게이트에 관한 존스의 진술은 모두 참이 아니다.

존스와 닉슨은 둘 다 다른 사람의 진술을 자신의 주장의 범위에 포함하고 있다. 정의의 원칙에 따르면, 이럴 경우 (i)과 (ii)의 진리술어는 동일한 아래첨자가 부여되어야 한다. 그리고 동일한 아래첨자는 진실의 원칙에 따라 (i)과 (ii) 이외의 존스와 닉슨의 다른 진술을 해석하기에 충분히 높은 정도로 결정되어야 한다. 예컨대 존스가 워터게이트에 대해서 i-단계에서 참인 진술을 적어도 하나 이상 했다면 닉슨의 진술 (ii)은 (i+1)-단계에서 병리적이지 않지만 그 단계에서 참이 아니다. (물론 C3에서 닉슨의 진술 (ii)는 i-단계에서 병리적이지 않고 참도 아니다.) 만약 워터게이트에 관한 닉슨의 진술이 (ii)를 제외하고 모두 i-단계에서 거짓이라면, 존스의 진술 (i)은 (i+1)-단계에서 참이다. (C3에서는 i-단계에서도 참이다.) 한편 닉슨이 i-단계에서 워터게이트에 대한 참인 진술을 적어도 하나 이상 했다면, (i)는 (i+1)-단계에서 참이 아니다.

요약하면, 자신에 대해서 i-단계에서 참이 아니라고 말하는 거짓말쟁이 문장은 i-단계에서 참이 아니다. 그러나 그 문장을 T-도식에 적용하면, 그 문장을 평가할 때 맥락에 있어서의 전이가 발생하기 때문에, 그 문장이 (i+1)-단계에서 참이라는 것이 나올 뿐이다. 버지의 진리술어에 대한 색인적 해석의 형식적 측면은 문장들의 주장 가능성은 진리술어가 등장하는 다양한 사례에 할당되는 단계에 상대적이어야 한다는 점을 보여준다. 한편 색인적 해석의 실질적 측면은 일종의 화용론적 원칙으로, 진리술어에 어떻게 아래첨자를 부가하는지를 결정할 수 있는지 보여준다.

버지의 수정된 위계 이론은 고전 논리학을 유지함으로써 일상적인 논리적 직관을 유지한다는 점, 거짓말쟁이 역설에 대한 직관적인 주장과 일치한다는 점 등 장점이 있음에 분명하다. 이런 장점에도 불구하고, 버지의 이론은 몇 가지 문제점을 가지고 있다. 첫 번째 문제는 색인적 해석의 실질적 측면을 설명하기 위해서 제시된 화용론적 원칙과 관련된 것이다. 버지는 자신이 제시한 화용론적 원칙을 통해서 진리술어가 사용되는 다양한 맥락에 따라 적절하게 그 단계를 결정하고 아래첨자를 할당할 수 있다고 주장한다. 그의 화용론적 원칙에 의해서 진리술어에 아래첨자를 성공적으로 할당할 수 있는지는 매우 중요한 문제이다. 예컨대 버지는 자신의 화용론적 원칙에 따라 앞에서 제시된 크립키의 문장 (i)과 (ii)에 등장하는 진리술어에 대해서 적절하게 아래첨자를 부가할 수 있음을 보여야 할 것이다.

그러나 버지의 화용론적 원칙이 맥락에 따라 진리술어에 적절하게 아래첨자를 부가한다고 주장하기에는 곤란한 경우가 너무 많아 보인다. 굽타는 이에 대해서 다음과 같이 지적한다.

버지의 설명에 따르면, 진리론과 단계에 대한 이론(a theory of levels) 사이의 관계는 시제 이론(theory of tense)과 현재에 대한 이론(theory of the present) 사이의 관계와 같다고 보는 것 같다. 마치 시제를 포함하는 문장의 주장 가능성에 대해서 무엇인가가 언급될 수 있기 전에 현재의 순간이 상세화되어야 하는 것처럼, '참이다'는 진리술어를 포함하는 문장의 주장 가능성에 대해서 무엇인가가 언급될 수 있기 전에, 그 진리술어가 사용되는 단계가 구체적으로 설명되어야 한다.[19]

다시 말해서 우리가 어떤 언어 L의 문장을 모델 M에서 주장할 때, 우리는 진리술어가 등장하는 다양한 경우에 따라 단계를 결정하고 그에 따라 그 문장을 상대화(relativize)한다. 버지의 견해는 그렇게 진리술어에 단계를 부여하는 것을 화용론적인 문제라고 생각한다. 그러나 단계 이론이 비형식적인 화용론적 원칙에 의해서 수립될 수 있을지 의심스럽다. 화용론적 원칙은 단계 이론에 대한 형식적 설명을 제시하기 위해서 필요한 조건일 수는 있지만 충분한 조건일 수는 없기 때문에, 버지의 견해는 크립키의 예처럼 일상언어에서 서로 지시관계가 복잡하게 얽힌 문장들에서 사용된 진리술어에 아래첨자를 결정하기 어려울 것이다.

단계 이론에 대한 화용론적 설명에 대한 비판 이외에도, 버지의 견해에 포함된 무언함의 개념에 대한 비판도 있다. 거짓말쟁이 문장, 앞에서 제시된 문장 (a)는 자신에 대해서 참임을 부정하는 문장, 즉 자신에 대해서 평가하는 문장이다. 거짓말쟁이 문장 자체에 포함된 진리술어에 i-단계를 부여하여 거짓말쟁이 문장의 진리술어를 '참$_i$'라고 가정하자. 무언함의에 의해서, 그 문장에 대한 평가하는 다음 단계의 문장 즉 앞에서 제시된 문장 (b) "'이 문장은 참이 아니다'는 참이다"를 생각해보자. (b)에서 우리는 그 문장이 참$_i$이 아니라고 주장하고 있다. 즉 동일한 무언함의에 의해서 i-단계에 대한 주장을 평가하는 셈이다. 그러므로 (b)로 표현되는 결론은 참이 아니다. 버지는 이러한 비판적인 지적을 무언함의를 취소함으로써 즉 두 번째 평가의 단계를 'i'보다 높은 아래첨자를 부가함으로써 피할 수 있다고 주장한다. 그는 (a)에서 (b)로의 추론은 하나의 무언함의에서 다른 무언함의로의 전이를 의미한다고 주장한다. 진리치의 변화는 외견상 그럴 뿐이고, 사실은 둘 모두 k-단계에서 참(true$_k$)이고 둘 모두 i-단계에서 참(true$_i$)은 아니다.

그러나 버지는 이 설명에서 중요한 점을 간과하고 있다. 거짓말쟁이 문장뿐만 아니라 병리적인 자기 지시적인 문장은 모두 무언함의에서 전이를 필요로 한다. 크립키가 제시한 예에서 존스와 닉슨이 발화한 문장에 사용된 진리술어는 모두 동일한 아래첨자를 갖게 될 것이고, 따라서 두 진술 모두 참일 수는 없게 될 것이다. 만약 제3자인 딘이 워터게이트에 대한 존스의 진술 또는 닉슨의 진술이 참이 아니라고 주장한다면, 딘의 진술은 참일 것이다. 그러나 그것은 존스의 진술과 닉슨의 진술을 평가하기 위해서 사용된 무언함의가 딘의 진술을 평가할 때 변해야만 할 것이다. 그 경우에 무언함의는 평가하는 문장의 진리술어의 단계를 높이는 다른 무언함의를 위해서 취소되어야 한다. 그러한 전이는 누적적이기 때문에, 버지는 그 단계를 선택하기 위해서 적절한 무언함의를 결정할 수 있는 방법을 설명할 수 있어야 하는데, 그는 무언함의의 전이에 대한 설명은 분명하게 제시하지 않고 있다. 이와 같은 평가 과정을 이해하기 위해서 무언함의의 선택을 결정하는 방법을 알아야 한다는 점을 인정한다면, 이 점에 대해서 분명한 대답을 제시하지 않고 있는 버지의 견해는 분명히 문제가 있다고 할 수 있다. 결국 타르스키를 비판하기 위해서 크립키가 제시한 예는 버지의 수정된 언어 위계론에도 적용될 수 있을 것이다. 버지의 견해가 설득력을 갖기 위해서는 크립키의 비판적인 문장에 대해서 적절한 단계를 부여하는 방법을 제시해야 할 것이다.

버지의 위계론에 대한 또 하나의 중요한 비판은 강화된 거짓말쟁이의 다른 형태인 최고 거짓말쟁이 문장(super liar sentence)과 관련된 것이다. 다음 문장을 생각해보자.

"이 문장은 어떤 단계에서도 참이 아니다."(This sentence is not true in any level.)

(ψ) ($\forall i$) ψ는 맥락 i에서 참이 아니다.

버지는 최고 거짓말쟁이 역설을 만들어내는 추론은 오도적(mis-guiding)이라고 답하고 있다. 그 추론은 진리술어를 탈맥락적이며 탈색인적(de-indexicalize)으로 해석하려고 하는데 이는 진리술어에 대한 적절한 이해가 아니라는 것이다. '어떤 단계에서도 참이 아니다'는 구절에도 진리술어에 암묵적인 색인(index)이 있고, 따라서 '참이다'의 색인적 특성을 제거하려는 시도는 부적절하다는 것이다.

우리의 기호체계에 기생하는(parasitic on) 최고 거짓말쟁이 문장을 만들어내려는 시도는 우리 설명의 요점에 대한 오해를 드러내는 경향이 있다. 예컨대 '(a)는 어떤 단계에서도 참이 아니다'와 같은 문장 (a)를 제시할 수 있을 것이다. 그러나 이것은 우리의 형식화에 포함된 어떤 문장에 대한 영어 해석도 아니다. 우리의 이론은 '참이다'에 대한 이론이지, '어떤 단계에서 참이다'에 대한 이론이 아니다.[20]

그러나 최고 거짓말쟁이 역설에 대한 버지의 대답은 성공적이지 않아 보인다. 버지는 우리의 진리에 대한 일상적인 개념이 색인적이고 강화된 거짓말쟁이 역설 추론 과정에 진리술어의 외연에서의 전이가 있다고 주장한다. 이러한 진단은 버지가 주장하는 것처럼 우리의 의미론적 직관과 일치한다는 점에서 매력적이다. 그런데 버지의 견해가 갖는 이러한 매력이 유지되려면, 최고 거짓말쟁이 문장에 사용되는 진리술어도 일상적인 개념으로 설명되어야 할 것이다.

(λ) λ는 참이 아니다.
(φ) φ는 어떤 단계에서도 참이 아니다.

버지에 따르면, (λ)는 우리가 진리술어에 대해 갖는 일상적인 개념을 지니고 있다. 이런 이유로 버지는 타르스키와 크립키는 거짓말쟁이 문장의 참 개념을 '특정 언어 L에서 참'과 같이 일상적이지 않은 전문적인 (technical) 개념으로 다루었다는 점에서 문제를 잘못 파악하고 있다고 생각한다. 예컨대 내가 지금 101호에 있으면서 그 옆방(102호)에 있다는 잘못된 믿음을 가지고 있고 101호에 완전한 거짓말쟁이가 있다고 믿어서 '101호 칠판에 쓰여진 문장은 어떤 맥락에서도, 즉 그 문장을 평가하는 어떤 단계에서도 참이 아니다'라고 썼다고 하자. 이 문장은 역설을 낳을 텐데 버지는 이러한 문장은 일상적인 참 개념을 갖지 않는다고 주장하는 셈이다. 그러나 왜 강화된 거짓말쟁이 문장에서 사용된 참 개념은 일상적인 데 반해, 이와 같은 최고 거짓말쟁이 문장의 참은 일상적인 개념이 아닌가? 만약 최고 거짓말쟁이 문장의 진리개념이 일상적이지 않고 '어떤 단계에서 참(truth-at-a-level)'이라는 개념이 전문적인 개념이라면, 이 문장의 진리개념은 왜 강화된 거짓말쟁이 문장의 진리개념과 달리 이해되어야 하는지 설명되어야 한다. 그리고 만약 최고 거짓말쟁이 문장의 진리개념이 일상적이지 않듯이 강화된 거짓말쟁이 문장의 진리개념도 그렇다면 버지의 견해가 갖는 큰 매력을 상실하게 된다.

3. 맥락주의

3.1 글랜즈버그의 맥락주의

글랜즈버그는 거짓말쟁이 역설을 '진리술어'에 관한 문제라기보다는 '진리 담지자'에 관한 문제로 보아야 한다고 주장한다. 즉 거짓말쟁이 역설은 명제와 명제가 표현되는 맥락 사이의 관계에 대한 문제이고 그런 점에서 글랜즈버그는 "거짓말쟁이 역설은 맥락 의존성의 문제"라고 말하기도 한다.[21]

글랜즈버그도 진리 담지자를 명제라고 본다는 점에서, 그리고 거짓말쟁이 문장이 명제를 표현하지 못한다고 본다는 점에서 파슨스와 같다. 그런데 그는 명제의 진리치가 맥락 의존적이라고 보는 대신, 어떤 문장이 표현하는 명제가 무엇인가가 맥락 의존적이라고 본다는 점에서 파슨스와 다르다.[22] 그래서 그에 따르면, 거짓말쟁이 문장은 지시어(demonstratives)를 포함하는 맥락 의존적 문장처럼 작동한다. 그러므로 거짓말쟁이 문장은 일관된 의미론적 지위를 갖지 못하는 문장이고 명제를 표현하지 못한다. 그리고 진리술어가 명제를 표현하지 못하는 문장에 적용될 때 정상적으로 작동하기를 기대할 수 없고 그것이 바로 거짓말쟁이 역설의 출발이라는 것이다. 요컨대 거짓말쟁이 역설에 대한 글랜즈버그의 첫 번째 주장은, 파슨스의 주장과 같이, 거짓말쟁이 문장이 명제를 표현하지 못한다는 것이다.

그러나 거짓말쟁이 문장이 명제를 표현하지 못한다는 해결책은 앞 절에서 살펴본 파슨스의 해결책이 그랬듯이 곧바로 복수의 문제에 부딪힌다. 거짓말쟁이 문장이 명제를 표현하지 못한다면 그것은 참인 명제도 표현하지 못할 것이다. 그런데 거짓말쟁이 문장이 원래 의미하는 것이 "이 문장은 참인 명제를 표현하지 못한다"는 것이기 때문에 그 문장은 참이 되어 역설에 부딪힌다. 결국 글랜즈버그의 해결책은 거짓말쟁이 문장이 진리치를 갖지 않는다거나 의미론적 지위(semantic status)를 결여하고 있다고 주장하는 파슨스의 주장과 마찬가지로 복수의 문제에 부딪힌다. 글랜즈버그는 이러한 문제를 새로운 복수의 문제라고 보지 않고 거짓말쟁이 역설이 갖는 원래의 문제라고 주장한다. 그에 따르면, 거짓말쟁이 역설의 핵심은 거짓말쟁이 문장이 명제를 표현하지 못하는 의미론적으로 결함이 있는 문장이라고 진단하는 데 있는 것이 아니라, 그 진단의 결론으로부터 다시 거짓말쟁이 문장이 참인 명제를 표현한다는 역설적 결론이 나오는 추론에 대해서 설명하고 해결하는 데 있다. 맥락주의자로서 글랜즈버그의 가장 큰 관심은 역시 거짓말쟁이 문장이 명제를 표현하지 못한다는 주장으로부터 발생하는 복수의 문제에 대해서 해명하는 것이다. 먼저 글랜즈버그 자신이 인식한 복수의 문제를 정리해보자.

(δ) δ는 참인 명제를 표현하지 않는다.

1) (δ)가 명제를 표현한다고 가정하자.

2) (δ)가 표현하는 명제는 그것이 거짓인 경우에 그리고 오직 그럴 경우에만 참이다.

위 두 조건은 명백하게 모순을 낳는다. 그러므로 (δ)는 명제를 표현하지 못하는 문장이라고 보는 것이 자연스러운 주장이다. 이것이 바로 거짓말쟁이 역설에 대한 글랜즈버그의 첫 번째 주장이었다. 그런데 이 진단은 다음과 같이 복수의 문제를 낳는다.

1. δ='δ는 참인 명제를 표현하지 않는다.'
2. δ가 명제를 표현한다고 가정하자.
3. δ가 표현하는 명제는 그것이 참이 아닐 경우에 그리고 오직 그럴 경우에만 참이다.
4. δ는 명제를 표현하지 않는다. (2,3으로부터)
5. δ는 참인 명제를 표현하지 않는다. (4로부터)

그런데 5의 'δ는 참인 명제를 표현하지 않는다'는 주장은 참인 전제로부터 증명된 결론이므로 명제를 표현한다. 그런데 5의 문장은 (δ) 자신이다. 그러므로

6. δ는 명제를 표현한다.

여기서 4와 6 사이에 모순이 발생하여 복수의 문제가 발생하는 것이다. 그러나 글랜즈버그는 이상과 같은 복수의 문제를 인식하면서 다음과 같이 말한다.

[복수의 문제를 낳는] 이러한 결론은 맥락 의존성이 아무런 역할을 못한다고 전제할 때만 나온다. 이를 염두에 두고, 'T' 'Exp'와 같은 이론의 구성요소에 대해서 다시 생각해보아야 한다. (…) 우리가 맥락 의존성 전제를 잊지 않는다면 'Exp'가 부가적인 논항 자리를 갖는 것으로 보아야 하고 따라서 그 관계는 삼항관계로 이해해야 한다. 즉 문장 s가 맥락 c에서 명제 p를 표현한다면 Exp(s, c, p)가 성립한다. 이렇게 하면 [δ]는 어떤 명제도 표현하지 않는다는 추론 전반부의 결론과 그 문장은 참이라는 후반부의 결론을 수용할 수 있다.[23]

즉 두 개의 결론이 서로 다른 맥락에서 언급되고 있어서 앞의 결론은 "¬∃p(Exp(δ, c, p)"으로, 반면에 뒤의 결론은 "∃p(Exp(δ, c′, p)"으로 이해되어야 한다는 것이다.[24]

그러나 정확히 어디에서 어떻게 맥락의 전이가 발생하는 것인가? 맥락주의자들은 일상 언어의 양화사는 각 영역에 대해서 맥락 의존적이라고 주장한다. 맥락주의에 따르면, 거짓말쟁이 문장의 맥락 의존성은 그 문장이 표현하는 명제 양화사의 영역에 영향을 미친다. 맥락주의자로서 글랜즈버그도 위 논증의 앞부분, 즉 1~4까지의 논증과 논증의 뒷부분, 즉 5~6까지의 논증에서 맥락의 전이가 있다고 본다. 구체적으로 말해서 거짓말쟁이 문장과 같은 병리적인 문장은 어떤 명제도 표현하지 않는다고 판단하게 하는 맥락(4를 주장하는 맥락)과 그러한 병리적인 문장이 어떤 명제를 표현한다고 주장하는 맥락(6을 주장하게 하는 맥락)이 다르다는 것이다. 다시 말해서 그는 전반부의 논증의 결론, "거짓말쟁이 문장을 언급하는 것은 명제를 표현하지 못한다는 결론(A)"과 후반부의 논증의 결론 "A로부터, 거짓말쟁이 문장의 언급은 참인 명제를 표현하지 못하는 결론(B)"으로의 추론 과정에서 맥락의 전이가 발생했다고 주장한다.[25]

첫 번째 맥락에서 문장양화사의 영역은 거짓말쟁이 문장이 표현하는 명제가 없을 만큼 충분히 좁은 영역이었지만, 다음 맥락에서 그 영역은 거짓말쟁이 문장이 참인 어떤 명제를 표현하는 것을 허용하도록 확장된 것이다. 글랜즈버그의 과제는 이러한 확장이 어떻게 발생하고, 그에 따라 진리술어가 어떻게 해석되어야 하는지, 그리고 거짓말쟁이 문장의 등장과 하나의 명제를 표현하는 것 사이의 관계를 설명하는 것이다.

글랜즈버그는 그 과제를 스톨네이커(R. Stalnaker)의 맥락 이론을 빌려서 설명한다. 일반적으로 맥락은 내용에 따라 변화한다(Context acts on content)고 믿어진다. 그러나 스톨네이커는 맥락과 내용은 서로 영향을 주는 상호적 관계라고 주장한다.

> 맥락은 체계적인 방식으로 내용을 제한한다. 그러나 동시에 어떤 문장이 진술되었다는 사실 그리고 어떤 명제가 표현되었다는 사실은 맥락을 제한하거나 변경시킬 수 있다. (…) 진술의 맥락과 진술의 내용 사이에는 양방향의 상호작용이 있는 것이다.[26]

스톨네이커는 "(어떤 담화의 특정한 시점에서의) 맥락을 그 시점에 그 담화의 참여자들이 공유하고 있다고 간주되는 정보 더미와 동일하다"고 말하고 "맥락은 대화의 참여자들이 공유하는 정보에 의해서 표상된다"고 주장한다.[27] 맥락에 대한 스톨네이커의 이러한 설명으로부터, 우리는 대화의 참여자에게 주어진다고 생각되는 두드러진 정보(salient information)에서의 전이가 어떻게 이루어지는가를 따라감으로써 맥락 변화를 추적할 수 있는 아이디어를 얻을 수 있다.

이제 앞의 논증 전반부 결론 4와 후반부 결론 6의 맥락을 생각해보자. 4의 맥락은 'δ는 명제를 표현하지 않는다'는 주장을 하는 맥락이다. 4가 주장하는 것은 아무런 문제도 없는 전제로부터 증명된 것이고, 표현 관계를 포함하는 무조건적인 주장이 만들어지는 첫 번째 지점이다. 따라서 글랜즈버그는 표현 관계가 담화에서 두드러진 것으로 수용되는 것은 바로 이 지점이라고 주장한다. 그리고 표현 관계를 포함하는 두드러진 구조(salience structure)의 확장이 있다.[28] 그래서 4와 6 사이에는 맥락에 있어서 진정한 차이가 있다.

그는 계속해서 두드러진 구조의 확장이 어떻게 진리조건의 영역을 확장시킬 수 있는지, 그래서 어떻게 이전에는 표현될 수 없는 명제를 표현하게 되는지를 보인다. 그는 우리가 하나의 맥락에서 어떤 명제를 표현할 때 가능세계의 집합을 그 주장이 참이 되는 가능세계와 그렇지 않은 세계로 구분한다는 익숙한 생각에서 시작한다. 진리조건은 가능세계로 이해되고, 하나의 명제는 그것이 참이 되는 가능세계의 집합과 동일시된다. 그런데 발화자들은 세계에 대해서 독립적으로 주어진 영역을 고려하지 않고, 어떤 것이 그 명제에 포함되고 포함되지 않는지를 결정한다. 사람들은 세계를 확인하고 어떤 세계가 포함되고 어떤 세계가 포함되지 않는지를 판단하기 위해서 언어적 정보에 의존해야 한다. 따라서 명제와 관련하여 세계는 (또는 진리조건은) 언어적 수단에 의해서 구별될 수 있는 것을 넘어설 수 없다. 글랜즈버그에 따르면, 진리조건(세계)의 영역은 화자가 명제를 표현하기 위해서 가지고 있는 정보에 의해서 제한된다. 그리고 이러한 정보는 맥락이 전이됨에 따라 전이될 수 있다. "진리조건의 배경 영역(background domain)이 맥락에 의존하는 것"이다.[29] 일상적인 맥락 의존성이 있는 곳에서는 한 문장의 진리조건은 맥락에서의 변화에 따라 변할 수 있다. 그러나 진리조건 자체의 영역에서 전이가 발생하는 것은 아니다. 거짓말쟁이 문장이 보여주는 맥락 의존성은 진리조건 자체의 전이와 같은 일상적인 것이 아니라, 맥락에 따라 진리조건의 영역이 전이한다는 것이다. 다시 말해서, 거짓말쟁이 문장과 같은 병리적인 문장이 발화되어 그 명제가 진리치를 갖지 않는다는 결론에 이르면, 이것은 이제 새로운 정보로서 기능하게 되어 맥락이 바뀌게 되고 그 맥락에서 병리적인 문장이 진리치를 갖게 된다는 것이다.[30]

물론 진리조건의 영역이 맥락에 있어서의 전이에 따라 변할 수 있을 뿐만 아니라 확장될 수 있다. 맥락에서의 관련된 전이는 표현 관계를 수용하기 위한 두드러진 구조의 확장이다. 글랜즈버그는 화자들이 '표현하다' '참이다'와 같은 유용한 의미론적 술어를 갖는다면 그들은 매우 복잡한 진리조건을 개별화(individuate)할 수 있다고 주장한다. '참이다'라는 술어를 사용해서, 화자는 잠재적으로 무한한 길이의 문장과 관련된 진리조건을 수용할 수 있다. 예컨대 "갑돌이가 말한 것은 모두 참이다"는 문장을 생각해보자. 이것은 '갑돌이가 문장 's'를 말한다면, s이다'와 같은 형태의 조건문의 무한한 연언과 동치이고, 그것은 매우 복잡한 진리조건을 갖는다. 따라서 표현의 의미론적 관계가 두드러진 구조에 부가될 때 진리조건의 영역이 화자가 하나의 맥락에서 유용하게 갖는 정보에 의해서 제한된다고 한다면 그 영역이 확장될 것이라고 기대할 수 있는 것이다.

글랜즈버그는 거짓말쟁이 문장과 같은 병리적인 문장은 명제를 표현하지 않는다고 주장하지만, 그가 복수의 문제를 해소하기 위해서 제시한 논증의 결론 6은 그것이 명제를 표현한다고 진술하고 있다. 그런데 4와 6은 모두 건전한 논증의 결론이므로 참이다. 그에 따르면, 진리조건의 초기 맥락인 보다 좁은 영역에서는 (δ)가 표현하는 명제는 없지만, 새로운 맥락 즉 확장된 영역에서는 (δ)가 표현하는 명제가 있다는 것이다. 그러나 문제는 이 논증의 4~6의 추론이 정당화 되는냐이다. 4와 5의 주장에 포함된 (δ)와 6의 주장에 포함된 (δ)는 다른 맥락에서 사용되어 하나는 명제를 표현하지 않고 있고 다른 하나는 명제를 표현하기 때문이다. 글랜즈버그도 참인 명제로부터 증명된 문장은 명제를 표현한다는 논제를 받아들이고 있다.[31] 5가 참인 전제로부터 타당하게 추론된 결론이라면 5가 표현하는 명제가 있을 것이고, 5는 4가 언급하는 병리적인 문장 자체이므로 그 문장이 표현하는 명제가 있어야 한다는 모순에 빠지게 된다.

가우커(C. Gauker)도 지적하고 있듯이, "어떤 문장 s가 어떤 맥락에서 참인 문장들로부터 증명된다면, s는 어떤 다른 맥락에 있는 명제를 표현한다고 주장할 수 없다. 우리는 기껏해야 어떤 s가 주어진 맥락에서 참인 전제들로부터 증명될 수 있다면 s는 그와 동일한 맥락에서 하나의 명제를 표현해야 한다고 주장할 수 있을 뿐"[32]이기 때문이다. 결국 글랜즈버그가 거짓말쟁이 역설을 해소하기 위해서 제시한 앞의 논증은 그의 설명에 따라 정리하면 다음과 같이 될 것이다.

1. δ='δ는 맥락 C_1에서 참인 명제를 표현하지 않는다.'
2. δ가 맥락 C_1에서 명제를 표현한다고 가정하자.
3. δ가 표현하는 명제는 그것이 참이 아닐 경우에 그리고 오직 그럴 경우에만 참이다.
4. δ는 맥락 C_1에서 명제를 표현하지 않는다. (3으로부터)
5. δ는 맥락 C_2에서 참인 명제를 표현하지 않는다. (4로부터)
6. δ는 맥락 C_2에서 명제를 표현한다.

그런데 글랜즈버그가 설명하는 것처럼, 4~6의 추론 과정에서 맥락의 전이가 발생한다면 4와 6이 모순이 되지는 않지만, 4에서 6으로의 추론은 정당화될 수 없다. δ가 맥락 C_1에서 명제를 표현하지 않는다고 해서 C_2에서도 명제를 표현하지 않는다는 것이 반드시 따라 나오지는 않을 것이기 때문이다. 따라서 글랜즈버그가 복수의 문제를 피하기 위해서 제시한 논증은 타당하지 않은 논증이다.

3.2 시몬스의 특이성 이론

시몬스(K. Simmons)는 거짓말쟁이 역설을 "형식적(formal)"이거나 "기술적(technical)" 문제라기보다는 일상적인 의미론적 개념의 문제라고 본다. 그는 일상 언어에서 거짓말쟁이 역설이 발생한다는 사실은 우리가 참과 거짓이라는 익숙한 개념에 대해 완전하게 파악하지 못하고 있음을 보여주는 것이라고 말한다. 그러므로 거짓말쟁이 역설에 대한 적절한 해결책은 일상 언어에 대한 이론이어야 하고, 특히 진리에 관한 우리의 일상적 개념에 대한 이론이어야 한다. 그에 따르면, 의미론적 역설에 대한 맥락주의적 견해를 제외한 다른 이론들은 메타언어의 의미론적 용어에 대해서 충분히 주의를 기울지 못하는 약점이 있다고 비판하면서 맥락주의를 옹호한다. 그는 의미론적 역설은 메타언어의 단계에서 다시 등장하고 그 점에 주의해야 한다고 말한다. 다른 맥락주의자들과 마찬가지로 거짓말쟁이 역설에 대한 그의 처방도 일종의 '되돌아가기(stepping back)'에 의존하는 것이다.

시몬스가 특이성 이론(singularity theory)이라고 부른 견해는 다음의 세 가지 주요 개념으로 구성된다.

1) 기반이 있음(groundedness)
2) 맥락 의존성(context-sensitivity)
3) 최소성(minimality)

시몬스의 특이성 이론을 구성하는 첫 번째 개념인 "기반이 있음"이라는 개념은 어떤 문장이 의미론적으로 병리적임을 분석할 수 있게 해주는 기본적인 것이다. 즉 의미론적으로 병리적인 문장은 기반이 없는 (ungrounded) 문장이다. 이 점에서 시몬스의 기반이 있음이라는 개념은 크립키의 고정점 이론에서의 기반이 있음 개념이나 굽타와 벨납의 진리 수정론에서의 안정성(stability) 개념과 유사하다.

시몬스의 특이성 이론에서 가장 핵심적인 개념은 맥락 의존성 개념인데, 이는 '참이다'와 '거짓이다'와 같은 술어는 맥락 의존적 용어이고, 그 외연은 맥락에 따라 변하고 따라서 거짓말쟁이 역설에 대한 해결은 발화 맥락에 의존한다고 설명하기 위해서 요청되는 개념이다. 이를 자세히 살펴보기 위해서 그가 제시한 예를 가지고 시작해보자. 아리스토텔레스는 플라톤이 101호에 있고, 플라톤이 그 방의 칠판에 쓴 문장이 참이 아니라고 믿어서 자기가 있는 방의 칠판에 다음과 같이 썼다고 하자.

(L) 101호 칠판에 쓰여진 문장은 참이 아니다.

그러나 사실은 아리스토텔레스는 자신이 있는 곳을 잘못 알았고 정작 아리스토텔레스 자신이 101호에 있다. 결국 그가 쓴 문장은 그 문장 자체가 참이 아니라고 진술하는 거짓말쟁이 문장인 셈이다. 즉 (L)은 기반이 없는 병리적인 문장이어서, 참도 거짓도 아니다. 시몬스는 "우리가 (L)의 의미론적 지위를 어떻게 기술하든지 우리는 (L)이 참이 아니라는 것을 추론할 수 있다. 그러나 그것이 바로 (L)이 말하는 것이고, 따라서 (L)은 참이다"라고 말하고, "거짓말쟁이 역설에 대한 적절한 해결책은 이러한 직관적인 추론을 설명할 수 있어야 한다"[33]고 말한다.

(L)과 같은 거짓말쟁이 문장이 주어지면, 우선 우리는 그것이 병리적

이라고 평가한다. 이어서 (L)은 병리적이기 때문에 참도 거짓도 아니고 따라서 (L)이 참이 아니라고 추론하는 단계를 거친다. 즉,

(P) (L)은 참이 아니다.

그런데 (P)가 주어지면, 그것은 바로 정확히 (L)이 진술하고 있는 것이므로 다음 (R)을 추론할 수 있게 된다.

(R) (L)은 참이다.

시몬스는 (P)와 (R)과 같은 문장을 (L)에 대한 값매김 문장 또는 의미론적 평가 문장이라고 한다. 이에 대해서 그는 다음과 같이 말한다.

> 우리가 값매김 (P)와 (R)을 산출할 때, 우리는 (L)의 병리적 성질에 대해서 명시적으로 반성하고 그에 따라 (L)에 값매김을 부여한다. (P)와 (R)은 내가 모두 명시적인 반성이라고 부르는 것이다. 우리가 명시적 반성을 할 때, 우리는 병리적 문장을 병리성에 의해서 평가한다. (P)와 (R)에 있는 '참이다'의 용법은 (L)에서의 용법과 다르다. 우리가 (P)와 (R)을 발화할 때, 우리는 '참이다'를 어떤 문장을 병리적으로 평가하기 위해서 명시적으로 반성적인 방식으로 사용한다. 그러나 (L)이 발화될 때, 화자는 (L)을 그것의 병리성의 토대 위에서 평가하고 있지 않다. 강화된 거짓말쟁이 추론은 우리가 '참이다'를 비반성적인 방법뿐만 아니라 명시적으로 반성적인 방법으로 사용함을 나타낸다.[34]

시몬스는 명시적인 반성(explicit reflection)에는 종류가 둘 있는데, 하

나는 부분적으로(partially) 명시적인 반성이고 다른 하나는 완전하게 (completely) 명시적인 반성이라고 말한다. (P)와 (R)은 모두 거짓말쟁이 문장에 대해서 의미론적으로 값매김을 하는 문장이다. 그런 문장을 명시적 반성의 맥락에서 이루어진 문장이라고 한다. 시몬스는 (P)를 발화할 때처럼, 병리적인 문장이 제시되면 그것의 병리성 때문에 그 문장이 참이 아니라고 평가하는 맥락을 부분적으로 명시적인 반성이라고 한다. 반면에 (R)은 병리적인 문장 자체가 진술하고 있는 것을 이해하면서 부분적으로 명시적인 반성의 결과인 (P)에 근거해서 평가된다. 시몬스는 (R)을 완전하게 명시적인 반성의 맥락에서 값매김을 하는 문장이라고 한다.

시몬슨는 값매김이 부분적으로 명시적인 반성인지, 완전하게 명시적인 반성인지는 맥락 의존적인 문제라고 말한다. 거짓말쟁이 추론의 단계에서 등장한, (L), (P), (R)의 맥락 사이에는 시간과 장소의 차이, 화자가 누구인가의 차이 등이 있다. 이러한 차이로 해서 각각의 문장이 진술될 때, 화자에게 주어지는 정보에서도 차이가 생긴다. 즉 아리스토텔레스가 (L)을 처음 칠판에 쓸 때, 그는 (L)이 병리적이라는 정보를 갖지 않지만, 추론의 두 번째와 세 번째 단계에서는 화자에게 그 정보가 주어진다. 즉 두 번째 단계의 추론에서는 (L)이 병리적이어서 참이 아니라는 더 많은 의미론적 정보가 주어지고, 이 정보 전부는 세 번째 단계에서도 사용된다.

시몬스는 진리 담지자를 문장 사례(sentence tokens)로 보지만, 진리는 문장 사례와 맥락 사이의 관계이기 때문에 문장 사례도 맥락에 상대적으로 다른 진리치를 가질 수 있다. 보다 정확히 말하면, 진리 담지자는 어떤 맥락에서 사용된 문장 사례인 것이다. 그에 따르면, 우리가 그의 이야기에서 처음에 결론 내린 것은 문장 사례 (L)이 그 문장이 쓰여진 맥락에서 참도 거짓도 아니라는 것이다.

'(L)의 발화 맥락에서 참이다'를 '참$_L$(true$_L$)'이라고 쓰기로 하자. 그러면 아리스토텔레스가 처음 쓴 문장은 문장 사례 (L)이 맥락 L에서 참이 아님을 말하고 있는 것이기 때문에 다음과 같이 표현될 것이다.

(L) (L)은 참$_L$이 아니다.

'참$_L$'이라는 술어에 대응하는 진리도식은 다음과 같다.

s는 p라면 그리고 오직 그럴 경우에만 참$_L$이다. (여기서 s는 문장 p의 이름이다.)

시몬스는 (L)을 이 도식(truth$_L$-schema)으로 평가하려고 하면 모순에 빠진다는 점을 지적하면서, 이것이 바로 거짓말쟁이 추론의 첫 번째 단계에서 발생하는 것이라고 말한다. (L)은 그것이 발화되는 맥락에서 병리적이기 때문에, 이 단계의 결론은 (L)이 참$_L$도 거짓$_L$도 아니라는 것이다. 두 번째 단계에서 우리는 (L)이 맥락 L에서 병리적이기 때문에 (L)은 맥락 L에서 참이 아니라고 주장한다. 즉,

(P) (L)은 참$_L$이 아니다.

그러므로 (P)는 역설적이지 않다. 우리가 (P)를 평가해야 하는 맥락은, 맥락 L이 아니라 (P)를 만들어내는 맥락이다. 그래서 시몬스는 "(P)는 그것이 발화된 맥락에서 참이다. 즉 (L)은 맥락 L에서 참(true$_L$)이 아니라는 것이 사실이기 때문에 (P)는 P의 맥락에서 참(true$_P$)"이라고 말한다.[35] (P)가 주어지고, (L)이 (L)은 참$_L$이 아니라고 말하는 문장이기 때문에

우리는 다음을 추론할 수 있다.

(R) (L)은 참$_R$이다.

이렇게 (L)은 맥락 L에서 참이 아니고, 그것이 바로 (L)이 진술하고 있는 것이기 때문에 우리는 궁극적으로 (L)을 참$_R$이라고 평가할 수 있다는 것이다. 시몬스는 (R)을 (L)에 대한 완전하게 명시적인 반성으로 최종적인 평가라고 말한다.

이제 병리적인 발화 (L)과 완전하게 명시적인 반성 (R)을 생각해보자. (L)에 등장하는 '참이다'는 그 외연으로 문장 사례 (L)을 갖지 않는다. 왜냐하면 (L)은 그것이 발화되는 맥락에서 참이 아니기 때문이다. 그러나 최종 평가, (R)에 있는 '참이다'는 그 외연으로 (L)을 갖는다. 왜냐하면 (L)은 맥락 R에서 참이기 때문이다. 따라서 거짓말쟁이 추론에 대한 지금까지의 분석에 따르면, 맥락에 따라 '참이다'의 외연에서 변화가 있음을 알 수 있다. 그런 점에서 '참이다'는 맥락 의존적 술어이다.

요컨대 (P)가 맥락 P에서 참이고 (P)는 (L)이 말하고 있는 것에 동의하고 있기 때문에 (R)이 참이라는 결론에 이르게 된다는 것이 시몬스의 주장이다. 그는 (P)가 맥락 P에서 참이라는 사실에 주목함으로써, 맥락 R로 돌아가서 (L)이 그 맥락에서 참이라고 판단하는 것이다. 이런 점에서 시몬스 등을 비롯한 맥락주의자들의 견해를 '되돌아가기' 논증이라고 부르기도 한다.[36]

시몬스의 특이성 이론의 세 번째 개념인 최소성에 대해서 살펴보자. 최소성 개념은 특이성 이론의 지침(guiding principle) 중 하나이다. 그의 특이성 이론도 진리술어를 맥락 의존적인 술어로 본다는 점에서 버지의 맥락주의와 유사하다. 그러나 버지는 타르스키의 일상 언어에 대해서 위계적 해석을 받아들이는 반면, 시몬스는 진리술어를 단계별로 계층화하지는 않는다. 오히려 시몬스는 진리술어의 특별한 사용은 최소한으로 제한되어야 하고, 진리술어를 적용할 수 없는 경우인 '특이성'을 제외하고는 전체적으로(golbally) 적용된다고 주장한다.

최소성의 원칙에 따르면, '참이다'의 사용에 대한 제한은 최소한으로 유지되어야 한다. 진리술어의 적용을 꼭 제한해야 할 이유가 있을 때만 제한해야 한다는 것이다. 예컨대, "'눈은 하얗다'는 참이다"에서 '참이다'의 사용은 전혀 문제가 없다. (L)은 그것의 외연에서 배제되어야 하는가? 최소성의 원칙에 따르면 그렇지 않다. (L)은 맥락 L에서 참($true_L$)이 아니다. 그것이 바로 (L)이 말하는 것이다. 그러므로 그것은 맥락 P에서 참($true_P$)이다. 같은 이유로 (L)은 중립적인 발화 맥락에서 참이라고 간주될 수 있다. 문제가 되지 않는 우리의 발화를 (L)의 병리성과 연결시킬 이유는 없다는 것이다. 최소성의 원칙에 의해서 우리가 (L)을 그것이 발화되는 어떤 맥락에서 참이라고 간주할 수 있다면, 우리는 그것을 그렇게 간주해야 한다. 최소성의 원칙은 비록 명시적으로 그렇지는 않다고 해도, 진리술어의 사용을 (L)과 관련하여 반성적 맥락에서 해석하게 한다. 일반적으로 '참이다'가 사용되면, 우리는 그것의 외연에서 특이성이 확인되어 배제해야만 하는 문장만을 배제할 뿐이다.[37] 다시 말해서 최소성의 원칙은 타르스키의 진리도식을 필요한 경우에만 최소한으로 제한해야 한다는 원칙이므로 다음과 같이 표현될 수 있다.

(MP) 어떤 맥락 α에 대해서, ⟨σ⟩가 '맥락 α에서의 진리술어($true_\alpha$)'의 특이성이 아니라면, ⟨σ⟩는 σ라면 그리고 오직 그럴 경우에만 맥락 α에서 참이다.

최소성의 원칙을 받아들임으로써 우리는 진리술어에 대한 기본적인 직관을 존중할 수 있게 된다. 직관적으로 우리는 술어를 그 술어가 지칭하는 속성을 지닌 모든 것을 가려내는 것으로 생각한다. 특이성 설명에 따르면, 진리술어의 범위는 사용되는 경우에 따라 가능한 한 전체적임에 가까운 것이 된다.

시몬스의 진리론은 문장 사례에 진리치를 부여하기 위한 형식적 절차를 제시하는데, 이를 통해서 특이성이 어떻게 발견될 수 있는지를 보이고자 한다. 그에 따르면, 어떤 문장 사례가 평가되어야 할 맥락이 어떤 맥락이 되어야 하는지를 화용론적으로 결단해야 할 지점이 있다. 특이성이 등장하는 지점은 우리가 (P)에서 (R)을 추론할 때 관련된 맥락이 더 이상 맥락 L이 아니라 맥락 R이라고 결정할 때이다.

거짓말쟁이 문장에 해당하는 (L)을 다시 생각해보자. 맥락적 분석에 따르면, (L)에 나타나는 진리술어는 '참이다$_L$'로 표상되고 관련된 평가도식은 맥락 L에서의 진리도식(truth$_L$-schema)이라고 했다. 따라서 우리는 (L)을 세 개의 순서쌍 〈유형(L), L, L〉로 표상할 수 있다. 여기서 유형(L)은 (L)의 유형이고, 두 번째 L은 (L)에 있는 '참이다'가 맥락 L임, 즉 '참이다$_L$'을 가리키며, 세 번째 L은 관련된 평가도식이 진리$_L$ 도식임을 나타낸다. 유형(L)과 유형(P)는 같기 때문에, (P)는 〈유형(L), L, P〉로 표상된다. 주목할 점은 (L)과 (P)는 평가도식이 다르다는 것이다.

시몬스는 (L)에 대한 표상 〈유형(L), L, L〉을 일차적 표상(primary representation)이라고 하는데 그것은 이 표상에서 세 번째 요소인 L은 (L)을 평가하는 관련 도식을 나타내고, L은 다른 도식에 의해서도 평가될 수 있지만 우리는 일차적으로 그것의 복수의 문제를 추론하는 과정에서 평가되는 도식에 관심을 갖는다는 점에서 그렇게 부른다. 마찬가지로 (P)의 일차적 표상은 〈유형(L), L, P〉이다.

특이성 이론의 주된 과제는 진리술어가 등장할 때 특이성이 발생하는지 확인하는 것이다. 우리는 하나의 문장에 의해서 어떤 맥락에 있는 문장 유형을 이해한다. 주어진 문장 σ가 지칭하는 문장들의 집합을 σ의 결정 집합(determination set)이라고 하자. (R)의 경우, 결정 집합은 단지 (R)만을 포함하는 단일집합(unit set)이다. σ에 대한 일차 나무(primary tree)는 다음과 같이 구성된다. 맨 위에 σ의 일차적 표상이 있고, 두 번째 층에 σ의 결정 집합의 원소들의 표상이 있다. 그리고 세 번째 층에 두 번째 층에서 표상된 문장들의 결정 집합의 원소들의 일차적 표상이 있다. 이러한 층위가 계속된다. (L)에 대한 일차 나무는 다음과 같다.[38]

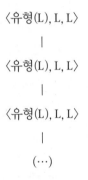

$$\langle 유형(L), L, L \rangle$$
$$|$$
$$\langle 유형(L), L, L \rangle$$
$$|$$
$$\langle 유형(L), L, L \rangle$$
$$|$$
$$(\cdots)$$

하나의 가지가 무한히 뻗은 나무인데, 이는 의미론적으로 병리적임을 나타낸다. (L)은 관련된 도식, 맥락 L에서의 진리도식(truth$_L$-schema)에 의해서 평가될 수 없다. 일반적으로 문장 σ의 일차 표상 $\langle 유형(σ), c, c \rangle$가 σ의 일차 나무의 무한한 가지에서 반복된다면, σ는 병리적이고, 맥락 c에서 참임(true$_c$)의 특이성을 확인하게 된다. 즉 (L)은 병리적이고, 맥락 L에서 참임(true$_L$)의 특이성이다. 특이성 이론에 따르면, σ가 'true$_c$'의 특이성이라면 σ는 'true$_c$'의 외연에서 배제된다. 따라서 (L)은 'true$_L$'의 외연에서 배제된다. 즉 (L)은 (L) 자신이 말하고 있는 것처럼 맥락 L에서 참(true$_L$)이 아니다. 이렇게 해서 (P)를 얻게 되는 것이다. 우리가 (L)의 병리성에 대해서 생각하고, '참$_L$'이라는 술어의 외연에서 특이성을 지닌 (L)을 배제한다면, (L)을 반성적 맥락에서 참으로 평가해야 한다. 즉 맥락 P에서 참(true$_P$)이라고 평가해야 한다.

(P)에 대한 일차 나무는 다음과 같다.

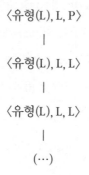

(P)의 일차 표상은 이 무한한 가지에서 반복되지 않는다. 따라서 (P)는 병리적인 문장이 아니다. (L)과 달리 (P)는 자신의 관련된 도식에 의해서 평가된다. 즉 (P)는 맥락 P에서 참이다. 시몬스는 위계적 이론을 비판하기 위해서 크립키가 제시한 문장 쌍을 분석하는 데 이상의 설명을 적용한다. 다음 닉슨의 진술 (1)과 존스의 진술 (2)를 생각해보자.

(1) 워터게이트에 대한 존스의 진술은 모두 참이 아니다.
(2) 워터게이트에 대해서 닉슨이 한 진술은 모두 참이 아니다.

(1)과 (2)는 서로를 자신의 평가 범위에 포함시키고 있지만, 구체적인 경험적 자료가 더해지면 각각에 대해서 진리치를 부여할 수도 있을 것이다. 그러나 시몬스는 다음과 같이 말한다.

우리의 설명에 따르면 (1)과 (2)는 기반이 없다. (1)과 (2)에 대해서 우리는 단계에 호소해서 설명하지 않는다. 여기에 진리술어에 대한 자연스럽지 않은 타르스키 식의 계층화는 없다. 대신 의미론적 병리성은 특이성이 나타나는지 배제되는지에 따라 다루어진다. 이렇게 '참이다'의 사용은 참인 모든 것에 적용되어야 한다는 우리의 직관은 아주 사소한 수정만을 요구할 뿐이다. 최소성과 일치하여, (1)과 (2)의 진리술어의 등장에 최소한의 제한만 주어지는 것이다.[39]

(1)과 (2)의 일차 나무는, 결정 집합의 크기가 주어지면 많은 가지를 갖게 될 것인데, 각각 계속해서 (1)과 (2)를 통해서 순환하는 무한한 가지를 가질 것이다. 이 가지들은 (1)과 (2)가 병리적임을 나타내고 (2)는 (1)에서 '참이다'의 특이성을, (2)는 (1)의 특이성을 나타낸다. 이런 특이성은 배타적이기 때문에, (1)과 (2)는 모두 반성적인 맥락에서 참으로 평가될 수 있다.

맥락주의는 복수의 문제를 거짓말쟁이 역설이 제기하는 문제의 핵심이라고 여긴다. 복수의 문제는 거짓말쟁이 역설에 대한 많은 다른 해결책에 대한 위협이 되고 있다. 그러나 맥락주의자들은 복수의 문제를 역설이 시작되는 지점이라고 본다. 특이성 이론에서 복수의 문제를 다루는 설명에 대해서 평가하기 전에, 좀 더 자세하게 시몬스가 주장하는 복수의 문제가 발생하는 과정과 그에 대한 해소 과정을 살펴볼 필요가 있다.

시몬스는 복수의 문제가 발생하는 과정에서 거짓말쟁이 문장은 역설적(병리적)이라는 의미론적 지위를 갖다가 다시 참이라는 지위를 가짐으로써 의미론적 지위가 바뀐다고 설명한다. 즉 우리는 (L)을 병리적이라고 평가하고 다시 참이라고 평가한다. 이 추론은 각각 자연스럽고 타당한 것으로 보인다. 결국 의미론적 지위의 전이는 설명되어야 할 진짜 문제인 것이다. 맥락주의자들은 이러한 전이가 진리술어가 맥락 의존적임을 나타내는 것이라고 주장한다. 시몬스도 맥락주의자로서 맥락이 거짓말 쟁이 문장의 의미론적 지위를 결정하는 데 중요한 역할을 한다고 생각한다.

시몬스도 다른 맥락주의자들처럼 복수의 문제와 관련된 추론을 설득력 있게 설명하기 위해서 맥락의 변화라는 개념에 의존한다. 시몬스가 복수의 문제를 어떻게 설명하고 그 문제를 해소하는지를 자세하게 살펴보자. 그는 복수의 문제의 추론 과정을 다음 세 단계로 나누어 설명한다.

1) (L)이 의미론적으로 결함이 있는 병리적 문장이라는 결론을 이끌어내는 단계
2) (L)이 참이 아니라는 (P)를 추론하는 단계
3) (P)가 참이라는 결론을 이끌어내는 단계

1)에서 2)로 넘어가는 과정을 생각해보자. 2)의 추론의 정점은 (L)이 모순을 낳는 병리적인 문장이라는 것이다. 이것은 새롭게 주어진 두드러진 정보(salient information)이고 공통의 근거의 일부가 된다. 따라서 1)에서 2)로 넘어갈 때, 정보체계에서의 전이가 있기 때문에 맥락의 변화가 발생할 수 있는 것이다. 즉 우리가 갖는 정보는 (L)이라는 문장 자체뿐만 아니라 그것이 '의미론적으로 병리적임'이라는 정보까지이다. 이러한 정보를 가졌기 때문에, 1)에서 2)로의 추론이 가능한 것이다.

2)와 관련된 새로운 맥락은 (L)과 관련하여 반성적(reflective with respect to L)인 맥락이다. 일반적으로 발화가 이루어진 시점에서 어떤 표현이 의미론적으로 병리적이라는 사실이 그 시점에서 공통된 정보로 주어지면, 그 시점과 관련된 맥락은 그 표현과 관련하여 반성적이다. 따라서 1)에서 2)로 넘어갈 때, (L)과 관련하여 반성적인 맥락으로 전이한다는 점에서

맥락의 변화가 있다. 이러한 맥락의 변화는 복수 문제를 낳는 추론에서 본질적인 요소이다.

(L)과 (P)는 동일한 언어적 의미를 갖는 동일한 문장 유형의 사례들이다. 그러나 하나는 의미론적으로 병리적이고 다른 하나는 참이다. 이제 과제는 맥락에서의 변화가 이 현상을 어떻게 만들어내는가를 설명하는 것이다. 맥락이 내용에 의존한다면 우리는 맥락 변화에 의존하는 담화에 포함된 핵심적인 표현이 있다고 예상할 수 있을 것이다. (L)과 (P)의 맥락 전이에서 이에 해당하는 표현은 바로 진리술어이다.

아리스토텔레스가 처음 썼던 (L)은 그 문장이 쓰인 맥락을 포함하여 표현하면 다음과 같이 될 것이다.

(L) 101호 칠판에 쓰여진 문장은 참$_L$이 아니다.

이렇게 해도 우리는 진리술어가 맥락 의존적이라고 주장하는 것이 아니고, 단지 진리술어가 맥락 L에서 사용되고 있다는 사실을 표시하는 것일 뿐이다. 따라서 진리술어의 외연에 변화가 없다면 이후에 진리술어가 사용될 때마다 아래첨자 L을 붙여야 할 것이다.[40] 이제 (L)은 맥락 L에서 어떤 문장을 참이 아니라고 평가한다. 하나의 문장이 맥락 L에서 참 또는 참이 아니게 하는 조건은 무엇인가? 그것은 다음과 같은 맥락 L의 진리도식(truth$_L$-schema)에 의해서 결정된다.

s는 p라면 그리고 오직 그럴 경우에만 맥락 L에서 참이다. (s는 문장 p를 지시하는 표현)

이제 적절한 경험적 상황이 주어지면, (L)은 자신을 평가할 수 있다.

따라서 맥락 L의 진리도식을 (L)에 적용해야 한다. 그렇게 되면 모순이 발생하는데, 이것이 바로 복수의 문제를 낳는 과정의 첫 번째 단계의 추론이다. (L)이 맥락 L의 진리도식에 의해서 평가될 때, 그 문장은 맥락 L의 진리도식으로 주어질 수 없기 때문에 의미론적으로 병리적이다. (L)이 병리적이므로 (L)이 참이 아님을 추론해서 그 결과 (L)을 반복한 것이 (P)이다. (P)를 추론한 2)에서 진리술어는 다시 맥락 L에서 참($true_L$)으로 표현되어야 한다. (L)은 맥락 L에서 참도 거짓도 아니고 맥락 L의 진리도식에 의해서 평가될 수 없어서 우리는 (L)은 맥락 L에서 참이 아니라고 추론할 수 있기 때문이다. 그러므로 (P)는 다음과 같이 표현되어야 한다.

(P) (L)은 참$_L$이 아니다.

그렇다면 엄격하게 말해서, (P)는 (L)을 반복하고 있는 것이 아니다. (P)는 (L)과 같은 의미와 외연을 가진 같은 단어로 구성되지만, 여기서 (L)이 (L)과 관련하여 반성적인 맥락, 즉 (L)은 의미론적으로 병리적이라는 사실이 인식되는 맥락에서 반복되고 있는 것이다. 따라서 2)에서 맥락 전이의 효과는 (L)과 맥락 L 사이의 연계를 깨는 것이고, (P)는 이러한 분리를 선언하는 것이다. 맥락 L의 진리도식은 (L)에 대한 평가도식이기를 포기하게 된다. 그리고 (P)는 정확히 (L)의 반복이기 때문에, 맥락 L의 진리도식은 (P)에 대한 평가도식일 수도 없다. 3)으로 넘어가기 위해서 (P)는 우리가 맥락 L의 진리도식을 포기했기 때문에 참이라고 결론 내릴 수 있다.[41]

3)에서 우리는 (P)가 참이라고 결론 내리는데, 여기서 사용된 진리술어는 앞에서 사용된 진리술어가 갖는 외연을 물려받지 않는다. (P)는 참이지만, 맥락 L에서 참은 아니다. 만약 우리가 (P)를 맥락 L의 진리도

식으로 평가한다면 (L)과 마찬가지로 모순에 이르게 될 것이다. 그러나 (P)는 모순적인 문장이 아니다. 여기서 외연에서의 전이가 있는 것이다. 즉 (P)는 '참$_L$'이 아니지만 '참$_P$'이다.(아래첨자 P는 (L)과 관련하여 반성적인 맥락, 즉 2)와 3)과 연관된 맥락을 가리킨다.) 즉 맥락 L에서의 진리술어(참$_L$)와 맥락 P에서의 진리술어(참$_P$)의 외연은 다르다. (P)는 '참$_L$'의 외연에는 속하지 않지만 '참$_P$'의 외연에는 속한다.

　이러한 진리술어의 외연의 전이를 만들어내는 것은 무엇인가? 맥락에서의 전이, 구체적으로 말해서 (R)에 관해서 반성적인 맥락으로 전이가 바로 그것이다. 2)에서 맥락의 반성적 특성은 (L)을 맥락 L의 도식과 분리하는 결과를 초래한다. 3)에서 그것은 새로운 반성적 도식, 맥락 P의 도식과 연관시킨다. 우리가 (P)를 평가하고 그것이 참이라고 주장할 때, 우리는 (L)이 병리적이라는 공통의 근거를 포함하는 맥락에서 (P)를 평가하는 것이다. (P)를 평가하는 진리도식은 (L)이 병리적이라는 관점에서 (P)에 대한 평가를 제공하는 것이다.

　2)와 3)에서 공통의 근거를 구성하는 정보가 주어지면, 즉 (L)이 병리적이고 따라서 맥락 L에서 참이 아니라는 것이 주어지면, 아래의 쌍조건문으로부터 (P)가 맥락 P에서 참이라는 것이 얻어진다.

　(P)는 101호 칠판에 쓰여진 문장이 참$_L$이 아니라면 그리고 오직 그럴 경우에만 참$_P$이다.

　시몬스는 이렇게 반성적 맥락으로 전이함으로써 (L)이 맥락 L의 진리도식과 분리된다는 것을 보인다. 그에 따르면 비록 (P)에서 사용된 진리술어가 반성적 맥락 P에서 등장한다고 할지라도 이것은 맥락 P에서 참(true$_P$)으로 쓸 수는 없다. 그는 어떤 색인어의 외연이 전적으로 발화의 맥락에 의해서 주어진다면 그 색인어를 좁은(narrow) 색인어라고 부른다. '나' '여기' '지금'과 같은 색인어는 이런 의미에서 종종 좁은 색인어로 간주되고, 진리술어도 이와 유사한 좁은 색인어라고 주장되기도 한다. 그러나 시몬스는 현재의 맥락에서 진리술어는 좁은 색인어가 아니라고 본다. 맥락 P에서 등장하는 진리술어는 자동적으로 '맥락 P에서 참($true_P$)'으로 표현될 수 없다. 반성적 맥락에서 '참이다'라는 술어의 외연은, (P)에 등장하는 진리술어와 같이, 이전의 맥락에서 물려받을 수 있다. 요컨대 (L)은 반성적이지 않은 맥락 L의 진리도식($truth_L$-schema)에 의해서 평가되고 (P)는 반성적인 맥락 P의 진리도식($truth_P$-schema)에 의해서 평가된다는 점에 두 문장 사례는 구별된다. 맥락에서의 변화와 함께 평가 도식에서의 변화가 있는 것이다.

이제 시몬스의 특이성 이론에 대해서 제기되는 비판에 대해서 살펴보자. 첫 번째로 제기되는 비판은 특이성 이론을 포함한 모든 맥락주의의 동기와 관련된 것이다. 진리술어가 맥락 의존적이라는 것과 거짓말쟁이 문장으로부터 모순을 추론하는 과정에서 맥락적으로 결정되는 전이가 포함된다는 것이 그렇게 명백하지 않음에도 그렇게 주장하는 이유는 무엇인가? 맥락주의가 그렇게 주장하는 목적이 단순히 복수의 문제를 해결하는 것이라면 이는 미봉적(ad hoc)인 처방일 뿐이다. 물론 진리술어의 외연이 맥락 의존적이라는 주장이 직관적이지 않다고 주장할 수 있겠지만, 그러한 주장을 통해서 해결할 수 있는 문제가 얼마나 심각한 것인지, 또 그러한 주장을 통해서 심각한 문제가 성공적으로 해결될 수 있는지가 그 이론이 미봉적인지 아닌지를 평가하는 기준이 되어야 한다. 그런 점에서 특이성 이론이 단지 복수의 문제를 피하면서 의미론적 역설을 설명할 뿐이라고 주장하는 것은 특이성 이론을 옹호하는 사람들에게는 뼈아픈 비판이 아닐 수 있다.

두 번째 비판은 복수의 문제에 대한 특이성 이론의 설명과 관련된다. 시몬스에 따르면, (L)은 맥락 L에서 모순을 낳는 병리적인 문장이어서 참도 거짓도 아니다. 따라서 맥락 L에서 문장 사례 (L)의 진리조건은 충족될 수도 없고 위반될 수도 없다. 시몬스의 표현대로, (L)은 맥락 L에서 진리조건을 갖지 않는다. 그렇다면 문장 사례 (L)은 그 맥락에서 어떤 것도 '말하고' 있지 않다고 결론 내려야 하지 않을까?[42] 다시 말해서 (L)로부터 따라 나올 수 있는 것은 (P)가 아니라 "(L)은 어떤 것도 말하고 있지 않다"라면, 시몬스가 제시한 복수의 문제 추론에서 1)에서 2)로의 추론은 정당화될 수 없을 것이다.

그럼에도 불구하고 (L)이 맥락 L에서 무엇인가를 말하고 있다고 하자. (P)가 (L)이 말하고 있는 것에 동의하고 있다고 할지라도 그것으로부터 (L)이 참이라는 것이 따라 나오지는 않는다. 즉 복수의 문제에 대한 시몬스의 설명에서 2)에서 3)의 추론도 정당해 보이지 않는다는 것이다.

시몬스는 분명하게 (L)과 (P)는 동일한 대상을 지시하는 사례들이고 둘 모두 그 대상이 참$_L$이 아니라고 말하고 있기 때문에, 그 둘이 동일한 것을 말함으로써, (P)는 (L)이 말하는 것에 동의하고 있다는 견해를 유지한다. 그런데 문장 사례 (L)은 맥락 L에서 병리적이지만, 동일한 것을 말하고 있는 문장 사례 (P)는 맥락 P에서 참이다. 시몬스는 이에 대해서 "의미론적 지위에서 차이는 각각의 발화의 맥락 사이의 차이로 설명된다"고 말한다.[43] 즉 하나의 문장 사례로 '말하여진 것'만으로는 서로 다른 맥락에서 그 문장에 대한 진리치를 결정할 수 없다는 것이다. 그러나 만약 하나의 사례로 말하여진 것이 그 문장이 발화된 자신의 맥락에서 참인지를 결정할 수 없다면, 하나의 사례로 말하여진 것만으로는 그것이 다른 맥락에서 참인지를 결정할 수는 더 너욱 없을 것이다. 두 개의 문장 사례가 같은 것을 말하고 그중 하나가 자신의 맥락에서 참이라는 사실로부터 다른 한 문장 사례가 어떤 맥락에서 참이 되는지에 대한 어떤 결론도 이끌어낼 수는 없다. 그러므로 (L)과 (P)가 같은 것을 말하고 있다고 해도, (P)가 말하는 것이 맥락 P에서 참($true_P$)이라는 사실로부터 (L)이 맥락 R에서 참($true_R$)임을 말하는 (R)을 이끌어낼 수는 없을 것이다.

가우커가 정확히 지적하고 있듯이, 아마 시몬스는 (P)로부터 맥락 R에 상대화된 진리도식의 사례와 함께 (R)을 추론할 수 있다고 가정하는 것 같다.⁴⁴ 다시 말해서 다음을 받아들이는 것 같다.

(L)이 참$_L$이 아니라면 그리고 오직 그럴 경우에만 '(L)은 참$_L$이 아니다'는 참$_R$이다.

시몬스는 '화용론적 고려'를 통해서 우리가 추론할 때 어떤 진리도식을 사용할 수 있는지를 결정할 수 있다고 생각하는 것 같다. 그러나 어떤 근거로 위의 쌍조건문을 당연한 것으로 받아들일 수 있는가? 이 쌍조건문은 "(P)라면 그리고 오직 그럴 경우에만 (P)는 참$_R$이다"인 셈인데, "(P)는 참$_R$이다"는 정당화되어야 할 진술이지 당연히 받아들일 수 있는 진술이 아니다. 또한 앞에서 1)에서 2)로의 추론의 정당성에 의문을 제기했듯이, "(L)이 참$_L$이 아니다"도 당연한 것으로 받아들이기 어렵다. 결국 시몬스는 (L)로부터 (P)로의 추론과 (P)로부터 (R)로의 추론에 대해서 충분히 설득력 있는 정당화를 제시하지 못하고 있는 셈이다.

맥락주의에 대한 다음 비판은 맥락이라는 용어를 포함하는 새로운 역설의 위험을 다룰 수 있느냐의 문제이다. 최고 거짓말쟁이 문장이라고 알려진 "이 문장은 어떤 맥락에서도 참이 아니다"와 같은 문장에 대해서 맥락주의는 어떻게 답해야 하는가의 문제이다. 이 문제와 관련하여 버지가 어떻게 답하는지 앞 절에서 살펴보았다.

즉 버지는 최고 거짓말쟁이 역설을 만들어내는 추론은 오도적이고, 그 추론은 진리술어를 탈맥락적, 탈색인적으로 해석하려고 하는데 이는 성공할 수 없다고 말한다. '어떤 단계에서 참이다'는 구절에 포함된 진리술어에도 암묵적인 색인이 있고, 따라서 '참이다'의 색인적 특성을 제거하려는 시도는 부적절하다는 것이 그의 대답이었다.

그러나 최고 거짓말쟁이 역설과 관련된 또 다른 문제가 있다. 보편적으로 참인 진술도 맥락 의존적인가라는 문제가 그것이다. 즉 "모든 문장은 참이거나 참이 아니다"는 논리적으로 참인 문장을 생각해보자. 만약 진리술어의 용법이 항상 정해진 단계와 묶여 있다면, 어떻게 이런 보편적으로 참인 진술이 수용될 수 있는가? 이런 진술이 특정한 맥락에서 주장된다고 간주한다면 그 진술의 진리술어는 특정한 색인어를 가질 것인데, 이는 그 문장의 보다 넓은 함의를 포기하는 것이다. 버지는 이에 대해서 진리술어의 색인적(indexical) 사용과 도식적(schematic) 사용을 구별함으로써 답한다. 어떤 술어의 외연이 그 술어가 사용되는 맥락에 의존할 때 그 술어는 색인적으로 사용된다고 하고, 그 술어가 사용에 따라 정해진 외연을 갖지 않을 때 그 술어는 도식적으로 사용된다고 한다. 버지는 자신의 이론의 형식적 원칙들은 도식적으로 진술되는 것으로 간주한다. 즉 그 원칙들은 참인데, 그때의 참은 도식적으로 사용되고 있다는 것이다. 마찬가지로 보편적으로 참인 진술은 도식적 일반화이다.[$(\forall s)$ $(\mathrm{Tr}_i(s) \lor \neg \mathrm{Tr}_i(s))$이고 여기서 아래첨자 i는 임의의 숫자이다.] 우리가 이 도식적 진술을 평가할 때, 우리는 진리술어를 도식적으로 사용하고 있다.

특이성 이론은 언어의 위계성에 의존하지 않고 진리술어를 계층화하지 않기 때문에, 이 문제에 대해서 버지와는 다른 대답을 제시한다. 시몬스는 최고 거짓말쟁이 문장은 병리적이 아니고 참이라고 주장하고, 그러나 이때의 진리개념은 맥락 의존적이 아니라 맥락 독립적이라고 말한다.

지금까지와 달리 맥락 독립적인 진리개념이 있다고 말하는 것은 당혹스럽다. 시몬스는 맥락 독립적인 진리개념도 다른 진리개념이 아니고, 진리술어는 때때로 맥락 독립적으로 사용될 수 있다고 주장한다. 맥락 독립적인 진리개념의 도입은 보편적으로 참인 문장에 대한 설명을 편하게 할 것 같다. 보편적으로 참인 문장에 대해서도 그러한 문장에도 맥락 (또는 단계)이 암묵적으로 개입한다는 버지와 달리, 시몬스는 그런 문장은 모두 맥락 독립적으로 참이라고 주장할 수 있을 것이기 때문이다.

그러나 지금까지 진리술어는 맥락 의존적이라는 점에 대해서 계속해서 주장하다가 진리술어의 맥락 독립적인 사용도 있다고 말하는 것은 이상하게 여기지 않을 수 없다. 더욱이 안토넬리가 비판하듯이, "시몬스가 이것을 메타언어에 한정한다고 할지라도 이것은 단순히 사용의 문제가 아니라 맥락 의존적 참과 전적으로 다른 의미론적 개념이다."[45]

이제 특이성 이론이 의미론적 보편성과 관련하여 시몬스가 어떤 대답을 하는지 살펴보자. 의미론적 보편성은 모든 의미론적 설명이 갖추어야 할 바람직한 특징이라고 여겨진다. 그런데 시몬스는 일상 언어는 의미론적으로 보편적이지 않다고 주장한다. 그가 이렇게 주장한 가장 중요한 이유는 일상 언어에는 보편적 참을 표현할 술어, 즉 모든 참인 것에 적용될 술어가 없다고 생각하기 때문이다. 그럼에도 최소성의 원칙 덕분에 우리는 어떤 맥락에서도 진리술어를 적용할 수 없는 예외적인 경우를 최소로 유지하기 때문에, 그는 진리술어는 특이성이 발생하는 경우를 제외하고는 임의의 맥락에서 모든 참인 것에 적용할 수 있다고 말한다. 그는 "의미론적 담화의 어떤 범위에서 표현될 수 없는 것도 항상 다른 범위에서 표현될 수 있다. 우리는 말해야 할 모든 것을 말할 수 있지만, 모든 것을 동시에 말할 수는 없다"고 말한다.[46]

LIAR

2

초완전성 이론

PARADOX

초완전성 견해란 모든 명제가 참이나 거짓의 값을 갖는 것은 아니고 제3의 진리치를 갖는 명제가 있다고 주장하는 견해이다. 이러한 견해를 초완전성 견해라고 하는 이유는 '참'과 '거짓'이라는 의미론적 값만으로는 모든 명제의 진리치가 완전하게 결정되지 못하기 때문이다. 그리고 이러한 견해를 진리치 틈새 이론(gap theory)이라고도 하는데 그것은 참인 명제와 거짓인 명제도 아닌 명제가 있어 참과 거짓 사이의 틈새가 있기 때문이다. 초완전성 견해는 거짓말쟁이 역설과 같은 의미론적 역설뿐만 아니라 더미의 역설(sorities paradox)과 같은 모호성의 역설에 대한 처방으로도 제시된다. 즉 초완전성 견해에 따르면, 거짓말쟁이 역설을 낳는 거짓말쟁이 문장이나 모호성의 역설을 낳는 '돌이는 대머리다'와 같은 문장은 참도 거짓도 아니다. 즉 이가의 원리를 포기하고 참도 거짓도 아닌 의미론적인 값, 즉 제3의 값을 갖는 문장이 있고 거싯말쟁이 문장이나 모호성 술어를 갖는 문장이 그 예라고 주장한다. 그런데 이러한 진리치의 틈새(gap)를 전제함으로써 거짓말쟁이 역설을 해결하려는 시도는 강화된 거짓말쟁이 역설과 같은 복수의 문제(revenge problem)에 부딪힌다는 비판은 이미 살펴보았다. 이가의 원리를 포기하는 진리치 틈새 이론이 부딪히는 강화된 거짓말쟁이 역설이라는 복수의 문제를 어떻게 해결할 수 있을까? 복수의 문제를 해결하는 초완전성 견해를 구성할 수 있는지에 답하는 것이 2장의 궁극적인 문제이다.

크립키가 「진리론의 윤곽(Outline of A Theory of Truth)」(1975)을 발표했을 때, 많은 철학자들이 그 가치를 인정하면서도 그 이론이 여전히 복수의 문제를 피할 수 없다는 비판을 제기하였다. 그러나 최근 복수의 문제를 피할 수 있는 초완전성 견해가 가능하다는 주장이 여러 철학자에 의해서 제기되었다. 1절에서는 크립키의 초완전성 견해와 이를 비판하는 견해를 상세하게 소개할 것이다. 2절에서는 복수의 문제를 피할 수 있는 초완전성 견해를 제시한 모들린(T. Maudlin)의 주장과 그에 대한 비판을 다룰 것이다. 모들린은 『진리와 역설: 수수께끼 해결하기(Truth and Paradox: Solving the Riddles)』(2004)에서 크립키의 "기반을 가짐(groundedness)"이라는 개념을 토대론적 의미론(foundationalist semantics)을 통해서 설명하고 이를 기초로 복수의 문제를 피할 수 있는 초완전성 견해를 제시한다. 3절에서는 필드의 수정된 초완전성 견해를, 그가 2008년 출간한 『역설로부터 진리 구하기(Saving Truth From Paradox)』를 중심으로 설명할 것이다. 그리고 이상의 논의를 토대로 크립키 식의 초완전성 견해가 복수의 문제를 피할 수 있는지, 즉 복수의 문제를 해결하는 초완전성 견해가 가능한지에 대해서 살펴볼 것이다.

1. 크립키의 초완전성론[1]

크립키는 타르스키의 위계적 진리론을 비판하면서, 거짓말쟁이 역설에 대한 보다 만족스러운 해결책을 제시하기 위해서 진리술어의 형식적 올바름(formal correctness)과 관련된 문제에 관심을 갖는다. 타르스키의 위계적 진리론에 대한 크립키의 비판은 거짓말쟁이 역설이 단순히 불가해한 철학적 말장난이 아니라, 우리의 일상적 삶에서 자주 등장할 수 있는 문제라는 통찰을 드러내준다는 점에서 의미가 있다. 크립키는 거짓말쟁이 역설이 발생하는 이유를 거짓말쟁이 문장과 같은 특정한 문장의 구문론이나 의미론이 갖는 고유한 어떤 성질 때문이 아니라, 경험적 사실 때문에 발생한다는 점을 설득력 있게 주장한다. 그래서 그는 "참이나 거짓에 대한 일상적 주장 중에서 상당히 많은 것, 아마도 대부분은 경험적 사실이 극도로 불리하다면, 역설적 특징을 쉽게 드러내 보인다"고 말한다.[2] 워터게이트에 대한 존스와 닉슨의 다음 대화를 생각해보자. 존스가 다음과 같이 말했다.

(1) 닉슨이 워터게이트에 대하여 한 말 중 대부분은 거짓이다.

워터게이트에 대한 닉슨의 주장 중에 다음 문장을 제외하고는 반 정도가 참이고 나머지 반 정도가 거짓이라고 하자.

(2) 워터게이트에 대해서 존스가 한 말은 모두 참이다.

존스의 진술 (1)과 닉슨의 진술 (2)는 함께 고려될 때 역설을 낳는다. 여기서 역설이 발생하는 이유는 (1)과 (2)라는 문장의 고유한 어떤 특성 때문이 아니라, 존스가 (1)을, 그리고 닉슨이 (2)를 말했는데 (2)를 제외한 닉슨의 주장의 반 정도가 참이라는 경험적 사실 때문이다. 그래서 크립키는 우리가 진리개념을 포함하는 진술을 할 때, 경험적 사실 때문에 그 진술들이 역설을 낳을 수 있다는 점에 주의해야 한다고 주장한다.

크립키는 진리술어의 층위를 나누어 거짓말쟁이 역설을 해결하고자 하는 타르스키의 제안에 반대하고, 진리술어의 일의성(univocality)을 유지하면서 거짓말쟁이 역설을 해결하고자 한다. 이를 위해서 그는 대표적인 3치 논리인 클린(S. Kleene)의 K3의 체계를 받아들이고 기반을 가짐이라는 개념과 최소 고정점 개념을 중심으로 하는 진리론을 제시한다.

1.1 크립키의 진리론

또한 그는 어떤 문장이 어떤 상황에서는 진리치를 갖지 않지만 동일한 문장이 다른 상황에서는 진리치를 가질 수 있다는 점을 보이고자 한다. 그는 진리술어가 완전하게 정의되어야 한다는 타르스키의 생각, 즉 모든 옳은 형식의 문장은 참 또는 거짓의 진리치를 가져야 한다는 생각을 거부한다. 다시 말해서 크립키는 이가의 원리를 거부하고 클린의 K3 논리학을 받아들인다.

크립키가 취하는 클린의 K3에 따라 진리치를 부여하는 규칙은 다음과 같다. $\|A\|$는 A의 궁극적인 진리치를 나타낸다고 하자. 그러면 $\|A\|$는 $\{1, \frac{1}{2}, 0\}$ 중 하나이다. 그리고 나머지 복합명제의 진리치는 다음과 같다.

$$\|A \wedge B\| = \min\{\|A\|, \|B\|\}$$
$$\|A \vee B\| = \max\{\|A\|, \|B\|\}$$
$$\|\neg A\| = 1 - \|A\|$$

$$\| A \supset B \| = \| \neg A \lor B \| = \max\{1 - \| A \|, \| B \|\}$$
$$\| \forall xA \| = \min\{\| A(x/c) \|\}$$
$$\| \exists xA \| = \max\{\| A(x/c) \|\}$$

그러나 크립키의 진리론은 단순히 클린의 K3 논리학을 받아들이는 3치 논리에만 의존하지는 않는다. 그의 이론에는 부분적으로 T-도식에 대한 타르스키적인 제한의 정신이 살아 있다. 요컨대 크립키는 이가의 원리에 대한 거부와 T-도식에 대한 제한을 결합하여, 참으로 진술될 수 있는 모든 것에 적용되는 고정된 외연을 갖는 단일한 진리술어를 포함하는 언어를 산출하고자 한다. 여기서 크립키는 기반을 가진(grounded) 문장이라는 중요한 개념을 도입한다. '기반을 가짐'이라는 개념은 일상적인 문장이 어떻게 진리치를 부여받고 병리적인 문장이 어떻게 진리치를 부여받을 수 없는지를 설명하는 데 핵심적인 역할을 한다. 또 그는 관련된 경험적 사실을 통해서 문장이 기반을 가진 문장인지, 아닌지가 결정된다고 주장함으로써, 어떤 문장이 역설적인가, 아닌가를 결정하는 데 경험적 사실이 하는 역할을 설명할 수 있다고 말한다. 크립키는 기반을 가진 문장에 대해서 다음과 같이 설명한다.

일반적으로 어떤 문장 집합 C에 속하는 문장들에 대해서 그 문장의 [모두, 대부분 또는 일부가] 참이라고 주장하는 어떤 문장이 있다면, 그 문장의 진리치는 집합 C에 속하는 문장들의 진리치를 확인함으로써 결정될 수 있다. 이 문장들 자체가 진리개념을 포함하고 있다면, 그것의 진리치는 차례로 다른 문장을 살펴봄으로써 결정되어야 할 것이다. 궁극적으로 이러한 과정이 진리개념을 포함하지 않는 문장에서 끝이 난다면, 그래서 원래의 진술의 진리치가 결정된다면, 우리는 그 원래의 문장은 "기반을 가진" 문장

이라고 하고, 그렇지 않은 경우 "기반을 갖지 않는" 문장이라고 한다.[3]

p_i는 p_{i+1}이 참이라고 말하는 문장이라고 하고, 무한한 문장 계열 {p_i}를 생각해보자. 'p_1'은 'p_2'가 참이라고 말하고, 'p_2'는 'p_3'가 참이라고 말할 것이고, 이러한 계열은 무한히 계속될 것이다. p_i의 진리치는 p_{i+1}의 진리치가 결정될 때, 결정된다. 그런데 p_{i+1}의 진리치는 진리치가 결정되지 않은 p_{i+2}의 진리치에 의존하기 때문에 진리치가 부여될 수 없다. 따라서 이러한 무한 계열의 문장들은 기반을 갖지 않는 문장들이고 진리치를 부여할 수 없다.

크립키는 기반을 갖는 문장은 우선 그 문장 안에 진리술어를 포함하지 않아 그 문장 자체에 진리치가 확정될 수 있는 문장이다. 그리고 그렇게 기반을 갖은 문장에 대해서 진리술어가 부가된 문장도 기반을 가진 문장이다. 예를 들어 "눈은 하얗다"는 문장을 (3)이라고 하자. 그리고 2020년 1월 1일자 대한신문에 문장 (3)이 쓰여 있다고 하자. '(3)은 참이다'고 주장할 수 있을 것이기 때문에, 우리는 2020년 1월 1일자 대한신문에 쓰인 문장 중에 참인 문장이 있다고 추론할 수 있다. 또 우리는 '2020년 1월 1일자 대한신문에 실린 어떤 문장은 참이다'는 문장도 참이라고 주장할 수 있다. 이렇게 우리는 진리개념을 포함하는 진술에 대하여 하나씩 진리치를 부여하여 궁극적으로 모든 진술, 즉 모든 기반을 가진 진술에 대하여 진리치를 부여할 수 있을 것이다. 그리고 그러한 과정은 무한히 계속되지는 않을 것이고, 모든 기반을 가진 문장에 진리치를 부여하게 된 어느 시점에 이르면 새로운 문장에 더 이상 진리치를 부여하지 못하게 될 것이다. 크립키는 바로 그 시점을 최소 고정점(minimal fixed point)이라고 부른다. 요컨대 어떤 문장이 최소 고정점에서 진리치가 할당된다면 그 문장은 기반을 가진 문장이고, 최소 고정점에서 진리치가 할당되지 않는다면 그 문장은 기반을 갖지 않는 문장이다. 그런데 기반을 갖지 않는 문장 중에는 최소 고정점이 아닌 어떤 고정점에서는 진리치가 할당될 수도 있다.

이제 기반을 가짐 개념과 고정점에 대한 크립키의 형식적인 설명을 살펴보자. FL을 유한한 원초적 술어를 갖는 해석된 일계 언어(first-order language)라고 가정하자. 그리고 FL의 변항의 범위가 되는 영역을 D라고 하자.[4] 원초적인 n항 술어는 D에서 n항 관계로 해석된다. 그리고 FL의 구문론은 FL의 언어로 모두 설명될 수 있다. 다시 말해서 FL의 모든 술어에 대해서, 그 술어를 만족하는 대상들의 집합인 그 술어의 외연(extension)과 그 술어의 부정을 만족하는 대상들의 집합인 그 술어의 반외연(anti-extension)이 결정된다. 대부분의 경우, 주어진 술어의 외연에 속하는 것과 반외연에 속하는 것은 논의의 영역 D 전체를 포괄하고, 모든 경우에 어떤 술어의 외연과 반외연은 서로 배타적이다. 이제 FL에, 그것의 해석이 부분적으로만 정의될 수 있는 일항술어 T를 부가하여 L로 확장해 보자.[5] 즉 S_1은 T의 외연이고 S_2는 T의 반외연이라고 할 때, T의 해석은 부분집합 (S_1, S_2)에 의해서 주어지고, S_1과 S_2의 모든 집합의 합집합의 밖에서는 결정되지 않는다. 이제 $L(S_1, S_2)$를 (S_1, S_2)에 의해서 T를 해석함으로써 얻어진 L의 해석이라고 하자. 그래서 T를 제외한 모든 술어는 L에서 해석되는 반면, T는 $L(S_1, S_2)$에서 해석된다. S_1'을 $L(S_1, S_2)$의 참인 문장의 집합이라고 하고, S_2'을 $L(S_1, S_2)$의 문장이 아니거나 거짓인 문장의 집합이라고 하자. T가 L 자체에 대해서 해석되기 위해서는 S_1은 S_1'과 동치이어야 하고, S_2는 S_2'과 동치이어야 한다. $T(S_1)$과 $\neg T(S_2)$가 보다 상위의 언어에서도 보존되기 때문에 순서쌍 (S_1, S_2)는 고정점이라고 할 수 있다. 이러한 의미론적 평가 과정을 계속해도 새로 참이 되거나 새롭게 거짓이 되는 문장을 얻을 수 없다.

크립키는 고정점을 "일종의 언어의 위계(a certain hierarchy of language)를 고려함으로써" 구성할 수 있다고 말한다.[6] L_0를 T가 전혀 정의되지 않은 언어라고 하자. 그러면 L_0는 $L(\varphi, \varphi)$로 정의된다. $L_i=L(S_1, S_2)$이면, S_1'이 L_i의 참인 문장의 집합이고, S_2'이 L_i의 문장이 아니거나 L_i의 거짓인 문장의 집합일 경우 $L_{i+1}=L(S_1', S_2')$이다. 여기서 크립키는 S_1이 S_1*의 부분집합이고 S_2가 S_2*의 부분집합이라면 그리고 오직 그럴 경우에 (S_1*, S_2*)는 (S_1, S_2)의 확장이라는 흥미로운 점을 지적한다. 그것은 "만약 T가 (S_1*, S_2*)로 해석된다면, 그 해석은 (S_1, S_2)가 정의되는 모든 경우에서 (S_1, S_2)에 의한 해석과 일치하고, 유일한 차이는 (S_1*, S_2*)에 의한 해석은 T가 (S_1, S_2)에 의해서 해석될 때 정의되지 않는 몇 가지 경우에 대해서 T가 정의되도록 만들 수 있다는 점 뿐"이라고 말하는 것과 같다.[7] 다시 말해서 임의의 i에 대해서, L_{i+1}에서 T의 해석은 L_i에서 T의 해석을 확장한 것이고, 따라서 i가 커짐에 따라 T의 외연과 반외연도 증가하게 된다. 즉 i가 커짐에 따라, 점점 더 많은 진술이 진리치를 갖게 된다. 그렇다면 문제는 그러한 과정이 과연 무한히 계속될 것인지, 궁극적으로 멈출 것인지이다. 크립키는 어떤 지점에서 그 과정은 멈춘다고 대답한다. 그는 i의 단계에서의 (S_1, S_2)가 그보다 한 단계 위인 i+1의 단계에서의 (S_1, S_2)와 동일하다는 것을 증명할 수 있다고 주장한다. 그는 그 경우에 i-단계를 하나의 고정점이라고 한다. 그리고 그는 L_i에서 어떤 문장에 부여된 진리치는 임의의 고정점에서도 동일한 진리치를 갖는다는 의미에서 i를 최소 고정점이라고 부른다.

이상의 크립키의 설명을 단순화된 예를 통해서 설명해보자. 매우 단순한 언어 L_0를 가정하고, L_0의 영역을 D라고 하자. 여기에는 단지 13개의 문장(①~⑬)만 있고 두 개의 언어 외적 대상, 잔디와 눈만 존재한다.

D={잔디, 눈, ①~⑬}

D에 포함된 문장은 다음과 같다.

① '눈은 하얗다.'

② '잔디는 녹색이다.'

③ '눈은 녹색이다.'

④ '"눈은 하얗다"는 문장이 2020년 1월 1일자 대한신문에 쓰여 있다.'

⑤ '"눈은 하얗다"는 참이다.'

⑥ '"눈은 하얗다"는 거짓이다.'

⑦ '"눈은 녹색이다"는 참이다.'

⑧ '"눈은 녹색이다"는 거짓이다.'

⑨ '"눈은 하얗다"는 문장이 2020년 1월 1일자 대한신문에 쓰여 있고, 그 문장은 참이다.'

⑩ '2020년 1월 1일자 대한신문에 쓰인 것 중 어떤 것은 참이다.'

⑪ '"2020년 1월 1일자 대한신문에 쓰인 것 중 어떤 것은 참이다"는 참이다.'

⑫ '이 문장은 참이다.'

⑬ '이 문장은 거짓이다.'

I_0를 L_0의 해석이라고 하자. I_0는 D의 대상 집합을 각각의 술어에 부가하고 나머지는 L_0의 술어의 반외연이다. 즉,

I_0(하얗다)={눈}

I_0(하얗지 않다)={잔디}

I_0(녹색이다)={잔디}

I_0(녹색이 아니다)={눈}

I_0(2020년 1월 1일자 대한신문에 쓰이다)={'눈은 하얗다'}

그런데 L_0에는 진리술어가 전혀 정의되어 있지 않다. 따라서

I_0(참이다)=φ

I_0(거짓이다)=φ

이제 다음 단계의 해석된 언어 L_1과 그것의 해석 I_1을 생각해보자. I_1은 I_0에 의해서 '참이다'를 해석한 결과이다. 따라서

I_1(참이다)={ ①, ②, ④ }

I_1(거짓이다)={ ③ }

L_1에서 ①, ②, ④는 참인 문장이고, ③은 거짓인 문장이다. ⑤와 ⑫처럼 원자문장 중에도 어떤 것은 L_1에서 진리치를 부여받지 못한다. 어떤 문장의 주어가 I_0에 의해서 그 문장의 술어로 부가된 문장들만 L_1에서 참이기 때문이다. 그러나 ⑤의 주어가 I_1에 의해서 '참이다'는 술어에 부가되기 때문에 L_1보다 더 높은 단계의 언어에서 그 문장은 진리치를 가질 수 있다. 반면에 ⑫의 주어는 그 문장 자체이고 이는 I_1에서 진리치가 부여되지 않기 때문에 L_1보다 높은 단계의 언어에서 진리치를 가질 수 없다. 결국 ⑫와 ⑬처럼 자신에 대해서 참 또는 거짓을 서술하는 자기 지시적 문장은 어떤 단계의 언어에서도 진리치를 가질 것이라고 기대할 수 없다. 이제 L_2를 구성해보자. L_2의 해석 I_2는 어떤 문장의 주어가 I_1에

의해서 그 문장의 술어로 부가된 문장을 참으로 갖는다. 즉,

I_2(참이다)={①, ②, ④, ⑤, ⑧}
I_2(거짓이다)={③, ⑥, ⑦}

다음 단계의 해석된 언어, L_3는 진리술어를 논리적 연결사와 양화사를 포함하는 복합문장에 확장하여 적용할 수 있도록 구성된다. 연언문장의 연언지가 모두 참일 경우 그 연언문장도 참이므로, I_i(참이다)의 요소들로 구성된 연언문장은 I_{i+1}에서 참이 된다. 그리고 존재론적으로 양화된 문장, '(∃x)A'은 그 문장의 변항에 대입되어 A가 I_i에서 참으로 만드는 요소가 있을 경우 그 양화문장은 I_{i+1}에서 참이다. 따라서

I_3(참이다)={①, ②, ④, ⑤, ⑧, ⑨, ⑩}
I_3(거짓이다)={③, ⑥, ⑦}

그리고 ⑩이 I_3에 의해서 참이 되었기 때문에, ⑩ 자체를 주어로 갖는 ⑪은 I_4에서 참이 될 것이다. 결국 다음이 얻어진다.

I_4(참이다)={①, ②, ④, ⑤, ⑧, ⑨, ⑩, ⑪}
I_4(거짓이다)={③, ⑥, ⑦}

⑫와 ⑬은 I_4에서 진리치가 부여되지 않는다. 이 문장들은 I_4(거짓이다)에 속하지도 않고 그 문장들의 주어는 그 문장 자신을 가리키기 때문에, 다음 단계에서도 진리치를 갖지 않을 것이다. 이 둘을 제외한 D에 속한 모든 문장은 L_4에서 진리치가 결정되었고 ⑫와 ⑬은 더 높은 단계에서도

진리치를 갖지 못하기 때문에, L₄를 최소 고정점이라고 부른다. 그리고 최소 고정점에서 진리치를 부여받지 못하는 문장을 크립키는 참도 거짓도 아닌, 기반을 갖지 않는 문장이라고 한다. 즉 참말쟁이 문장 ⑫와 거짓말쟁이 문장 ⑬은 참도 거짓도 아닌 기반을 갖지 않는 문장으로 진리치를 갖지 않는(truth-valueless) 문장이다. 이렇게 해서 L₄에서 거짓말쟁이 역설은 해소된다.[8]

크립키의 형식적 설명이 일상 언어에 적용될 수 있으려면 몇 가지 부가적인 주장이 필요하다. 크립키의 설명을 일상 언어에 확장하기 위해서 우리는 그가 초한적(transfinite) 단계라고 부른 개념을 고려해야 한다. 크립키는 타르스키의 위계론을 비판하면서 타르스키의 위계론은 초한적 위계의 문제를 다루기 어렵다고 주장한다. 즉 '눈은 하얗다', '"눈은 하얗다"는 참이다', '""눈은 하얗다"는 참이다"는 참이다'처럼 계속해서 참인 문장을 구성할 수 있다. 그리고 그렇게 하기 위해서는 초한적 단계의 메타언어와 초한적 단계의 진리술어가 필요할 것이다. 결국 타르스키의 위계론은 초한적 단계의 진리술어를 요청하는 메타언어를 구성해야 하는 문제를 안고 있는 것이다. 그러나 크립키의 고정점에 대한 설명은 이런 초한적 단계에서의 고정점을 구성할 수 있음을 보여준다.

일상 언어의 모든 문장에 대해서, 그 문장에 진리술어를 부가하여 새로운 문장을 얻을 수 있고, 그 문장에 다시 진리술어를 부가하여 새로운 문장을 얻을 수 있는데, 그러한 과정은 무한히 계속될 수 있다. 즉, 'S'라는 일상 언어의 문장에 대해서 다음을 얻을 수 있다.

(S₁) 'S'는 참이다.

(S₂) '"S"는 참이다'는 참이다.

(S₃) '""S"는 참이다' 참이다'는 참이다

'S'가 I_0의 해석 단계에서 진리치가 부여된다면, 'S_1'은 I_1에서 동일한 진리치가 부가될 수 있다. 일반화하면, 이 문장들 각각은, 바로 앞 문장이 이전 단계의 해석에서 진리술어의 외연에 포함되었을 경우에만 진리술어의 외연에 포함될 수 있다. 그렇다면 진리술어의 외연에 아직 포함되지 않은 문장은 항상 남아 있기 마련이기 때문에 일상 언어에는 고정점이 없는 것처럼 보인다. 크립키는 위와 같은 계열의 모든 문장이 참이라고 주장하기 위해서 "우리는 초한 단계의 메타언어를 필요로 한다"고 말한다.[9]

$(S_{1,A}, S_{2,A})$는 LA의 진리술어(T)의 해석이라고 하자. 여기서 A는 유한하다. A가 증가함에 따라 순서쌍의 원소도 증가한다. 첫 번째 초한 단계를 L_ω라고 하자. 그러면 $L_\omega = L(S_{1,\omega}, S_{2,\omega})$로 정의될 것이다. L_ω가 주어지면 우리는 $L_{\omega+1}$, $L_{\omega+2}$ 등도 정의할 수 있다. 예컨대 $A = B+1$이고 $L_A = (S_{1,A}, S_{2,A})$이라고 하자. 여기서 $S_{1,A}$는 L_B의 참인 문장의 집합이고, $S_{2,A}$는 L_B의 거짓인 문장이거나 L_B의 문장이 아닌 것의 집합이다. 이제 M을 한계 기수라고 하자. 그러면 L_M은 $L(S_{1,M}, S_{2,M})$이고, 여기서 $S_{1,M}$은 $S_{1,B}$의 모든 집합의 합집합이고(B는 M보다 작다), $S_{2,M}$은 $S_{2,B}$의 모든 집합의 합집합이다. M의 단계에서 우리는 이전 단계에서 참이나 거짓으로 선언된 모든 문장의 합집합을 Tx의 외연으로 취한다. 그래서 A는 무한히 계속되지 않는 것이다. $S_{1,M} = S_{1,M+1}$이고 $S_{2M} = S_{2,M+1}$인 M이 존재하고, 그다음 단계에서도 어떤 새로운 문장도 참이나 거짓으로 주장될 수 없다. 요컨대 $S_{1,\omega}$는 유한한 단계 $n(n\langle\omega)$에 대해서 모든 $S_{1,n}$의 합집합이 될 것이고, $S_{2,\omega}$도 모든 n에 대해서 $S_{2,n}$의 합집합이 될 것이다. 즉

$$S_{1,\omega} = \bigcup_{n\langle\omega} S_{1,n}$$

$$S_{2,\omega} = \bigcup_{n\langle\omega} S_{2,n}$$

이다. 이렇게 해서 크립키는 타르스키의 위계마다 요구되는 메타언어의 진리술어(T_n)가 최소 고정점을 구성함으로써 단일한 진리술어(T)로 정의될 수 있음을 보인 것이다.

1.2 크립키의 진리론에 대한 평가

크립키의 진리론은 타르스키 식의 언어의 위계에 의존하지 않고 거짓말쟁이 역설의 문제를 해결하는가? 크립키도 각 언어의 위계에 대응하는 것처럼 보이는 많은 단계의 진리술어를 사용하고 있다. 그런 점에서 크립키 자신도 "타르스키의 위계라는 유령이 여전히 우리와 함께 있다"고 말한다.[10] 그러나 그는 자신이 제안한 위계는 타르스키의 위계 개념과 중요한 점에서 다르다고 말한다. 타르스키의 경우, 각 언어의 진리술어는 단지 언어의 위계에서 더 낮은 단계의 언어에만 적용되고 그 위계는 무한히 계속된다. 또한 진리술어의 외연과 반외연은 각 단계에서 변한다. 그러나 크립키에게 위계는 고정점에서 끝난다. 또 L_1의 진리술어와 L_2의 진리술어의 외연과 반외연이 다르다고 해서 각 단계의 진리술어가 서로 다른 술어는 아니다. 서로 다른 외연과 반외연을 갖는 각 단계의 진리술어는 모두 최소 고정점에서 정의되는 유일한 진리술어의 특수한 경우일 뿐이다.

크립키의 진리론은 기본적으로 클린의 K3 논리학에 토대를 둔 것으로 3치 논리인 셈이다. 요컨대 거짓말쟁이 역설에 대한 크립키의 해결은 진리치 틈새 이론인 셈이다. 그렇다면 거짓말쟁이 역설에 대한 3치 논리를 통한 해결책이 직면하는 강화된 역설, 혹은 복수의 문제에 부딪힐 수밖에 없을 것이다. 결국 크립키의 이론은 강화된 거짓말쟁이 문장($\lambda\lambda$)에 의해서 제기되는 복수의 문제를 해결해야 한다는 숙제를 안게 되는 것이다.

거짓말쟁이 문장 (λ)가 진리치를 갖지 않는다는 주장은 그 문장이 기반을 갖지 않는 문장이고 진리치를 부여할 어떤 방법도 알 수 없다는 의미이다. 그러므로 크립키는 이러한 문제에 대해서 어떤 문장이 진리치가 없다고 말하는 것으로부터 어떤 문장이 참이 아니라고 추론하는 것은 옳지 않다고 대응할 수 있을 것이다. 그러나 "이 문장은 진리치가 없다"고 말하는 것은 "이 문장이 참이다"고 말하는 것을 부정하는 것 중 하나이다. 우리가 어떤 문장 자체를 부인할 수 있다면 그리고 오직 그럴 경우에만 그 문장이 참이라는 것을 부인할 수 있기 때문에, '이 문장은 진리치가 없다'는 것으로부터 '이 문장은 참이 아니다'를 추론할 수 있다. 다시 말해서 3치 논리에서 '참'의 값 이외의 두 값은 '참이다'의 반외연, 즉 '참이 아니다'의 외연이 되므로 결국 복수의 문제를 피할 수 없어 보인다.

크립키의 진리론이 갖는 또 하나의 문제는 기반을 가짐/기반을 갖지 않음이라는 개념이 메타언어에 속한다는 것이다. (λ)를 의미론적으로 평가하는 다음 문장을 생각해보자.

(λ′) 거짓말쟁이 문장은 진리치가 없다(truth-valueless).

크립키는 (λ′)을 참이라고 주장할 것이다. 그러나 그의 형식적 이론에 따르면, (λ′)이 L_i에서 참이라면, 즉

I_i(참이다)={(λ′)}

이라면,

I_{i-1}(진리치가 없다)={(λ)}

이어야 한다. 그러나 이것은 크립키의 이론에서 얻어질 수 없으므로, (λ)은 최소 고정점에서 진리치가 부여될 수 없고, 결국 그의 이론에서 이런 문장은 메타언어의 문장이라고 간주할 수밖에 없다.

2. 모들린의 초완전성론

지금까지 거짓말쟁이 역설을 해결하기 위해서 제안된 크립키의 초완전성 견해는, 그 이론이 해결할 수 없는 새로운 복수의 문제에 부딪히고 크립키 자신도 인정했듯이, 초완전성 견해가 의존하지 않으려고 했던 언어의 위계라는 개념에 암암리에 의존하지 않을 수 없다는 문제점을 가짐을 지적했다. 모들린의 진리론의 출발은 바로 이 지점이다. 그는 『진리와 역설: 수수께끼 해결하기』에서 크립키의 기반을 가짐이라는 개념을 받아들이고 이를 세계와의 경계라는 토대론적 방법을 통해서 설명하는 토대론적 의미론을 제시한다. 그는 이러한 수정된 초완전성 견해는 크립키의 진리론이 갖는 문제점인 복수의 문제와 언어의 위계에 호소한다는 비판을 피할 수 있다고 주장한다. 그는 자신의 저서의 목표를 다음과 같은 세 가지로 제시한다. 1) 진리의 본성에 대한 일반적인 설명과 함께, 복합문장의 진리치를 부여하는 방법을 설명하고, 2) 진리술어를 포함하는 언어에 대한 타당하고 구문론적으로 명시될 수 있는 추론 규칙을 구성하며, 3) 어떤 문장에 대한 주장을 지배하는 규범적 규칙에 대해서 설명하는 것이라고 말한다.

2.1 모들린의 토대론적 의미론

모들린은 형식적 관점에서 크립키의 최소 고정점 구성과 유사한 초완전성 견해를 유지하면서, 거짓말쟁이 역설을 해소할 수 있는 언어를 구성하려고 시도한다. 그는 자신이 구성하는 언어가 그 언어 자체의 메타언어로 작용할 수 있으며, 진리에 관한 추리를 하는 데 있어서 크립키보다 현실적이고 실천적인 장점을 갖는다고 주장한다. 다시 말해서 모들린은 크립키의 초완전성 견해가 복수의 문제에 부딪히고 복수의 문제를 해결하기 위해서 제안되는 방안은 일종의 언어의 위계를 암암리에 가정하지 않을 수 없다는 문제점을 인식하고, 언어의 위계 개념에 의존하지 않고 복수의 문제를 해결할 수 있는 초일관성 견해를 제안하고자 한 것이다.

모들린의 의미론은 굽타가 명명하듯이, 문장의 의미는 궁극적으로 세계로부터 토대를 확보하는 데서 시작된다는 일종의 토대론적 의미론이다.[11] 그의 의미론을 요약하면 다음과 같다.

> 참과 거짓은 항상 궁극적으로 세계의 상태에 뿌리를 두고 있다. 다시 말해서 어떤 문장이 참 또는 거짓이라면, 그것은 비의미론적인 사실의 세계에 의해서 참 또는 거짓이 되는 경계문장(boundary sentence)이거나 적어도 하나의 경계문장과 의미론적으로 연결되어 있어, 그 경계문장으로부터 그것의 진리치가 결정된다.[12]

모들린에게 경계문장이란 세계의 사실에 의해서 즉각적으로 참 또는 거짓을 판단할 수 있는 문장이다.[13] 경계문장들이 논리적 연결사에 의해서 결합된 복합문장은 그 문장을 구성하는 경계문장들을 즉각적인 의미론적 구성요소(Immediate Semantic Constituents: 이하 ISC)로 갖고, 복합문장은 자신을 구성하는 ISC에 의해서 진리치가 결정된다. 그리고 모들린은 진리술어도 하나의 논리적 연결사로 간주하여 진리술어가 포함된 문장은 경계문장으로 보지 않는다. 결국 그의 의미론을 요약하면, 경계문장 A, B는 직접적으로 경험세계의 사실에 의해서 진리치가 결정되고, A와 B가 논리적 연결사로 결합된 문장, 예컨대 A와 B가 연언적으로 결합된 문장 (A∧B)는 A와 B를, 그리고 진리술어(Tr)를 포함하는 문장 Tr(⟨A⟩)는 A를 각각 자신의 ISC로 갖는 복합문장이며 그러한 복합문장은 궁극적으로 그 문장의 ISC에 의해서 진리치가 결정된다. 모들린은 각각의 복합문장을 그 문장의 ISC와 연결하는 화살표를 그림으로써 언어의 지시도(directed graph)를 구성할 수 있다고 말한다. 요컨대 지시도의 경계에는 ISC를 갖지 않는 경계문장, 즉 논리적 원자문장이 자리하고, 어떤 복합문장의 ISC 각각으로부터 그 문장으로의 화살표를 포함하는 그래프를 그림으로써 의미론적 의존관계를 표현하고자 한 것이다.

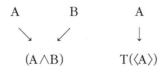

진리술어를 포함하지 않는 적형식의 문장은 지시도에서 비순환적(acyclic)으로 나타나고 모든 화살표의 역방향은 궁극적으로 경계문장에 맞닿게 될 것이다. 그리고 위 의미론에 의해서 기반을 갖는 문장(grounded sentence)은 경계문장에 의해서 궁극적으로 진리치가 부여될 수 있다. 어떤 문장에 대한 지시도가 순환적으로 나타나거나 결코 끝나지 않는 무한한 하향 연쇄(descending chains)가 나타나서 경계문장에 맞닿지 않는다면 그 문장은 기반을 갖지 않은 문장(ungrounded sentence)이고 따라서 진리치를 부여받을 수 없는 문장이 될 것이다. 또한 기반을 갖지 않는 문장만을 ISC로 갖는 복합문장은 기반을 갖지 않은 문장으로 진리치를 부여받을 수 없는 문장이다. 모들린은 순환이 나타나는 문장의 대표적인 예로 참말쟁이 문장(τ), 거짓말쟁이 문장(λ), 그리고 자기 자신에 대해서 자신이 참일 경우에 그리고 오직 그럴 경우에만 그 문장이 참이라고 말하는 문장(η) 세 가지를 든다.

(τ) 이 문장은 참이다.

(λ) 이 문장은 거짓이다.

(η) 이 문장이 참일 경우에 그리고 오직 그럴 경우에만 이 문장은 참이다.

(τ)는 $Tr(\langle\tau\rangle)$를, (λ)는 $Tr(\langle\lambda\rangle)$를 각각 가리키고, ($\eta$)는 $Tr(\langle\eta\rangle) \equiv Tr(\langle\eta\rangle)$를 가리키고, 이 문장은 지시도에서 순환적으로 나타나는 기반을 갖지 못하는 문장이다.

모들린은 자신의 의미론이 결국 크립키의 최소 고정점 구성의 아이디어와 유사한 아이디어를 구현하고 있다고 할 수 있지만, "크립키는 진리 술어에 대한 잠재적인 외연과 반외연으로서 복수의 고정점을 제공하지만, [자신의 견해는] 유일하게 단 하나의 최소 고정점을 뽑아내는" 장점이 있다고 주장한다.[14]

모들린은 참, 거짓 그리고 기반을 갖지 않음이라는 세 가지 의미론적 값을 인정하는 3치 논리를 받아들인다. 그러나 참을 나타내는 연결사 T와 거짓을 나타내는 연결사 F만으로 기반을 갖지 않은 문장을 다음과 같이 나타낼 수 있다.

$$\neg Tr(\langle\tau\rangle)\wedge\neg F(\langle\tau\rangle)$$
$$\neg Tr(\langle\lambda\rangle)\wedge\neg F(\langle\lambda\rangle)$$

물론 위 문장들도 또한 기반을 갖지 않는 문장이다. 모들린은 이에 대해서 "우리가 거짓말쟁이 문장은 기반을 갖지 않는다고 말할 수 있다고 할지라도, 우리는 아마도 진실되게(truthfully) 그렇게 말할 수는 없다"고 말한다.[15]

일단 논리적 문장의 진리치가 그것의 ISC의 진리치에 의해서 어떻게 결정되는지 설명하고 나면, 진리 보존적인 타당한 추론 규칙을 상술할 수 있다. 그러나 모들린의 의미론에서 타당한 규칙들은 모든 고전 논리의 규칙을 포함하지는 않는다. 예컨대, $Tr(\langle\eta\rangle)\equiv Tr(\langle\eta\rangle)$는 고전 논리학의 정리이지만, 모들린의 체계에서는 참이 아니다. 그러므로 고전 논리에서 타당한 추론에 대한 제한이 필요하다. 논리적 연산자로서 진리술어에 대한 규칙은 고전적인 규칙이 성립한다. 진리술어 연산자의 도입과 제거는 일반적으로 타당하다.

$$Tr(\langle S\rangle)\equiv S$$

T-도입과 T-제거는 직관적으로 타당하고 받아들일 만한 것으로 보인다. 그러나 형식언어에 진리술어를 부가하고 술어논리의 표준적인 추론에 T-도입과 T-제거를 포함시키면, 전체 체계는 모순을 낳는다. 이에 대한 모들린의 처방은 진리술어에 관한 추론을 제한하는 대신 고전적인 추론 규칙을 제한하는 쪽을 택한다. 그는 "진리술어에 관한 추론(T-inferences)은 완벽하게 타당하고, 제한되거나 수정되어야 하는 것은 고전적인 추론"이라고 말한다.

모들린에 따르면, 진리술어에 관한 추론의 타당성을 받아들이는 것이 타르스키의 T-문장 모두가 참이라고 주장하는 것과 같은 것은 아니다. 참말쟁이 문장과 거짓말쟁이 문장을 T-도식에 적용하여 얻어지는 문장들, "Tr($\langle\tau\rangle$)$\leftrightarrow\tau$"와 "Tr($\langle\lambda\rangle$)$\leftrightarrow\lambda$"는 참이 아니다. 진리론의 적합성 조건은 모든 T-문장들이 참이어야 함을 요청할 필요는 없고 단지 진리에 대한 우리의 직관적인 개념을 포착하는 정도면 충분하다. 물론 고전적인 추론에서 B로부터 A가 추론되고 A로부터 B가 추론되면 A$\leftrightarrow$B는 정리로 추론된다. 결국 진리에 관한 직관을 유지하면서 비일관성을 해결하기 위해서 고전적인 추론 규칙을 어떻게 제한하느냐이다. 3치 논리를 받아들이는 모들린은 언어의 이가성(bivalence)을 야기하는 부정 도입(¬-intro) 즉 이중부정의 규칙과 실질함축 도입(⊃-intro) 규칙이 제한되어야 한다고 주장한다. 따라서 그는 귀류법에 의한 증명과 조건적 증명의 일반적인 타당성을 제한한다.

이에 대한 비판은, 크립키의 초완전성 견해가 강한 부정(strong negation)을 거부하는 반직관적이라는것이다. 앞에서 살펴보았듯이, 크립키의 언어에 강한 부정이 포함된다면, 강화된 거짓말쟁이의 역설이 다시 등장하는 문제가 생긴다. 단순히 이런 복수의 문제를 피하기 위해서 강한 부정을 배제하는 것은 미봉적인 해결이라는 비판이 크립키에 대해서 주어지는 일반적인 비판 중 하나였다. 이에 대해서 모들린은 다음과 같이 말한다.

이 언어에 강한 부정이 없다는 것은 미봉적이라기보다는 기본적인 가정의 직접적인 귀결이다. 완전하게 불안전한 문장은 모두 기반을 갖지 않는다는 보편적인 제한과 모든 연결사는 진리 함수적이라는 요구에 의해서 강한 부정이 배제된다. 고전적인 진리치는 마술을 부리듯 돌연히 나타날 수

없다. 그것은 언어가 세계와 만나는 곳인 언어의 경계선에서 언제나 시작되어야 한다.[16]

그러나 크립키는 최소 고정점을 구성한 후, 최소 고정점에서 (λ)는 '참이다'는 술어의 외연에 속하지 않기 때문에 (λ)는 참이 아니라고 주장한다. 그러나 이러한 평가적 문장은 이미 메타언어에서만 표현될 수 있을 뿐이었다. 결국 크립키는 메타언어의 진리술어에 해당하는 강한 개념의 진리술어에 의존해서 그것을 표현할 수밖에 없었던 셈이다. 그런데 모들린은 "단 하나의 진리술어만 있을 수 있고, 만약 기반을 갖지 않은 문장에 대해서 [진리술어가] 서술된다면 그 결과는 기반을 갖지 않은 문장"이라고 주장한다.[17] 즉 모들린은 메타언어에 의존할 수밖에 없다는 점을 크립키 이론의 심각한 결점이라고 여긴다. 그가 강조하듯이, 그의 의미론에는 "[대상]언어와 메타언어의 구별이 없고, 자신의 진리술어를 포함하는 단 하나의 언어만 있"어야 하기 때문이다.[18]

모들린의 의미론에 따르면, (λ)는 참이 아니다.(물론 거짓도 아니다.) (λ)는 궁극적으로 경계문장에 맞닿아 있지 않고 지시도에서 순환적으로 표현되기 때문이다. 그러나 그의 의미론을 이 주장에 적용하면, 그 주장 또한 참이 아니라고 해야 한다. 그래서 그는 "의미론 자체는 [자신의 의미론에 따르면] 참이라고 밝혀지지 않기 때문에, 우리가 오직 참인 문장만을 주장하는 것으로 제한하지 않는다면, 의미론을 주장할 수 없다"고 말한다.[19] 이로부터 모들린이 부딪힌 복수의 문제는 다음 문장으로부터 발생함을 알 수 있다.

(λ″) (λ)는 참이 아니다.

거짓말쟁이 문장 (λ)는 기반을 갖지 않은 문장, 즉 참도 거짓도 아닌 문장이다. 따라서 (λ)가 참이 아니라고 진술하고 있는 (λ″)은 참이어야 할 것 같다. 그러나 모들린의 의미론에서 기반을 갖지 않은 문장만을 ISC로 갖는 문장은 역시 기반을 갖지 않은 문장이다. 그러므로 (λ″)은 기반을 갖지 않은 문장이고, 따라서 참이 아니다. (λ″)이 참이 아니기 때문에 주장할 수 있는 문장이라고 할 수 없을 것이다. 모들린도 이 점을 인식하고, "거짓말쟁이 문장 (…) 이 기반을 갖지 않았지만, (…) 그 문장에 참, 거짓, 기반을 갖지 않음이라는 진리치를 부여하는 문장도 또한 기반을 갖지 않는다"는 주장이 반직관적인 것처럼 보일 것이라는 점을 인정한다.[20] 이에 대해서 그는 참과 주장을 허용할 가능성(permissibility)이라는 개념을 구별하여, (λ″)은 참은 아니지만, 주장을 할 수 있다고 말한다.

모들린에 따르면, 주장 가능성이란 참 개념과 달리 행위를 규제하는 규범적 개념이다. 즉 어떤 문장이 참이라는 것은 비의미론적인 사실의 세계와 어떤 식으로 관련되어 결정될 수 있는 객관적인 가치인 반면, 어떤 문장을 적절하게 주장할 수 있거나 그럴 수 없는 조건의 문제는 언어 행위를 지배하는 규칙과 관련된 규범적인 문제라는 것이다. 모들린은 주장이라는 언어행위를 지배하는 규칙이 만족시키기를 바라는 일련의 조건들의 집합을 아이디얼(Ideal)이라고 부른다.[21] 그가 그러한 조건 집합을 '아이디얼'이라고 부르는 이유는 언어행위를 지배하는 규칙에 유익하거나 바람직한 것으로 여겨지는 것은 어떤 것이든 그 집합에 포함될 수 있고, 바로 그런 이유로 어떤 규칙이든 그 조건 모두를 함께 만족해야 하는 것은 아니기 때문이다. 특히 그는 "어떤 문장이 참이라면 그리고 오직 그럴 경우에만 주장 가능하다"는 것은 선택적인 조건일 수는 있지만 누구나 받아들여야 하는 유일한 조건이 아니며, 주장 가능성을 보존하는 추론 규칙이 정확하게 진리를 보존하는 추론 규칙과 동일하다는 요청,

다시 말해서 어떤 문장을 주장하는 것이 허용될 때는 언제나 그 문장이 참이라고 주장하기를 허용해야 한다는 점을 포기해야 한다고 말한다.[22] 그래서 모들린에 따르면, (λ″)처럼 참은 아니지만 주장 가능한 문장도 있고, 거짓은 아니지만 주장 가능하지 않은 문장도 있다.[23]

모들린은 주장 가능성 술어가 아이디얼을 모두 만족시킬 수 없다는 점을 인정한다. 그래서 그는 절대적인 유일한 주장 가능성 개념은 없고, 단지 어떤 규칙의 집합에 대해서 상대적인 주장 가능성 개념만 있다고 말한다. "이 문장은 일상적인 대화 규범이 지배하는 맥락에서 주장 가능하지 않다"는 문장이 야기하는 복수의 문제에 대해서 그는 이 상대적인 주장 가능성 개념을 이용해서 복수의 문제를 해결하고자 다음과 같이 말한다.

주장 가능성 규칙과 관련하여 사람들이 쉽게 제안하는 실천적인 충고는 이것이다. 단순히 문제가 되는 영역으로 이끌어가는 대화 맥락을 피하려고 할 것. (⋯) 이러한 맥락 밖에서 아이디얼을 거의 만족시킬 수 있는 많은 주장 가능성 규칙이 있다. (⋯) 그리고 우리가 철학처럼 쓸모없는 탐구에 개입하지 않는다면 문제가 되는 문장을 고려할 필요도 없다.[24]

그러나 모들린의 주장처럼, 주장 가능성이라는 술어가 모든 아이디얼을 만족시키지 못한다면, 주장 가능성 개념을 항상 상대적인 개념이라고 설명하기보다는 오히려 주장 가능한 것은 미결정적이라고 말해야 할 것이다.[25]

2.2 모들린의 의미론에 대한 평가

모들린의 견해 중에서 가장 직관적으로 제기되는 비판은 참임과 주장을 허용할 가능성이라는 개념을 구분하는 것과 관련된다. 그의 주장에 따르면, 굽타가 지적하듯이 "거짓말쟁이 역설을 해소하기 위해서 우리는 참이 아니라는 것을 알고 있는 어떤 것을 주장해야 한다. 즉 우리는 거짓말쟁이가 되어야 한다."[26] 이에 대해서 모들린은 일상적으로 참인 것은 모두 주장 가능하고 거짓인 것은 주장 가능하지 않다고 주장하면서, 다만 의미론의 맥락에서 참도 거짓도 아닌 어떤 것을 주장해야 하는 경우가 있을 뿐이라고 말한다.[27] 그러나 '(λ)는 참이 아니다'는 문장이 참은 아니지만 주장할 수 있다고 말하는 것은, 우리가 어떤 문장이 참인지 거짓인지 확실하게는 모르지만 주장할 수 있는 경우와 다르다. 그것은 분명히 참이 아님을 알고는 있지만 주장 가능하다는 것이다. 이 주장의 문제를 또 다른 그의 주장과 관련하여 생각해보자.

모들린은 T-도입과 T-제거 모두 타당하다고 말한다. 즉

$$A/Tr(\langle A \rangle)$$

는 진리 보존적인 타당한 추론이다. 그러나 A가 주장 가능하다고 $Tr(\langle A \rangle)$가 항상 주장 가능한 것은 아니라고 말한다. 즉 이 추론은 진리를 보존하지만 주장 가능성을 보존하지는 않는다. 그는 왜 이런 주장을 하는 것일까? 다음 추론을 생각해보자.

$$(\lambda)/Tr(\langle \lambda \rangle)$$

모들린은 T-도입과 T-제거는 진리 보존적인 타당한 추론이라고 주장하므로 위의 추론도 타당하다. 그런데 거짓말쟁이 문장은 주장할 수 있어도, 그의 이론에 따르면 거짓말쟁이 문장은 참이 아니므로 '거짓말쟁이 문장이 참이다'고 주장할 수는 없다. 따라서 위의 추론이 타당하다고 할지라도 주장 가능성을 보존하지는 않는다는 것이다.

그러나 모들린 자신이 "Tr(⟨A⟩)는 'A'의 표기상의 변형 이상이 아니다"고 말한다.[28] 그렇다면 위 표현이 지시하는 문장은 진리치가 동일해야 할 뿐만 아니라 이 두 문장에 대한 우리의 태도도 동일해야 하는 것 아닌가? 이에 대해서 모들린은 거의 모든 일상적인 담론은 T-도입의 추론에서 진리뿐만 아니라 주장 가능성도 보존되지만 의미론적인 담론의 경우 주장 가능성이 보존되지 않을 수 있다고 말한다. 그러나 누군가가 "모들린의 의미론에는 참이 아닌 진술이 포함되어 있다"고 말한다면 그 사람은 그 진술을 통해서 모들린의 이론에 대해서 동의하지 않음을 표현하고 있는 것이다. 그런데 모들린도 자신의 이론에 참이 아닌 진술이 있음을 인정하면서도 그 진술을 주장을 할 수 있다고 말한다. 그렇다면 그의 이론에 참이 아닌 진술이 있다는 주장보다 더 강하게 그의 이론에 대한 불일치를 표현할 수 있는 방법은 무엇인가?

모들린에 대한 또 다른 비판은 그의 의미론에 따르면, 흔히 '참말쟁이 문장'이라고 불리는 다음의 문장도 역설을 낳는데 이는 받아들이기 어려운 귀결이다.

(τ) 이 문장은 참이다.

모들린에 따르면, (τ)는 기반을 갖지 않은 문장이므로 참이 아니다. 즉 다음 문장 (τ′)은 참이다.

(τ') (τ)는 참이 아니다.

그런데 (τ)는 참이 아니고, (τ)가 가리키는 것은 $T(\langle\tau\rangle)$이므로, 결국 $\neg T(\langle\tau\rangle)$ 즉 "'이 문장은 참이다'가 참이 아니다"는 것이 따라 나온다. 모들린의 설명에 따라 (τ')을 받아들이면, '이 문장은 참이다가 참이 아니다'라는 것이 따라 나오므로, '이 문장은 참이 아니다'라는 강화된 거짓말쟁이 문장, ($\lambda\lambda$)가 따라 나오는 셈이다. 앞에서 살펴본 것처럼, 강화된 거짓말쟁이 문장으로부터는 역설이 도출된다. 다시 말해서 모들린의 의미론은 '참말쟁이 문장(τ)는 참이 아니다'라고 주장하는 결과를 낳는데, 결국 거짓말쟁이 문장뿐만 아니라 참말쟁이 문장도 역설을 낳게 되는 것이다. 물론 모들린은 위의 논변에 대해서도 참 개념과 주장의 허용 가능성 개념을 구별함으로써 대답하려고 시도할 것이다. 그러나 위에서 보았듯이 주장 가능성 개념과 참 개념의 구별은 반직관적인 또 다른 문제에 부딪힐 수밖에 없다.

또 다음 두 문장에 대해서 생각해보자.

(X) (τ)는 모들린의 지시도에서 순환적으로 표현된다.

(Y) (τ)는 기반을 갖지 않는 문장이다.

모들린의 의미론에 따르면, (X)는 참이다. 왜냐하면 어떤 문장을 이름하는 것이 모들린의 지시도에서 순환적으로 표현된다는 사실은 비의미론적인 사실의 세계의 일부이고, 따라서 (X)는 사실의 세계에 뿌리를 두고 있는 셈이며 따라서 참 또는 거짓의 값을 갖게 될 것이기 때문이다. (X)의 참이 비의미론적인 세계에 의해서 결정될 수 있다면, (Y)는 (X)와 의미론적으로 동치이기 때문에 (Y)의 참도 그러해야 할 것이다. 그러나 모들린은 (Y)가 주장 가능한 문장이기는 하지만 참은 아니라고 말할 것이다. 이러한 반론에 대해서 그는 (X)와 (Y)가 동일한(synonymous) 문장이 아니라고 대답한다. "[이 두 문장은] 완전히 다른 논리적 형식을 가지고 있다. [(X)]는 아무런 논리적 용어도 포함하지 않는 경계문장이지만, [(Y)]는 '기반을 갖지 않는'이라는 논리적 술어를 포함하고 있다. 따라서 동의어에 의해서 전자의 참으로부터 후자의 참을 얻을 수 없다"고 말한다.[29] 어떤 문장이 다른 논리적 형식을 가지고 있다고 해서 두 문장이 의미론적으로 동치일 수 없는 것은 아니다. '2는 짝수이다'와 '1의 계승수는 짝수이거나 3의 이전 수는 짝수이다'는 의미론적으로 동치이지만 명백하게 논리적 형식은 다르다. 그러므로 논리적 형식이 다르다고 해서 의미론적으로 동치일 수 없다는 모들린의 주장은 받아들이기 어렵다. 그는 아마 그런 의미에서의 논리적 형식이 다르기 때문에 두 문장이 동치일 수 없다고 말하고 있는 것이 아니라, 한 문장은 의미론적 술어를 포함하지 않지만 다른 문장은 의미론적 술어를 포함하고 있다는 차이 때문에 두 문장이 의미론적으로 동치일 수 없다고 주장할 수 있을 것이다. 그렇다면 그는 다음 두 문장도 의미론적으로 동치일 수 없다고 주장해야 할 것이다.

(A) 2는 짝수이다.
(B) 2는 짝수라는 것은 참이다.

그런데 모들린의 이론에 따르더라도, (A)는 경계문장으로 참이고, (B)는 (A)를 ISC로 갖는 참인 문장이다. 즉 이 문장 모두 참이고 의미론적으로 동치이다. 그리고 모들린도 T-도입과 T-제거의 추론은 진리 보존적인 타당한 추론이라고 인정하기 때문에, 이 두 문장도 동치라는 점을 인정할 것이다. 결국 의미론적 술어를 포함하는 문장과 그렇지 않은 문장은 그 이유 때문에 의미론적 동치일 수 없다는 주장도 일반적으로 받아들이기 어렵다.

모들린은 크립키의 초완전성 견해가 부딪히는 문제, 복수의 문제와 언어의 위계에 호소할 수밖에 없는 문제를 피하면서 진리에 대한 우리의 일상적 직관과 부합하는 초완전성 견해를 제시하고자 했다. 그런데 그의 이론에 따르면, 거짓말쟁이 문장은 참이 아니지만 '거짓말쟁이 문장이 참이 아니다'는 문장도 참이 아니다. 이러한 제안은 다시 복수의 문제에 부딪히게 되어 복수의 문제를 낳지 않는 의미론을 구성하려는 모들린의 시도는 성공적이지 않다. 그는 이 문제를 참 개념과 주장 가능성 개념을 구별하여 해결하려고 한다. 즉 '거짓말쟁이 문장이 참이 아니다'가 참은 아니지만 주장을 할 수는 있다고 말함으로써를 복수의 문제를 피하려고 한다. 그러나 그것은 그가 기대했던 것과 달리 진리술어에 관한 우리의 일상적 직관과 일치하지 않으며, 그와 관련하여 제기되는 문제들을 피하기 위해서 그가 제안하는 방식은 그 문제 자체를 피하기 위한 것 이외에 다른 설명력을 갖지 않는 미봉적인 해결책일 뿐인 것으로 보인다.

3. 필드의 초완전성론

필드(H. Field)는 『역설로부터 진리 구하기』(2008)와 이전의 여러 논문을 통해서 거짓말쟁이 역설에 대한 해결책을 제시하면서, 자신의 견해는 다른 해결책과 달리 진리에 관한 우리의 일상적인 직관을 유지하면서 강화된 거짓말쟁이 역설과 같은 복수의 문제를 피할 수 있다고 주장했다. 그는 거짓말쟁이 문장과 같은 병리적인 문장에 대해서 배중률(Law of Excluded

Middle: 이하 LEM)의 성립을 부인하는 일종의 초완전성(paracompleteness) 견해 또는 진리치 틈새 이론(gap theory)이라고 불리는 견해를 제시한다. 그는 초완전성 견해에 대한 전형적인 비판 몇 가지를 살펴본 후, 자신의 이론은 진리론 이외에 결정성 연산자를 도입하여 '결정적으로 참임 (definitely true)'에 대한 부가적인 이론을 덧붙임으로써 초완전성 견해가 일반적으로 직면하는 복수의 문제를 피하고 반직관적인 단점을 극복할 수 있다고 주장한다.

다음과 같은 거짓말쟁이 문장을 생각해보자.

(λ) 이 문장은 참이 아니다.

(λ)와 타르스키의 T-도식이 주어지면 고전 논리체계에서 모순이 발생하는데, 이에 대한 대체적인 해결책은 T-도식을 제한함으로써 해결하려고 하는 것이다. 필드는 이러한 해결책을 비판하면서, T-도식과 같은 의미론의 원리를 제한하는 것이 언제나 고전 논리학을 수정하는 것보다 선호되어야 한다는 생각은 일종의 논리적 독단주의(logical dogmatism)라고 말한다.[30] 그에 따르면, 진리술어는 무한한 연언이나 선언의 장치 또는 보다 정확하게 양화사와 같은 장치이고 이것은 진리술어가 결정적으로 T-도식과 진리술어의 투명성(transparency)에 의존하는 논리적 역할을 한다는 것을 의미한다. 필드는 또 자신이 소박한 진리론(Naive Theory of Truth: 이하 NTT)이라고 부르는 이론에서 진리술어가 갖는 속성 중 다음과 같은 대체 가능성 원리(Intersubstitutivity Principle: 이하 IP)가 보존되어야 한다고 주장한다.

(IP) φ와 ψ가, 하나는 하위 정식으로 "A"를 가지고 있고, 다른 하나는

"〈A〉는 참이다"를 가지고 있다는 점을 제외하고는 동일하다면, 우리는 정당하게 φ로부터 ψ를, ψ로부터 φ를 추론할 수 있다.[31]

즉 필드의 NTT는 (IP)와 그가 (T)라고 부르는 원칙, 즉 타르스키의 T-도식의 모든 사례를 참으로 하는 진리 원칙으로 구성된다.

(T) $Tr(\langle\varphi\rangle)\leftrightarrow\varphi$

이 두 개의 진리에 관한 원칙과 거짓말쟁이 문장이 주어지면 모순을 낳는 역설이 발생한다는 것은 잘 알려져 있다.

그러한 역설을 해결하기 위해서 제시된 방안은 대체로 두 가지다. 하나는 (λ)와 같은 병리적 문장을 T-도식에 적용하는 것을 제한하는 방안을 비롯한 전통적인 진리개념을 수정하려는 것이고, 다른 하나는 고전 논리학의 원리 중 일부를 수정하려는 것이다. 필드는 진리 수축론을 받아들일 수 있다면, 진리개념에 대한 직관을 수정하려고 하기보다는 고전 논리학의 원리를 수정하는 것이 의미론적으로나 논리적으로 더 나을 것이라고 주장한다. 즉 그는 (T)나 (IP)를 제한하는 것보다, '또는' '그리고' '아니다' 등과 같은 논리적 용어와 관련된 원칙을 제한하는 쪽을 택한다. 나아가서 그는 진리술어에 관한 논리를 수정하는 것도 일종의 논리학의 수정이기 때문에, 역설에 대한 해결책을 평가할 때, 평가되어야 하는 것은 진리론을 포함하는 전체 논리학이어야 한다고 주장한다. 그가 제시한 해결책은 진리술어의 기본적 속성인 두 개의 원칙을 보존하면서 LEM의 일반적인 타당성을 거부하는 초완전성 견해이다. 그는 크립키의 최소 고정점 이론과 굽타와 벨납의 진리 수정론을 차용하여, 거짓말쟁이 역설을 비롯한 의미론적 역설을 해소하는 자신의 진리론을 구성한다.

3.1 필드의 진리론

필드의 핵심적인 과제는 거짓말쟁이 역설을 피하고 고전 논리학을 통한 일상적인 추론을 가능한 한 최소한으로 수정하면서 (IP)와 (T)를 제한하지 않은 채로 유지하는 최선의 방법을 제시하는 것이다. 결국 그가 자신의 진리론을 통해서 달성하고자 하는 목표를 다음과 같이 정리할 수 있다.[32]

> 1) (T)의 모든 사례가 타당함과 (IP)를 보존할 것.
> 2) 병리적 문장에 대한 적절한 의미론적 설명을 제공하고 모든 의미론적 역설을 해소할 것.
> 3) 강화된 역설과 같은 복수의 문제를 낳지 않을 것.
> 4) 일상적 추론을 훼손하지 않도록 가능한 한 고전 논리학을 최소한으로만 수정할 것.

필드는 이러한 목적을 달성하기 위해서 진리술어를 갖지 않고 일상적인 논리적 용어에 자신이 도입한 조건 기호 '→'를 포함하는 일계 언어 $\mathcal{L}$로 시작한다. $\mathcal{L}$은 비논리적 기호(non-logical symbols)가 고전적 모형 $M = \langle D, I \rangle$으로 해석되는 언어이고, 자신의 구문론을 표현하기에 충분한 언어라고 하자.(여기서 D는 $\mathcal{L}$의 문장에 대한 이름이다.) 그런 다음, 그는 $\mathcal{L}$에 진리술어(Tr)를 포함하도록 $\mathcal{L}^+$로 확장한다. $\mathcal{L}^+$의 문장들은 처음에는 세 개의 진리치 $\{0, \frac{1}{2}, 1\}$을 갖는 의미론적 구조인 클린의 강한 3치 논리에 따라 해석된다. 필드의 의미론에서 가장 중요한 특징은 그가 도입한 조건문이 평가되는 방식이다. 필드는 $\mathcal{L}^+$의 의미론을 만들어내기 위해서 여러 진리론의 아이디어를 결합하는데, 우선 진리술어에 대한 해석을 정의하기 위해서 크립키의 고정점 이론을 사용하고, 자신이 도입한 조건 기호에 대한 해석을 정의하기 위해서 굽타와 벨납의 수정 규칙을 사용한다. 그 해석들은 일련의 초한적(transfinite) 단계로 구성된다.

D의 부분집합인 Z가 '→'를 주연결사로 갖는 $\mathcal{L}^+$의 문장의 이름으로 이루어진 집합이라고 하자. 0, $\frac{1}{2}$, 1의 값을 갖는 클린의 값매김 도식을 사용하면, $\mathcal{L}^+$에 대한 최소 고정점을 구성할 수 있다. 이렇게 구성된 최소 고정점은 $\mathcal{L}^+$의 원자문장의 토대 위에서뿐만 아니라 Z의 원소들에 대해서도 구성된다는 점에서만 크립키의 최소 고정점과 구별된다. $\mathcal{L}^+$의 정식들의 초기 값매김 γ가 주어지면, 이 구성은 우리에게 토대 모델 M에 대해서 γ에 대한 최소 고정점을 제공하는데, 이를 γ^M라고 쓰기로 하자. 그 과정에서 조건적인 정식들은 모두 [일반화된] 원자 정식으로 간주된다. 초기에 우리는 모든 조건문에 $\frac{1}{2}$의 값을 부가하는 값매김 γ_0를 갖는다. 고전 모델 M을 사용하면 γ_0은 모든 원자 정식으로 확장될 수 있다. 필드는 크립키의 최소 고정점 구성 방식을 사용하여 (IP)를 보존하는 진리술어에 대한 값매김 X_0에 도달한다. 그러나 $\mathcal{L}^+$에 포함된 조건 기호는 X_0에 의해서 결정된 값매김에서 구성적(compositional) 의미론을 갖지 못한다. 왜냐하면 그 조건문은 모두 그 전건과 후건의 값에 상관없이 $\frac{1}{2}$의 값을 갖기 때문이다. 필드는 이런 문제를 해결하기 위하여 굽타와 벨납의 수정 규칙을 도입한다.

조건문에 대한 새로운 값매김, γ_1은 다음 규칙에 따라 정의된다. 즉, γ_1은 조건문의 전건의 값이 후건의 값(X_0와 관련하여)보다 클 때 그 조건문에 0을 할당하고, 그렇지 않으면 1을 할당한다. 그래서 γ_1은 또 다른 크립키 식의 고정점 X_1을 구성할 수 있게 해준다. 그리고 그 고정점은 진리술어에 대한 새로운 해석을 제공해주는데, 그 해석은 조건문들에 대한 보다 적합한 평가를 제공한다. 이러한 구성은 수정 규칙을 이용해서 초한

적으로 반복될 수 있다.[33]

$|A|_\alpha$는 단계 α에서 문장 A의 값을 나타낸다.

$$|A \rightarrow B|_\alpha = 1 \text{ if } (\exists\beta\langle\alpha)(\forall\gamma)[\gamma\leq\beta\langle\alpha\rightarrow|A|_\gamma\leq|B|_\gamma]$$
$$= 0 \text{ if } (\exists\beta\langle\alpha)(\forall\gamma)[\gamma\leq\beta\langle\alpha\rightarrow|A|_\gamma\langle|B|_\gamma]$$
$$= \frac{1}{2} \text{ otherwise.}$$

수정 과정에서 각 문장, φ는 위와 같은 세 가지 방식 중 하나로 나타난다. 즉 $\beta\geq\alpha$인 모든 서수 β에서 $|\varphi|_\alpha=1$인 그런 서수, α가 있거나, $\beta\geq\alpha$인 모든 서수 β에서 $|\varphi|_\alpha=0$인 그런 서수, α가 있거나, 이 두 가지 중 어느 것도 아닌 경우가 있다. 앞의 두 경우는 φ의 궁극적인 값이 각각 1과 0이라고 말하고, 세 번째 경우에서 φ의 궁극적 값은 $\frac{1}{2}$이라고 말한다. 세 번째 경우에서 φ는 궁극적으로 특정한 서수 α 이후에 불변적인 값 $\frac{1}{2}$을 갖거나 그것의 진리치가 둘 또는 그 이상의 진리치 사이에서 진동하는 상황이 발생한다. $\mathcal{L}^+$의 정식들의 궁극적인 값은 (IP)와 (T)를 만족하는 $\mathcal{L}^+$에 3치 의미론을 제공하고 많은 고전 규칙과 원칙을 존중하는 조건 기호를 갖는다. 이렇게 새로운 조건 기호를 도입하면 클린의 3치 논리와 달리 (T)의 모든 사례를 타당하게 할 뿐만 아니라, A→A를 비롯해서 다른 합리적인 규칙들, 예컨대 전건 긍정식과 A↔B로부터 Ψ(A)↔Ψ(B)로의 추론(여기서 Ψ(A)는 하위 정식으로 A를 포함하고 있는 정식이다) 등을 타당하게 한다.[34] 그런데 (T)의 모든 사례가 타당하고 (IP)가 보존되면, 다음과 같은 논증을 통해서 모순이 연역된다.

(A1) LEM에 의해서 $\mathrm{Tr}(\langle\lambda\rangle)\vee\neg\mathrm{Tr}(\langle\lambda\rangle)$이다. $\mathrm{Tr}(\langle\lambda\rangle)\leftrightarrow\neg\mathrm{Tr}$

(⟨λ⟩)가 주어지고, 쌍조건문에 대한 고전적 정의가 주어지면, 전건 긍정의 규칙만을 사용하는 '경우에 의한 증명(proof by cases)'을 통해서 Tr(⟨λ⟩)∧¬Tr(⟨λ⟩)이라는 모순이 연역된다.

필드는 쌍조건문에 대한 고전적 정의와 경우에 의한 증명 그리고 전건 긍정의 규칙을 보존하려고 하기 때문에, 그는 (A1)의 모순을 피하기 위해서 LEM의 타당성을 제한해야 한다. 그의 견해에 따르면, φ도 ¬φ도 참이 아닌 그런 문장 φ가 있다. 즉,

(∃φ){¬Tr(⟨φ⟩) ∧ ¬Tr(⟨¬φ⟩)}

이다. 결국 필드가 제시한 논리체계는 LEM을 제한하는 일종의 초완전성 견해이다. 그러나 다음 논증을 생각해보자.

(A2) Tr(⟨λ⟩)가 사실이라고 가정하자. Tr(⟨λ⟩)↔¬Tr(⟨λ⟩)가 주어지면 쌍조건문의 고전적 정의와 전건 긍정 규칙에 의해서 ¬Tr(⟨λ⟩)이 추론된다. 그러므로 Tr(⟨λ⟩)∧¬Tr(⟨λ⟩)이 얻어진다. 이 초기의 가정의 귀류법 규칙은 ¬Tr(⟨λ⟩)이 사실임을 보여준다. 그러나 전건 긍정 규칙을 다시 적용하면 Tr(⟨λ⟩)↔¬Tr(⟨λ⟩)로부터 Tr(⟨λ⟩)가 얻어진다. 따라서 우리는 Tr(⟨λ⟩)∧¬Tr(⟨λ⟩)를 얻게 된다.

여기서 LEM은 아무런 역할도 하지 않는다. (A2)는 LEM을 거부하고 귀류법 규칙에 동의하는 논리학자들이 완벽하게 받아들일 수 있는 추론이다. 결국 필드의 논리학은 LEM에 대한 제한 이외에도 또 다른 제한을 필요로 하는 셈이다. 가장 중요한 것은 (A2)에서 사용되는 귀류법과

조건적 증명이라는 두 개의 기본 규칙이다. 이런 이유 때문에 필드는 귀류법과 조건적 증명을 LEM이 성립하는 문장에만 적용해야 한다고 말한다.

그뿐 아니라 필드의 체계에서 커리의 역설(Curry's Paradox)과 같은 다른 의미론적 역설을 해소하기 위해서 다른 고전적으로 타당한 다음과 같은 추론 규칙이나 원칙도 제한되어야 한다.[35]

수입: $A \rightarrow (B \rightarrow C) \vDash (A \wedge B) \rightarrow C$

수출: $(A \wedge B) \rightarrow C \vDash A \rightarrow (B \rightarrow C)$

축약: $A \rightarrow (A \rightarrow B) \vDash A \rightarrow B$

순서: $A \rightarrow (B \rightarrow C) \vDash B \rightarrow (A \rightarrow C)$

게다가 필드의 논리체계에서는 규칙 형식의 추론은 타당하지만 그에 대응하는 논리법칙은 타당하지 않다. 예컨대, 전건 긍정의 규칙 ($A, A \rightarrow B \vDash B$)은 타당하지만, 논리법칙으로서 ($A \wedge (A \rightarrow B) \rightarrow B$)의 정식은 타당하지 않다. 필드는 이러한 비대칭성을, 조건문을 주장하는 것 (assertion of a conditional)과 주장을 조건적으로 하는 것(conditional assertion) 사이의 차이를 통해서 설명한다.

경험적 맥락에서 조건적으로 주장하는 것은 대응하는 (실질) 조건문을 주장하는 것과 아주 다르다는 것은 잘 알려진 것이다. '내가 2008년 대통령 선거에 출마한다'는 전제가 주어질 때, '내가 2008년 대통령에 당선될 것이다'라는 조건적 주장은, [조건적 전제]가 주어질 때 [귀결절]의 조건적 확률이 극도로 낮기 때문에, 적절하지 않다. 반면에 '내가 2008년 대통령 선거에 출마한다면 나는 대통령에 당선될 것이다'는 실질 조건의 주장은 적절하다. 왜냐하면 그것은 '내가 2008년 대통령 선거에 출마하지 않는다'

로부터 따라 나오기 때문이다.[36]

물론 적절한 어떤 주장이 논리적 확실성을 요청하는 맥락이라면 조건적으로 주장하는 것과 조건문을 주장하는 것 사이의 차이는 사라진다. 즉 우리가 어떤 실질조건문에 대해서 논리적으로 확신한다면 그에 대응하는 조건적 주장을 논리적으로 할 수 있다. 이런 이유 때문에 논리적 맥락에서는 어떤 주장을 조건적으로 한다는 것은 잘 나타나지 않는 경향이 있다. 그러나 필드는 초평가주의 견해에서는 다음의 타르스키 조건문에 대한 믿음이 모든 A에 대해서 정당하다는 것을 부인해야 한다고 말한다.

$$Tr(\langle A \rangle) \rightarrow A$$
$$A \rightarrow Tr(\langle A \rangle)$$

즉 이것들은 조건문에 대한 타당한 주장이 아니다. 그러나 초평가주의의 핵심적인 생각은 $Tr(\langle A \rangle)$의 토대 위에서 A를 조건적으로 주장하는 것과 그 역을 주장하는 것이 타당하다는 것이다. 이렇게 A가 주어질 때, $Tr(\langle A \rangle)$를 조건적으로 주장하는 것은 논리학만으로 정당화된다. 다시 말해서, 조건적으로 주장하는 것과 조건문을 주장하는 것은 엄격함의 정도에서 다르다는 것이다. 그래서 필드는 "표준적인 논리학에서는 이 둘이 우연히 일치하지만, 역설에 대한 초평가주의적 해결책에 따르면, 진리 규칙의 경우에 이 둘은 일치하지 않는다"고 말한다.[37]

그는 또한 추론의 전제가 LEM을 만족하는 경우에는 고전 논리가 안전하게 적용될 수 있기 때문에 이러한 손실은 그렇게 심각하지 않다고 주장한다. 다른 이론들이 가지고 있는 좋지 않은 자기 반성적 성질들과 비교해볼 때, 초완전성 이론은 비록 그 이론의 몇몇 논리 규칙이 진리 보존적이라는 주장을 할 수 없는 경우가 있기는 하지만, 그 이론에 포함된 모든 공리는 참이고, 모든 진리 규칙은 참을 보존한다고 주장한다.

필드는 병리적인 문장에 대한 의미론적 설명을 제시하기 위해서 결정성 연산자, D를 도입한다. 결정성 연산자는 적어도 외견상으로는 새로운 역설을 야기하지 않으면서 병리적 문장을 기술하는 데 사용될 수 있다. DA는 A보다 일반적으로 더 강하기 때문에 DA는 A를 함축한다. 즉 다음이 성립한다.

$$\vDash DA \rightarrow A$$

먼저 필드는 D에 대한 의미를 설명하기 위해서 $D\varphi$를 일반적으로 '$(\varphi \wedge \neg(\varphi \rightarrow \neg\varphi))$'로 정의한다. φ가 병리적인 문장일 때, 그것이 병리적임을 '$(\neg D\varphi \wedge \neg D\neg\varphi)$'로 표현할 수 있고, 그것은 참인 문장이다. 이는 결정성 연산자가 그 언어로 정의될 수 있음을 보여주고, 따라서 이 연산자와 관련하여 일관성의 문제는 발생하지 않음을 보이는 것이다. 새로운 결정성 연산자와 괴델의 대각화 정리를 이용하면, 거짓말쟁이 문장과 유사한 새로운 병리적인 문장을 만들어낼 수 있다. $\neg D\lambda_1$과 논리적으로 동치인 (λ_1)을 생각해보자. 즉,

· (λ_1) (λ_1)은 결정적으로 참은 아니다.

이 문장을 $\neg D\lambda_1$으로 해석하면 역설이 발생한다. 그러나 필드의 의미론에 따르면 $\neg DD\lambda_1$은 참이다. 다시 이것은 새로운 거짓말쟁이 문장과 유사한 문장 $\neg DD\lambda_2$와 동치인 (λ_2)를 만들어낼 수 있게 한다. 이런 식의 반복은 다음과 같은 거짓말쟁이 문장의 위계를 나타내는 도식을 사례화

함으로써 만들어질 수 있다.[38]

$$\lambda_n =df \neg D^n Tr(\langle \lambda_n \rangle)$$ (여기서 n은 초한 서수이고, D^n은 D 연산자의 n번 반복이다.)

일반적으로 말해서, $\neg D^n Tr(\langle \lambda_n \rangle)$과 동치인 (λ_n)이 만들어진다. 그 구성은 한계 경우인 w까지 확장될 수 있다.

$$D^w \varphi =df \ \forall x \langle w [Tr(\langle D^x \varphi \rangle)]$$

문제는 이러한 구성이 얼마나 확장되어 초한 서수에까지 이를 수 있는가이다. 필드는 자신의 구성이 $\mathcal{L}^+$에서 계통적으로(hereditarily) 정의될 수 있는 서수(즉 $\mathcal{L}^+$에서 정의될 수 있으며, 이전의 모든 서수도 $\mathcal{L}^+$에서 정의될 수 있는 그런 서수)에 대해서 성립함을 보인다. 필드가 제시한 구성의 핵심은 D^n이 그 언어에서 계통적으로 정의될 수 있는 한, 대응하는 문장 (λ_n)은 역설을 만들지 않는다. 왜냐하면 $D^n\lambda_n$에 대한 LEM, 즉 $D^n\lambda_n \vee \neg D^n\lambda_n$이 성립하지 않기 때문이다. 그리고 (λ_n)은 정확하게 $\neg D^{n+1}\lambda_{n+1}$로 분류될 수 있다. 이 거짓말쟁이 위계의 문장들에 대한 강화된 거짓말쟁이 문장은 직관적으로 $\neg D^\infty \lambda_\infty$와 동치인 (λ_∞)일 것이다. 여기서 $D^\infty \varphi$는 거짓말쟁이 위계에서 모든 D^n에 대해서 φ가 $D^n\varphi$라는 사실을 표현한다. 그러나 $D^\infty \varphi$가 결정성 연산자 D의 잘 작동하는 반복을 모두 양화하는 것이라면 그것은 그 자체로 제대로 작동되는 것이 아니고 새로운 역설을 만들어내지는 않는다. 이것은 다른 방식으로 정확하게 만들어질 수 있고 필드는 그중의 어떤 것도 새로운 역설을 만들어내지 않는다고 주장한다. 그는 이 점 때문에 그의 언어가 메타언어로서 역할을 하기에 충분히 강력하게 확장될 필요가 없다고 생각한다.

필드는 다른 견해와 비교하여 자신의 이론의 우월성을 입증하는 방식으로 자신의 이론을 정당화하려고 한다. 그에 따르면, 고전 논리학을 그대로 유지하면서 NTT를 수정하려는 고전적인 해결책은 (T)를 제한해야 하는데 그 결과는 매우 기이한 결론을 낳을 수밖에 없다. (T)에 있는 쌍조건의 왼쪽에서 오른쪽 방향을 제한할 경우, 즉 T-제거 규칙을 제한하면, 어떤 문장 자체는 정리로 갖지 않지만 그 문장이 참이라고 말하는 문장은 정리로 갖게 되는 그런 문장이 있음을 인정해야 하고, 반대로 (T)의 오른쪽에서 왼쪽으로의 방향을 제한할 경우, 즉 T-도입 규칙을 제한하면, 어떤 문장이 참이라고 말할 수 없지만 그 문장을 정리로 갖게 될 것이기 때문이다. 필드는 그러한 고전적 해결책의 여러 버전들을 신중하게 검토하고 그런 견해들이 궁극적으로 병리적인 문장에 대해서 LEM을 제한하는 것보다 심각한 문제를 가지고 있다고 주장한다.

또 필드는 (T)를 유지하지만, 참이면서 동시에 거짓인 양진문장이 있다고 주장하는 초일관성 견해와 자신의 견해를 비교한다. 그는 초일관성 견해가 양진주의로부터 전진주의로의 진행을 봉쇄하는 여러 장치를 제시하지만, 결정적 참과 결정적 거짓을 표현하는 문제에 직면해서 참인 모순이 계속해서 확장될 수밖에 없음을 논증하면서 초일관성 견해가 직관적이지 않다고 비판한다.

3.2 필드의 진리론에 대한 평가

필드가 (IP)를 자신의 진리론에 대한 필수조건으로 규정하는 동기는 진리술어가 일상 언어에서 수행한다고 직관적으로 믿어지는 점을 설명하기 위해서이다. 진리 축소주의자로서 그는 진리술어가 일상 언어에서

하는 핵심적 기능은 연언과 선언으로 해석되는 일종의 양화사의 기능이라고 말한다. 진리 축소주의를 받아들이지 않는다고 할지라도 (IP)는 진리개념에 대한 직관을 포착하고 있다는 점에서 필드가 (IP)를 필수조건으로 채택하는 동기에 대해서 긍정적으로 평가할 수도 있을 것이다. 그는 (IP)가 진리개념을 포함하는 일상적 추론의 본질적인 특성이라고 보기 때문에 옳은 진리론은 (IP)를 따라야 한다고 주장한다. 그러나 일상적인 추론이 (IP)를 따른다고 할지라도 (IP)가 단순히 일상적인 추론의 원칙일 수 있는지는 별개의 문제이다. (IP)는 암묵적으로 보편양화사를 앞에 가진 것, 즉 (IP)는 모든 문장 (φ)와 (ψ)에 대해서 성립하는 원칙이라고 해석해야 한다. 그래서 (IP)가 진리론을 구성하는 원칙이 되기 위해서는 그것이 단순히 일상적인 사용에서 등장하는 문장만이 아니라 모든 문장을 지배하는 규칙이어야 한다.

　(IP)가 진리와 관련된 우리의 일상적인 추론 행위의 중요한 특성을 포착한다고 해서, 왜 (IP)를 진리 이론을 평가하는 보편적인 원칙으로 간주해야 하는가? 즉 왜 우리는 (IP)를 제한하는 진리 이론은 항상 정당하지 않은 것으로 여겨야 하는가? (IP)가 병리적인 경우에도 성립해야 한다고 전제함으로써, (IP)를 문제가 되지 않은 경우를 넘어 확장하는 것은 잘못이라고 생각하는 것이 오히려 자연스럽지 않은가? 결국 필드의 방식으로 (IP)를 사용하는 것은 그 원리를 진리의 본성에 대한 하나의 선험적 규정으로 옹호하는 것이고 그렇게 실재적인 규정으로 삼는 것이 반드시 옳다고 할 근거는 없다. 진리 이론은 일상적 추리 행위에 의해서 제공된 자료를, 비일관성을 피하면서 가능한 한 적절하게 포착할 수 있어야 한다. 만약 이런 목적을 잘 충족시키는 어떤 진리 이론이 (IP)와 보편적으로 일관된다는 사실이 밝혀진다면, (IP)는 지켜져야 할 원칙이 될 것이다. 그러나 (IP)와의 일관성은 그 이론이 구성된 이후에 비로소 검토되어야

하는 것이지 처음부터 필수조건으로 규정되어야 할 원칙이라고 생각해야 할 이유는 없다.

이제 필드가 도입한 조건문에 대해서 생각해보자. 그는 진리에 대한 크립키의 고정점 이론에 대해서 "그 이론은 너무 약해서 일상적 추론을 수행할 수 없다"고 비판한다.[39] 특히 필드는 클린의 3치 논리학은 LEM을 거부하고 따라서 일반적인 법칙으로서 'A⊃A'도 거부해야 한다는 점에 주목한다. 이러한 문제점을 해결하기 위해서 그는 크립키의 고정점 언어에 새로운 조건 기호를 부가할 것을 제안한 것이다. 물론 실질조건과 다른 논리적 연결사로 조건 기호를 도입하는 것 자체를 문제 삼을 수는 없다. 그런데 그가 도입한 조건 연결사는 적절한 해석을 갖지 않는다. 필드는 다음과 같이 말한 적이 있다.

> '만약 ~라면(if ~ then)'에 대해서 [소박한] 진리론을 유지하게 해주는 합리적이고 충분하게 강력한 논리학을 갖는다면 그리고 모순이 발생하지 않음을 설명하는 '만약 ~라면'에 대한 일종의 해석을 갖는다면 매우 좋을 것이다. (…) 나는 그것을 통해서 모순이 발생하지 않는다는 것을 정당화할 수 있는, '만약 ~라면'을 어떻게 이해해야 할지에 대한 진지한 제안을 할 수 없다.[40]

그러나 그는 2008년 저서에서도 이에 대한 별다른 해석이 없을 뿐만 아니라, 언급조차 하지 않는다. 그것은 우리가 일상 언어를 사용하여 수행하는 추론과 완전히 다른 조건문이기 때문인 것 같다. 다시 말해서, 필드는 크립키의 진리론이 일상적 추론을 수행할 수 있도록 개선하려고 시도하는데, 그 방법이 일상적 추론에는 그 유사성을 찾을 수 없는 논리적 연결사를 가진 구조로 대체해버린 셈이다.

필드가 (IP)와 (T)를 진리론의 필수조건으로 보는 이유는 그것들이 일상적 진리 추론의 원칙이라고 여기기 때문이었다. 그가 나중에 자신의 이론이 이러한 요구조건을 충족시킨다는 것을 증명하기 시작했을 때, 그는 조건문을 포함하는 이러한 원칙들이 모두 자신의 이론에서 성립함을 보이기는 했지만, 조건문을 포함하는 추론이 일상적 추론의 어떤 것과 유사한지에 대해서는 설명하지 않았다. 예를 들어서 그는 병리적 문장의 실질함축의 연언으로서의 쌍조건문인 '$(\lambda) \equiv (\lambda)$'이 성립하지 않는 문제가 있기 때문에, (IP)와 (T)를 유지하기 위한 수단으로 '$\rightarrow$'의 조건문을 도입하여 '$(\lambda) \leftrightarrow (\lambda)$'가 성립하도록 하였지만, 문제는 '$A \rightarrow A$'가 더 이상 자명해 보이는 일상적인 추론이 아니게 된 것이다. 그것은 일상적 추론과는 완전히 다른 조건문이기 때문이다. 필드가 도입한 조건 기호가 NTT에 의해서 포착된 일상적 추론과 관련된 직관과 어떤 상관이 있는지 의심스럽다.

필드가 자신이 도입한 조건문을 일상 언어로 적절하게 해석하지 못하는 가장 큰 이유는 그 조건문을 도입하려는 동기가 일상 언어에 대한 직관에 올바르게 근거되지 않았기 때문이다. 필드의 진리론을 굽타와 벨납의 진리 수정론과 비교해보자.[41] 굽타와 벨납은 진리개념에 대한 일상적인 용법과 그 술어가 보이는 일종의 병리적 행태에 근거하여 진리술어를 순환적 개념으로 보고 이를 진리 수정론의 방법을 통해 정의를 제공하려는 동기를 갖는다. 그들은 진리개념의 병리성은 순환적인 개념이 일반적으로 갖는 병리성과 유사한 증상을 갖는다고 생각하기 때문에 진리에 대한 순환적 정의를 제공한다. 이러한 동기는 그들이 계속해서 구성하는 이론의 함의와는 독립적이다. 예컨대 진리 수정론은 우연히 (T) 쌍조건문들을 보존하지만, 이 결과는 단순히 그 이론의 흥미로운 특징일 뿐이지 그 이론에 대하여 정당화 역할을 하지는 않는다. 그러나 이와 달리 수정론적 조건에 대해 정의하는 필드의 분명한 동기는 그렇게 하는 것이 그의 이론이 NTT와 부합하기 때문이다. 다시 말해서 그가 새로운 조건 기호를 도입하고 자신의 방식으로 정의하는 이유는 그렇게 하지 않으면 자신이 달성하려는 목표를 달성할 수 없기 때문일 뿐이다.

또한 필드가 도입한 조건 기호는 증명 이론에서 불투명(proof-theoretically opaque)하다는 문제점도 갖는다. 그도 이 조건 기호가 실질적 함축('⊃')에 대해서는 성립하는 여러 논리법칙이나 추론규칙을 보존하지 못한다는 점을 인식한다. 이러한 법칙이나 규칙들이 일상적 추론에서 본질적인 것은 아니라고 할지라도, 이러한 원리가 성립하지 않는 논리 체계는 일상적인 추론을 하기에 불충분한 체계일 수 있다. 필드는 자신이 도입한 조건문을 포함하는 논리를 위한 자연연역 체계는 고사하고, 그 조건문을 포함하는 증명을 수행하기 위한 증명적으로 완전한 규칙이나 법칙들의 집합을 제시하지 않았다. 예컨대, 필드의 논리체계에서 $(\varphi \rightarrow \psi)$ 형식의 정리는 어떻게 증명될 수 있을까? 또한 필드의 조건 기호에 대한 해석은 이상한 성질을 갖는다. 즉, 조건문의 값은 α 단계($\alpha > 0$)에서 그 단계에서의 그 조건문의 전건과 후건의 값의 함수가 아니고, 그 전 단계에서의 전건과 후건의 값에 대한 함수이다. 다시 말해서 $\gamma_\alpha^M(B)$와 $\gamma_\alpha^M(C)$의 값만 주어졌을 때, $\gamma_\alpha^M(B \rightarrow C)$의 값을 평가할 수 없고 $\gamma_{\alpha+1}^M$ $(B \rightarrow C)$의 값만 평가할 수 있을 뿐이다. 결국 필드의 조건 기호는 회귀적(recursive)이지 않다. 이 문제는 중첩된(nested) 조건을 가진 문장에서는 매우 심각하게 나타난다. 예컨대 (T)의 쌍조건문의 타당성과 관련하여, 만약 필드가 도입한 조건문이 동일한 단계의 값매김(평가)에서 문장을 구성하는 부분들의 값에 의해서만 평가된다면, 역설을 낳는 커리문장 $\mathrm{Tr}(\langle\!\langle C \rangle\!\rangle)$에 대한 (T)의 사례는 논리적으로 거짓이 될 것이다.[42]

필드 이론의 또 하나의 문제점은 그의 이론을 일상 언어에 적용하려고 할 때 발생한다. 그도 우리가 어떤 주장에 대한 반대(disagreement)를 표현하기 위해서 진리술어를 사용할 수 있다는 점을 받아들인다. 그는 의미론적 역설에 대한 다른 해결책을 비판하면서 그 해결책 중에는 진리술어의 이와 같은 용법을 수용하지 못하는 해결책이 있다고 주장한다. 그러나 이러한 문제와 관련하여 그의 해결책도 예외가 아니다. 예를 들어 필드는 초일관적인 양진주의에 반대하지만, 그는 이러한 자신의 반대를 표현하기 위해서 진리술어를 사용할 수 없을 것이다. 그는 "거짓말쟁이 문장은 양진문장이다"는 진술에 대해서 반대를 표현하기 위해서, "'거짓말쟁이 문장은 양진문장이다'는 참이 아니다"고 말해야 할 것이다. 그러나 그는 그렇게 말할 수 없다. 왜냐하면 그의 견해에 따르면 "'어떤 문장은 참이면서 거짓이다'는 참이 아니다"는 문장은 미결정적이기 때문이다. 물론 그의 이론에 따르면, 그 문장에 대해서 결정적으로 참이 아니라고 말할 수 있다. 그러나 이것은 전통적으로 진리술어에 부여되는 중요한 기능 중 하나를 결정성 연산자에 떠넘기는 것이다. 어떤 사람이 반대를 표현하기 위해서 일상 언어로 '~은 참이 아니다'라고 했을 때, 필드의 견해는 그 말을 어떻게 해석하게 하는가? 필드의 견해에 따르면 그 화자가 사용한 진리술어는 중의적(ambiguous)이라고 결론을 내리거나 그가 반대하고자 했던 문장은 미결정적(indeterminate)이라고 결론 내려야 할 것 같다. 결국 필드의 견해는 진리술어를 사용해서 어떤 주장에 대해서 반대를 표현하는 진술조차 결정적으로 해석하기 어렵게 하기 때문에, 사람들이 어떻게 성공적으로 의사소통을 하는지 설명하지 못하는 이론이라는 비판을 피하기 어렵다.

이제 필드의 진리론에 대해 본질적인 문제를 제기해보자. 왜 도대체 우리는 필드의 진리론을 받아들여야 하는가? 논리적인 문제에 대한 논의는 모두 규범적인 차원을 갖는다. 논리 체계를 기술한 후에, 우리가 그것에 따라 추론해야 하는지를 묻는 것은 의미가 있다. 그러나 보존되어야 할 원칙, 해결되어야 할 문제 등에 의해서 정의된 '올바름'의 기준을 염두에 두지 않는다면, 이 질문에 대답이 주어질 수 없다. 아마 필드의 진리론이 목표로 제시했던 것이 그의 이론의 규범적 배경이라고 할 수 있을 것이다. 만약 두 개의 이론이 같은 목표와 같은 규범적 기준을 공유한다면, 각각의 이론이 목표를 성공적으로 달성했는지를 평가함으로써 그들을 비교할 수 있을 것이다. 그러나 두 이론이 다른 목표를 추구하고 다른 규범적 기준에 관심을 가지고 있다면, 그 둘을 비교하는 것은 한층 복잡한 문제가 될 것이다.

필드는 여러 곳에서 진리는 단순히 양화사와 같은 논리적 장치일 뿐이라고 주장해왔다. 부분적으로는 이런 이유 때문에 그는 의미론적 역설을 피하고 가능한 한 일상적 추리를 최소한으로만 손상하면서 (IP)와 (T)를 제한하지 않고 유지하는 최선의 방법이 무엇인지를 논한 것이다. 그러므로 그의 진리에 대한 축소주의 견해는 그가 받아들일 만한 논리학에 대해서 부가하는 제한에서 두드러진 역할을 한 것이다. 진리술어가 하는 논리적 역할이 결정적으로 (IP)에 의존하는 한, (IP)를 온전하게 보존하는 것은 협상의 대상이 될 수 없는 목표이다. 물론 진리에 대한 실체론의 견해를 옹호하는 사람들에게는 (IP)와 (T)는 협상의 대상이 된다. 그러나 우리가 진리 축소주의를 가정한다고 할지라도 앞에서 제기된 문제는 우리가 거짓말쟁이 역설에 대한 받아들일 만한 역설에 대해서 부가하는 모든 요청을 설명하지는 못하는 것 같다.

치하라(C. Chihara)가 강조했듯이, 역설은 두 가지 종류의 쟁점을 제기한다. 하나는 그가 예방적 문제라고 부르는 것으로 역설에 대한 해결책을 찾는 문제이고, 다른 하나는 진단적 문제라고 하는 것으로 "가능하다면 우리를 속이는 것이 어떻게 왜 만들어지를 설명하기 위해서 우리를 속이는 것이 무엇인지를 찾아내는 문제"이다.[43] 역설에 대한 해결책의 장점을 평가하는 관련된 두 개의 기준은 1) 그것이 역설이 제기하는 문제를 정확하게 진단하고 있는지, 2) 진단이 주어졌을 때 그 해결책이 적합한지이다. 러셀의 악순환의 원리, 크립키의 기반을 가짐의 개념, 굽타와 벨납의 순환 개념의 이론, 프리스트의 양진문장에 대한 호소 등은 진단적 문제를 해결하려는 시도이다. 이러한 문제를 해결하려는 시도는 의미론적인 틀의 구성에서 사용된 도구들처럼 철학적으로 중요한 것이다. 예를 들어, 굽타는 수정 규칙의 사용은 순환적 개념에 대한 우리의 이해와 관련되고 진리가 순환적 개념이라는 사실은 거짓말쟁이 역설의 기초가 되는 문제에 대한 그의 진단의 일부이다. 만약 그 진단이 옳다면 진리술어의 의미를 부여하기 위해서 수정 규칙을 사용하는 것은 불가피한 것이고, 이는 진리에 관한 원칙(예컨대 (T)) 중에 어떤 것이 성립하지 않음을 설명할 수 있다. 진단적 문제에 대한 옳은 대답은, 우리가 역설을 형성하는 데 있어서 어떤 개념들, 추론 규칙이나 원칙들이 왜 중요한지를 설명할 것을 요구한다. 단순히 어떤 개념이나 규칙 또는 원칙을 거부함으로써 일관성을 보존하는 것이 역설을 봉쇄하기는 하겠지만 그것은 왜 그러한 결론을 받아들여야 하는지를 설명하지는 못한다.

필드가 관심을 가지고 있는 것으로 보이는, 역설이 제기하는 유일한 문제는, 어떤 논리 규칙들과 원칙들은 (IP)와 (T)와 함께 적용될 때 비일관적이라는 것이다. 우리가 이러한 원칙들을 보존하는 한, 어떤 추론 규칙이나 원칙들을 거부하는 어떤 해결책도 단지 최소한으로만 일상적 추리를 손상하는 한, 역설에 대한 받아들일 수 있는 해결책일 것이다. 역설에 대한 다른 해결책들이 이러한 요청사항을 충족하는데 그것들이 역설과 관련되어 무엇이 잘못인지에 대한 진단(또는 어떤 해결책이 다른 유사한 해결책보다 왜 더 나은 것이어야 하는지에 대한 진단)을 제시하지 않고 그럴 수도 있다는 점에 주의해야 한다.

3

초일관성 이론

프리스트(G. Priest), 볼(JC. Beall) 등은 거짓말쟁이 역설과 같은 의미론적 역설을 해결하기 위해서 양진주의(dialetheism)라고 알려진 초일관성론의 견해를 제안한다. 초일관성론은 거짓말쟁이 문장을 참이면서 동시에 거짓인 문장, 이른바 양진문장(dialetheia)이라고 주장한다. 어떤 문장(φ)과 그 문장의 부정(¬φ)이 모두 참일 때, 그 문장(φ)을 양진문장이라고 한다. 초일관성론의 주장대로 거짓말쟁이 문장이 양진문장이라면, 거짓말쟁이 문장은 고전 논리학이 자명하게 참으로 받아들이는 논리법칙인 무모순율(Law of Non-Contradiction: 이하 LNC)의 반례가 된다. 그런 의미에서 초일관성론은 고전 논리학의 기본 법칙 중 하나인 LNC을 거부하는 비고전 논리학적 해결 방안이다.

양진주의가 철학사에 처음 등장한 동기는 거짓말쟁이 역설을 해결하기 위한 것은 아니었다. LNC가 명료하게 제시된 최초의 문헌은 아마 아리스토텔레스의 『형이상학』일 것이다. 아리스토텔레스가 LNC를 명료하게 제시하면서 이를 옹호했다는 사실은 아리스토텔레스 이전 혹은 그 당대에 모순을 주장한 철학자가 있었다는 방증이기도 하다. 실제로 헤라클레이토스와 많은 소피스트의 철학자들이 거짓말쟁이 역설과 상관없이 모순을 주장하였고, 그런 점에서 그들은 양진주의자였다고 할 수 있고, 아리스토텔레스 이후에도 양진주의 견해를 받아들인 철학자들이 있었다.[1] 그럼에도 20세기 후반 다시 양진주의가 등장하게 된 가장 중요한 동기는 바로 거짓말쟁이 역설을 해결하기 위한 것이었다고 할 수 있다.

고전 논리학을 수정하지 않은 채, 양진주의를 받아들이면 고전 논리학에서 모순 문장은 임의의 명제를 함축하기 때문에, 모든 문장이 참이라는 주장, 이른바 전진주의(trivialism)를 받아들여야 한다. 그런데 전진주의는 반직관적이고, 받아들이기에는 대단히 큰 부담이 있다는 점을 인정하는 양진주의자들은 양진주의가 전진주의를 함축하지 않는 논리체계인 초일관성론을 제시한다. 결국 초일관적 양진주의자들은 참인 모순(true contradiction)이 있지만 그로부터 모든 문장이 참이라는 것은 따라 나오지 않는다고 주장한다. 이를 위해서 초일관성론자들은 고전 논리학을 수정하지 않을 수 없다. 대표적인 초일관성론자 프리스트는 1979년 처음으로 초일관성론의 논리체계를 제시한 이래, 전진주의를 거부하면서 양진주의를 유지할 수 있음을 주장하고 있다. 초일관적 양진주의에 대한 비판은 프리스트가 역설의 논리학(Logic of Paradox: 이하 LP)을 제시하자마자 제기되었다.[2] 2006년 프리스트는 그때까지 제시된 여러 비판들에 답하고, 거짓말쟁이 역설을 해결하기 위해서 자신이 제시한 견해를 부분적으로 수정하여 『모순에 대하여(In Contradiction)』의 2판을 출간하고,『진리를 의심하여 거짓말쟁이 되기(Doubt Truth to be a Liar)』를 출간하였다.

1절에서는 프리스트가 거짓말쟁이 역설과 같은 의미론적 역설을 해소하기 위해서 제시한 그의 논리체계인 LP에 대해서 소개하고, LP가 양진주의에서 전진주의로의 추론을 어떻게 봉쇄하는지를 설명할 것이다. 그리고 프리스트가 1990년부터 2005년 사이에 양진주의에 대한 비판에 답하고자 수정한 견해를 살펴보고 프리스트의 LP에 대해서 평가할 것이다. 양진주의는 흔히 형이상학적 또는 실재론적 양진주의와 의미론적 양진주의로 구별되는데, 2절에서는 실재론적 양진주의에 대해서 설명하고 비판적 평가를 제시하고, 3절에서는 의미론적 양진주의에 대해서 소개하고, 의미론적 양진주의를 비판하기 위해서 제기된 피노키오 역설을 둘러싼 볼과 엘드리지-스미스(P. Eldridge-Smith)의 논쟁을 소개하고 피노키오 역설이 거짓말쟁이 역설에 대해서 갖는 함의를 설명할 것이다.

1. 프리스트의 초일관성론[3]

초일관성론자들 중 가장 대표적인 사람은 프리스트이다. 프리스트의 초일관성론은 앞서 설명했듯이, 거짓말쟁이 문장과 같은 병리적인 문장을 참이면서 동시에 거짓인 양진문장이라고 본다. 그런 점에서 프리스트의 초일관성론은 참인 모순명제를 그 체계 안에서 인정한다는 점에서 진리치 과잉 이론(glut theory)이라고도 한다. 참인 모순명제를 인정하는 초일관성론은 고전 논리학을 받아들일 경우 모든 명제가 참이라는 전진주의에 도달하기 때문에 이를 봉쇄하는 논리체계가 필요하다. 프리스트는 이런 작업을 자신이 역설의 논리학이라고 부른 LP를 통해서 시도한다.

1.1 프리스트의 역설의 논리학

먼저 프리스트의 초일관성 논리, 그가 역설의 논리학이라고 부른 LP에 대해서 살펴보자. 초일관성론 논리의 핵심은 논리적 적형식(well-formed formula)으로 구성된 문장이 가질 수 있는 진리치는 참과 거짓 두 가지뿐이지만, 이 두 진리치가 서로 배타적인 것은 아니라는 것이다. 즉 초일관성론에 따르면 진리치에 따라 문장을, 참인 문장, 거짓인 문장, 그리고 참이면서 동시에 거짓인 문장, 이렇게 세 가지 유형으로 나눌 수 있다. 그는 참이면서 동시에 거짓인 양진문장의 예로 거짓말쟁이 문장, 커리의 문장, 그리고 러셀의 집합론적 역설을 낳는 문장 등을 든다. 프리스트가 제시한 LP에서 복합문장에 대한 진리치는 다음과 같이 결정된다.(아래 표에서 'b'는 참이면서 동시에 거짓임을 나타낸다.)

φ	$\neg\varphi$
t	f
b	b
f	f

φ	ψ	$\varphi\wedge\psi$	$\varphi\vee\psi$
t	t	t	t
t	b	b	t
t	f	f	t
b	t	b	t
b	b	b	b
b	f	f	b
f	t	f	t
f	b	f	b
f	f	f	f

그리고 여기에서 조건문은 실질함축으로 해석된다. 즉 $(\varphi\rightarrow\psi)$는 $(\neg\varphi\vee\psi)$와 동치이다. 양진주의자들이 고전 논리학의 함축 개념을 그대

로 받아들이면, 모든 것이 참이라는 전진주의를 받아들여야 한다. 그래서 초일관적 양진주의자로서 프리스트는 전진주의를 피하기 위해서 선언삼단논법(disjuctive syllogism), 즉 선언 제거의 규칙을 받아들이지 않는다. 요컨대 프리스트의 LP는, 첫째 모든 문장은 참이거나 거짓이지만 참과 거짓은 배타적이지 않아서 참이면서 동시에 거짓인 문장이 있으며, 둘째 폭발논증(ex contradictione quodlibet)에 의해서 모든 문장이 참이라는 불합리를 피하기 위해서 고전 논리학이 받아들이는 선언삼단논법의 규칙을 거부하는 논리 체계이다.

그러나 T-추론의 조건문을 실질적 함축의 조건으로 해석하면서 선언삼단논법의 추론을 거부하면, 전건 긍정식(Modus Ponens: 이하 MP)의 추론도 거부해야 한다. MP가 성립하지 않는 조건문을 진정한 의미의 조건문이라고 할 수 있는가? 논리학자들 대부분이 'φ→ψ'에 대해서 기대하는 의미론은 적어도 'φ'가 참이라면 'ψ'도 참이라는 것이다. 이 MP를 부인하는 조건문은 매우 반직관적이다. 또한 MP가 일반적으로 성립하는 것은 아니라는 프리스트의 주장은 프리스트 자신이 의도한 메타언어에서 조건문의 의미와 일관되지 않는다. 조건문에 대해서 논리학자들이 일반적으로 생각하는 의미론은 "전건의 참이 후건의 참의 충분조건"이라는 것이다. 조건문의 메타언어적 의미는 타르스키의 도식에 의해서 대상언어로 전환된다. 그 도식에 따르면, "(A→B)가 참이다"는 A가 참이라면 B도 참임을 의미한다. 이 의미는 연역적 추론과 일치하며 자연연역에서 조건 도입규칙으로 표현된다. 프리스트가 주장하는 것처럼, 조건문의 의미가 대상언어와 메타언어에서 동일하려고 한다면, MP가 성립해야 한다는 것은 이론의 여지가 없다. 왜냐하면 그것은 양진문장이 등장할 가능성과 독립적으로 진리를 보존하기 때문이다.

프리스트는 실질 조건문이 진짜 조건문의 의미를 포착하기에 적합하지 않다는 점을 인정하고, 적합한 조건문은 MP를 만족해야 한다고 말한다. 그는 LP의 언어를 수정, 확장하여 새로운 조건문을 도입한다. 그 조건문을 '$\varphi \rightarrow \psi$'와 구별하여 기호 '$\varphi \supset \psi$'로 표시하기로 하자. 프리스트는 그 조건문의 진리치를 다음과 같이 정의한다.[4]

φ	ψ	$\varphi \rightarrow \psi$	$\varphi \supset \psi$
t	t	t	t
t	b	b	f
t	f	f	f
b	t	t	t
b	b	b	b
b	f	b	f
f	t	t	t
f	b	t	t
f	f	t	t

'$\varphi \rightarrow \psi$'가 MP를 일반적으로 만족시키지 못하는 반례는, 조건문과 전건이 모두 양진문장인데 후건이 거짓인 경우이다(위 표의 음영 부분). 그런데 '$\varphi \supset \psi$'의 경우에서는 조건문과 조건문의 전건이 양진문장인 경우는 오직 하나의 경우밖에 없는데(위 표의 음영 부분 바로 윗 줄), 이때 후건도 양진문장이 되어 MP에 대한 반례가 아니다. 그러므로 ($\varphi \supset \psi$)의 조건문은 MP가 성립하는 조건문이다. 또한 프리스트가 주장하는 대로 후건의 거짓이 전건의 거짓을 보존하는 조건문이다.

그러나 이렇게 해석된 조건문도 커리의 역설이라는 곤란한 문제에 부딪혀 전진주의로 귀결된다.[5] 이 문제를 해결하기 위해서 프리스트는 전건 긍정식을 만족하면서 커리의 역설이라는 곤경을 피할 수 있는 함축

(entailment) 조건문인 내포적 조건(intensional conditional)을 도입한다. 그의 함축 연결사에 의한 조건문장을 '$(\varphi \Rightarrow \psi)$'로 표시하자. 이는 "$\psi$는 φ로부터 논리적으로 따라 나온다"고 해석된다. 프리스트는 함축 연결사에 의한 조건문의 진리조건을 가능세계 의미론을 통해서 다음과 같이 정의한다.

i) $(\varphi \Rightarrow \psi)$는 w에서 참이다 iff w에 접근 가능한 모든 세계 w'에서 φ가 참일 때 ψ도 참이고, ψ가 거짓일 때 φ도 거짓이다.

ii) $(\varphi \Rightarrow \psi)$는 w에서 거짓이다 iff w에 접근 가능한 어떤 세계 w'에서 φ가 참이고 ψ는 거짓이다.[6]

함축 조건문이 w에서 참이라는 것은 w에 접근 가능한 모든 가능세계 w_i에서 전건이 참이면 후건도 참이고, 후건이 거짓이면 전건도 거짓임으로 정의되고, 함축 조건문이 w에서 거짓이라는 것은 w에 접근 가능한 어떤 가능세계 w_i에서 전건이 참이고 후건이 거짓이다.[7] 함축 연결사에 의한 조건문에서 전건으로부터 후건으로의 참이 보존되고 후건으로부터 전건으로의 거짓이 보존된다. 그러나 논리적 귀결이란 필연성 관계이기 때문에 진리치의 보존도 필연적이어야 한다.

또한 프리스트의 LP에서 T-도입과 T-제거는 일반적으로 성립한다. 즉, 다음이 성립한다.

$\varphi \leftrightarrow \mathrm{Tr}(\langle \varphi \rangle)$

따라서 φ가 참이면, 'φ는 참이다'도 참이고, φ가 거짓이면 'φ는 참이다'도 거짓이다. 또한 φ가 양진문장이어서 참이면서 동시에 거짓이면, 'φ는 참이다'도 양진문장이고, 'φ는 거짓이다'도 양진문장이다.

앞에서 언급한 것처럼, 초일관적 양진주의자들은 참과 거짓이 전체 진리치를 포괄하지만(exhaustive), 서로 배타적이지는(exclusive) 않다고 주장한다. 즉 그들은 '어떤 문장이 참/거짓이 아니면 거짓/참임'을 받아들이지만, '어떤 문장이 거짓/참이면 참/거짓이 아니라는 것'은 받아들이지 않는다. 결국 프리스트는 다음 두 식에서 (i)은 받아들이지만, (ii)는 받아들이지 않는다.

(i) $\neg Tr(\langle a \rangle) \rightarrow Tr(\langle \neg a \rangle)$, $\neg Tr(\langle \neg a \rangle) \rightarrow Tr(\langle a \rangle)$

(ii) $Tr(\langle \neg a \rangle) \rightarrow \neg Tr(\langle a \rangle)$, $Tr(\langle a \rangle) \rightarrow \neg Tr(\langle \neg a \rangle)$

프리스트는 (i)을 포괄 원리(exhaustion principle), (ii)를 배타 원리(exclusion principle)라고 부른다. 그가 배타 원리 (ii)를 거부하는 것은, 참이면서 동시에 거짓인 양진문장의 존재를 인정하기 때문에 당연한 것처럼 보인다. 그런데 고전 논리체계에서 (ii)는 다음과 같이 쉽게 증명될 수 있다.

① $Tr(\langle a \rangle) \rightarrow a$ (T-제거)

② $Tr(\langle \neg a \rangle) \rightarrow \neg a$ (T-제거)

③ $\neg a \rightarrow \neg Tr(\langle a \rangle)$ (①의 대우)

④ $Tr(\langle \neg a \rangle) \rightarrow \neg Tr(\langle a \rangle)$ (②, ③의 가언삼단논법)

결국 프리스트는 (ii)를 거부하기 위해서는 대우(contraposition)의 규칙도 추론 규칙으로 받아들여서는 안 된다. 사실 프리스트는 (ii)에 대한 자신의 견해를 제시하고 (ii)를 거부하는 논증을 나중에 제시하겠다고 미루지만, 그가 대우의 규칙을 거부하면서 제시한 유일한 이유는 그것이 (ii)를 함축한다는 것일 뿐이다.[8] 그러나 T-추론에 사용되고 있는 조건이 대우의 규칙을 허용하지 않는다면, 그 조건문은 후건부정식(Modus Tollens)도 적용할 수 없게 된다. 우리가 어떤 믿음을 가졌을 때 이 믿음에 반하는 증거가 제시될 경우 우리의 믿음을 수정해야 한다는 것은 매우 자연스러운 직관이고 이러한 직관이 논리적 형식으로 나타나는 것이 후건부정식이라고 할 때, 이러한 자연스러운 직관이 적용될 수 없는 조건문이란 도대체 어떤 조건문이어야 할까? 프리스트는 초일관적 의미론이 반드시 일관적이어야 할 필요가 없기 때문에 (ii)를 받아들일 수도 있다고 말한다. 그래서 그는 (ii)를 거부하는 것을 잠정적(tentative)이라고 한다.[9] 그러나 이러한 주장은 언어행위와 관련된 화용론적인 문제를 낳는다.

어떤 문장에 대해서 수용(accept)하거나 거부(reject)하는 행위가 모든 문장에 적용될 수 있는 것은 아니라고 하더라도 서로 배타적이라는 생각은 매우 자연스럽다. 다시 말해서 우리는 모든 문장에 대해서 수용과 거부를 결정할 수는 없다고 할지라도 하나의 문장에 대해서 그 문장을 수용하면서 동시에 거부할 수는 없다고 생각한다. 프리스트도 이 점을 인정한 바 있다.[10] 그런데 수용과 거부라는 인지적 상태가 언어행위로 드러나는 것이 바로 주장(assertion)과 부인(denial)이다. 그런 점에서 주장과 부인이라는 언어행위가 모든 문장에 대해서 포괄적으로 적용될 수 있는 것은 아닐지라도 배타적으로 적용되어야 한다는 것은 자연스럽게 여겨진다. 프리스트는 2006년 이후, 배타 원리를 포기한 자신의 견해를 유지하기 위해서 수용과 거부의 배타성이라는 직관을 포기하고 따라서 주장과 부인의 배타성도 포기한다. 즉 그는 하나의 문장에 대해서 주장하면서 동시에 부인할 수 있는 경우가 있을 수 있고, 거짓말쟁이 문장이 바로 그런 경우에 해당한다고 말한다.

초일관성론자들은 거짓말쟁이 문장 (λ)가 양진문장이라고 주장한다. 즉 다음을 주장한다.

(Λ) (λ)는 참이면서 동시에 거짓이다.

그렇다면 (Λ)의 진리치는 무엇인가? (λ)는 참이면서 동시에 거짓인 양진문장이므로, '(λ)는 참이다'도 양진문장이고, '(λ)는 거짓이다'도 양진문장이다. '(λ)는 참이면서 동시에 거짓이다'는 이 두 문장의 연언적 결합이고, LP에서 연언문장의 연언지가 모두 양진문장이면 연언문장도 양진문장이므로, '(λ)는 참이고 (λ)는 거짓이다'도 양진문장이다. 다시 말해서 (Λ)는 참이면서 동시에 거짓인 양진문장이다. 그런데 LP에서 한 문장이 양진문장이면 그것의 부정도 양진문장이다. 따라서 '¬(Λ)'도 참이면서 거짓인 양진문장이다. 그러므로 '¬(Λ)'는 참이다. 결국 양진주의자들은 (Λ)를 주장할 수 있음과 동시에, '¬(Λ)' 즉 '(λ)는 참이면서 동시에 거짓이라는 것은 참이 아니다'고 주장해야 한다. 이 점은 양진주의 논리체계로부터 따라 나오는 것이므로, 이런 불합리를 해결해야 하는 것이 양진주의의 첫 번째 과제인 셈이다. 하나의 이론이 그 이론의 핵심적인 주장의 거짓을 함축한다는 것은 심각한 문제가 아닐 수 없기 때문이다.

프리스트는 (Λ)가 참이면서 동시에 거짓인 양진문장이기는 하지만, 그는 (Λ)가 거짓임이 (Λ)가 참임을 훼손하지 않는 단순한 잉여의 정보일 뿐이라고 말한다. 물론 일관성은 유지될 수 없지만, 양진주의의 목적은 거짓말쟁이 역설을 일관성을 유지하면서 해결하는 방안을 제시하고자 하는 것이 아니라 어떻게 비일관성이 관용될 수 있는지를 보여주는

것이기 때문에 그것은 큰 문제가 아니라고 주장한다.[11]

1.2 프리스트의 초일관성론에 대한 평가

(λ)가 양진적이어서 비일관성을 낳는다는 주장과 (Λ)가 양진적이어서 비일관성을 낳는다는 주장은 그 시사하는 바가 매우 다르다. (Λ)는 거짓말쟁이 문장에 대한 양진주의자들의 이론적인 주장인데, 그것이 비일관적이라는 것은 이론 자체에 비일관성이 포함되어 있다는 의미이다. 물론 프리스트가 말한 것처럼, 거짓말쟁이 역설을 일관성을 유지하면서 해결하려는 것이 양진주의의 목적이 아니라는 점에서 이것은 그 자체로 문제가 아니라고 주장할 수도 있을 것이다. 그러나 양진주의자들이 거짓말쟁이 문장을 양진문장이라고 하는 이유는 그 문장이 병리적인 (pathological) 문장이기 때문이고, 그들도 그러한 병리적인 문장이 자신들의 이론에 확대되는 것을 차단하고자 한다. 사실 프리스트는 자신이 배타 원리를 거부하는 또 다른 이유는 배타 원리 (ii)를 받아들이면 거짓말쟁이 문장이 양진문장이라는 주장으로부터 '거짓말쟁이 문장은 참이다'도 양진문장이 되어 불필요하게 양진문장이 확장되기 때문이라고 말한다. 다시 말해서 거짓말쟁이 문장이 양진문장이라는 주장과 배타 원리 (ii)를 받아들일 경우 '거짓말쟁이 문장이 참이다'도 양진문장이 되기 때문이다. 이는 다음과 같이 간단히 증명된다.

① $Tr(\langle \lambda \rangle) \wedge Tr(\langle \neg \lambda \rangle)$ (거짓말쟁이 문장은 양진문장이다.)

② $Tr(\langle \neg \lambda \rangle) \rightarrow \neg Tr(\langle \lambda \rangle)$ ((ii) 배타 원리)

③ $Tr(\langle \neg \lambda \rangle)$ (①의 ∧-제거)

④ $\neg Tr(\langle \lambda \rangle)$ (②③의 MP)

⑤ Tr(⟨λ⟩) (①의 ∧-제거)

⑥ Tr(⟨λ⟩)∧¬Tr(⟨λ⟩) (④⑤, ∧-도입)

프리스트는 "양진문장은 매우 제한적인 영역에서 발생"해야 하고, "모순은 필요 이상으로 증대되지 않아야 한다"고 주장하면서 배타 원리 (ii)를 거부하는 것이다.[12] 그런 점에서 양진주의의 이론 자체가 병리적 이라는 점은 문제가 아닐 수 없다. 결국 (Λ)가 양진문장이라는 것은 피 할 수 없고, 초일관적 양진주의 이론 자체가 병리적인 셈이다. 과연 우리 는 어떤 이론이 병리적인 주장을 포함하고 있음에도 그 이론을 받아들 여도 되는가?

이와 유사하지만 약간 다른 비판을 보자. 흔히 양진주의의 표현가능성 (expressibility) 문제라고 불리는 것인데, 파슨스(T. Parsons)는 이에 대해서 다음과 같이 말한다.

당신이 "β"라고 말하고 프리스트가 "¬β"라고 대답했다고 생각해보자. 일 상적인 상황에서는 당신은 그가 당신에게 동의하지 않는다고 생각할 것이 다. 그러나 당신은 프리스트가 양진주의자라는 사실을 기억하고, 그가 궁극 적으로 당신에게 동의할 수 있다는 생각이 들었다. 프리스트는 β와 ¬β가 동시에 참이라고 생각할 수도 있기 때문이다. 어떻게 [프리스트는] 자신 이 정말로 당신에게 동의하지 않는다는 것을 나타낼 수 있을까? 자연스러 운 선택은 그가 "β는 참이 아니다"고 말하는 것이다. 그러나 이 주장의 참 은 또한 'β가 참임'과 일관적이다. (…) 따라서 (…) 프리스트는 다른 사람 의 견해에 동의하지 않음을 주장하는 데 어려움을 갖는다.[13]

이에 대하여 프리스트는 "¬β"를 주장하고 β는 양진문장이 아니라고 주장하면 "β"에 대한 주장에 동의하지 않음을 표현할 수 있다고 말할 수도 있다. 그러나 파슨스가 지적하듯이, 그렇게 말하는 것은 일상적으로 "β는 참이면서 동시에 거짓은 아니다"고 말하는 것과 별반 다를 것이 없다. 그런데 β가 양진문장일 경우는 이런 설명이 가능하지 않다. 다시 말해서 양진문장에 대한 어떤 메타적 진술에 대해서는 부동의(disagreement)를 표현하는 데 여전히 어려움에 직면할 수밖에 없을 것이다.

레셔(N. Rescher)와 브랜덤(R. Brandom)은 일관적이지 않은 대상언어와 그 대상언어에 대한 일관적인 담론을 구별함으로써 이 문제를 해결하고자 한다. 즉 대상언어 수준의 담론과 이론적인 메타 수준의 담론을 구별하면 대상언어에서 진리술어와 관련하여 발생하는 비일관성은 메타언어의 수준으로까지 확장되지 않게 된다는 것이다.[14] 이들의 해결책을 받아들이는 것은 거짓말쟁이 역설을 양진주의를 통해서 해결하려고 하는 것이라기보다는 언어의 위계에 의존하는 것이라고 해야 하고, 이는 진정한 의미에서 양진주의적 제안이라고 보기 어렵다.

프리스트도 레셔와 브랜덤의 해결책이 만족스럽지 않다고 생각한다. 그는 자신의 양진주의가 어떤 형태든지 대상언어와 메타언어의 구별을 요청하지 않으며, 거짓말쟁이 역설을 해결하기 위해서 양진문장이 있다는 것 이외에 어떤 다른 수단에도 의존하지 않아야 한다고 믿기 때문이다.

또 (Λ)가 참이면서 동시에 거짓이라는 주장을 받아들인다는 것은, 양진주의 이론에 다음 두 문장이 포함되어 있다는 뜻이다.

(Λ) (λ)는 참이면서 동시에 거짓이다.
(Λ') (λ)는 참이면서 동시에 거짓인 것은 아니다.

그렇다면 양진주의자들이 거짓말쟁이 문장에 대해서 정말로 주장하는 것은 무엇인가? 만약 양진주의자들이 (Λ)와 (Λ′)을 모두 참으로 받아들인다면, 앞에서 지적했듯이, 주장과 부인에 관한 문제가 발생한다. 베르토(F. Berto)는 여러 가지 유형의 LNC를 정리하면서, 한 문장의 수용과 거부와 관련된 화용론적 정식(pragmatic formulation)을 제시한다.[15] 베르토가 제시한 LNC의 화용론적 정식은 다음과 같이 표현되는데, 그것은 합리적 행위자라면 α를 수용하면서 동시에 α를 거부하는 것은 불가능함을 의미한다.

¬(⊢α∧⊣α) [⊢: 수용하다, ⊣: 거부하다]

그런데 양진주의자들은 (Λ)를 주장(수용)할 뿐만 아니라, 결과적으로 (Λ)의 부정인 (Λ′)도 수용해야 한다. (Λ)의 부정을 수용한다는 것은 (Λ)를 부인하는 것에 다름 아니므로, 결국 양진주의자들은 (Λ)를 수용함과 동시에 (Λ)를 거부하는 셈이고, 이는 합리적인 행위자라면 받아들일 수 없는 것이다. 양진주의자들은 예외적인 특별한 문장에 대해서는 그것의 부정을 수용함과 그것을 거부함이 구별되고 거짓말쟁이 문장이 바로 그러한 예외적인 특별한 문장이라고 주장할 수 있을 것이다.[16] 일상적으로는 어떤 문장(α)의 부정, ¬α를 주장하면서 그 문장을 부인하지 않는다는 것은 합리적이지 않은 것처럼 보이지만, 그것이 바로 거짓말쟁이 문장과 같은 병리적 문장이 갖는 기이성이라고 주장하는 셈이다. 그러나 문제는 그러한 기이성이 거짓말쟁이 문장에 국한되는 것이 아니라, 거짓말쟁이 역설에 대한 양진주의 이론 자체에까지 확장된다는 점이다. 즉 (Λ)의 부정을 주장하지만, (Λ)를 부인하지 않는다는 것은 거짓말쟁이 역설에 대해서 어떤 해결책을 제시하고 있는지 이해하기 어렵게 만든다.

참이면서 거짓인 문장이 있을 수 있다고 할지라도, 이론적 논쟁에서 그런 문장을 주장할 수는 없다. 왜냐하면 그러한 문장을 주장하는 것은 어떤 것도 주장하지 않거나 모든 것에 대해 동의한다고 해석될 수 있기 때문이다. 주장의 목적은 단지 참인 것을 주장하는 것이어야 하며, 양진문장은 주장을 할 수 있는 문장이 아니다. 이와 관련하여 브레머(M. Bremer)는 주장에 대한 적정조건을 다음 두 가지로 제시한다.

(i) 우리가 어떤 것을 주장하기 위해서는 그 이유를 언급하거나 정당화를 제공하여야 한다.
(ii) 어떤 정보가 언급될 가치가 있기 위해서는 그 정보를 수용함으로써 그 이후의 담론이나 행위에 차이를 낳을 수 있어야 한다.[17]

그러나 양진문장을 주장할 경우, 이러한 조건을 만족시키지 못한다. 양진문장 'θ'를 주장하면서 제공할 수 있는 어떤 근거나 정당화도 동시에 양진문장의 부정 '¬θ'를 위한 근거나 정당화로 사용될 수 있기 때문에 양진문장을 주장하는 논증의 성공과 실패는 그 주장의 정당화와 아무런 관련이 없다. 따라서 어떤 문장이 양진문장 또는 모순적이라는 것을 알면서 그 문장을 주장하는 것은 그것의 부정을 주장하는 것보다 나을 수 없기 때문에 그런 주장을 할 수 없다. 브레머는 이런 점에서 "어떤 문장이 모순임을 알면서 그 문장을 주장하는 것은 연관성이라는 대화의 격률(conversation maxim of relevance)을 위반하는 것"이라고 말한다.[18] 이러한 언어행위와 관련된 화용론적 제한을 고려할 때, 어떤 것을 주장하는 것은 정당화에 의해서 수반되는 참된 믿음을 갖는 것 이상이다. 이러한 화용론적 제한 때문에 양진문장 또는 인식된 모순에 대해서는 주장행위가 성립할 수 없다. 다시 말해서 어떤 모순을 증명했다고 할지라도 그것을 주장할 수는 없는 것이다. 그러므로 양진주의는 철학적 견해로서 적절하게 주장될 수 없다.

양진주의가 일상적인 직관에 반하는 주장을 하지만 여전히 매력적인 것처럼 보이는 중요한 이유 중 하나는, 거짓말쟁이 역설을 해결하기 위해서 지금까지 제시된 거의 모든 견해들이 복수의 문제에 부딪히지만, 양진주의적 해결은 복수의 문제를 낳지 않는다는 것이다. 그러나 양진주의적 견해도 새로운 형태의 복수의 문제를 낳는다. 양진주의에 따르면, 모든 문장은 참, 거짓, 참이면서 동시에 거짓이라는 세 가지 진리치 중 하나의 값을 갖는다. 그러므로 단지 거짓(only false)은 아니지만 거짓일 수 있는 문장이 있고, 또한 단지 거짓인 문장이 있을 수 있을 것이다.("1+2=4"나 "2013년은 윤년이다"와 같이 양진문장이 아닌 거짓인 문장이 단지 거짓인 문장의 예이다) 그런데 '단지 거짓임'은 LP에서 어떻게 표현될 수 있는가?

앞에서 우리는 프리스트가 표현가능성의 문제에 부딪혀서 어떤 주장(β)에 대하여 동의하지 않음을 표시할 수 있기 위해서, "β는 양진문장이 아니면서 ¬β라고 주장"하면 된다고 답할 수 있을 것이라고 말했다. 다시 말해서 그는 "β가 단지 거짓"이라고 주장함으로써 β에 대하여 동의하지 않음을 표시할 수 있다고 주장한 것이다. 그러면 "β는 단지 거짓이다"는 어떻게 그의 논리체계(LP)에서 표현될 수 있는지 살펴보자. '단지 거짓임'은 '양진문장이 아님'을 포함하고 있기 때문에, '단지 거짓임'을 표현하기 위해서 양진문장 연산자 '⟩'를 도입하자.('⟩β'는 'β는 양진문장이다'를 뜻한다.) 그러면 'β가 단지 거짓이다'를 표현하는 직관적인 방법은 'β가 양진문장도 아니고 참도 아니다'일 것이고, 이는 다음과 같이 표현될 수 있을 것이다.

　¬⟩β∧¬β

'⟩β'는 'β∧¬β'와 논리적으로 동치이므로, 그것을 포함한 복합명제의 진리치는 다음과 같을 것이다.

β	¬β	β∧¬β	>β	¬>β	¬>β∧¬β
t	f	f	f	t	f
f	t	f	f	t	t
b	b	b	b	b	b

그런데 이 진리표를 통해서 우리는 '¬β'가 '¬⟩β∧¬β'와 동치임을 알 수 있다. 다시 말해서 'β가 단지 거짓임'과 'β가 거짓임'이 동치가 되어버린다. 그러므로 이런 방법으로는 거짓임과 단지 거짓임을 구별하고자 하는 의도를 충족시킬 수 없게 된다. 또한 'β'가 양진문장일 경우에 '¬⟩β∧¬β'도 양진문장이므로, 양진문장에 대해서 '그 문장은 단지 거짓이다'는 진술도 양진문장, 즉 참이면서 동시에 거짓이 되어버린다. 양진문장에 대해서 양진주의자들도 그 문장이 단지 거짓이라고 진술하는 것이 직관적이지 않다고 생각할 것이므로 '양진문장 β는 단지 거짓'이라는 주장은 양진주의자들도 받아들일 수 없을 것이다.

그러나 '⟩β'는 'β는 양진문장이다'는 뜻이므로, 'β'가 양진문장일 때, '⟩β'는 참이라고 해야 직관적이라고 주장할 수도 있을 것이다. 이제 그 경우를 생각해보자. 'β'와 'β'의 부정의 연언은 '⟩β'와 동치이므로, 'β'가 양진문장일 때 'β'와 'β'의 부정의 연언도 참이어야 한다. 그렇다면 또 다른 부정(negation) 기호가 필요하게 된다. 즉 어떤 문장이 양진문장일 때 그것의 부정도 또한 참이 되는 부정이 필요하게 되는데, 이를 대안적 부정이라고 하고 이를 'ㄴ'으로 표시하자. 대안적 부정문은 원래의 문장이 참일 때만 거짓이 되고, 그 외에는 참이 되는 연산자이다. 즉 대안부정문 'ㄴβ'는 '¬β∨⟩β'와 논리적으로 동치이다. 대안 부정의 연산자를 사용한 진리표는 다음과 같이 될 것이다.

β	¬β	ㄴβ	>β	ㄴβ∧ㄴ¬β	¬β∨>β
t	f	f	f	f	f
f	t	t	f	f	t
b	b	t	t	t	t

이 경우 'ㄴβ'는 '¬β∨>β'와 논리적으로 동치이므로, β가 양진문장이거나 참이 아님을 나타내고, '>β'는 '(ㄴβ∧ㄴ¬β)'와 동치인데, 이것은 β가 거짓이거나 양진적임과 β가 참이거나 양진적임이 연언적으로 결합된 문장으로, 단지 참임과 단지 거짓임을 배제하여 양진문장을 적절하게 표현하고 있는 것 같다. 그리고 '단지 거짓임'은 '(ㄴ)β∧ㄴβ)'로, '단지 참임'은 '(ㄴ)β∧ㄴ¬β)'로 나타낼 수 있다.[19] 이렇게 대안적 부정을 도입하면 어떤 문장이 오직 참임과 오직 거짓임을 표현할 수 있게 된다.

이제 이 논리체계의 특징을 살펴보자. 우선 이 논리체계에서는 LP에서는 거부되었던 선언삼단논법이 대안적 부정이 사용되면 타당하게 된다. 왜냐하면 위 진리표에 따르면, '(β∨ㄴβ)'가 참의 값을 갖고 '¬β'가 참의 값을 가지면 'ㄴβ'도 항상 참의 값을 갖게 되기 때문이다.[20] 이 논리체계에서 '(β∨ㄴβ)'는 논리적 참이고, (β∧ㄴβ)는 참일 수는 없다. 물론 이것은 대안부정의 도입으로 인한 자연스러운 귀결일 뿐 LP 자체의 심각한 결함이라고 하지 않을 수 있다. 문제는 이 논리체계에서는 다시 복수의 문제가 발생한다는 것이다. 다음 문장을 생각해보자.

(λ′) 이 문장은 (λ′)의 대안 부정이다.

(λ′)이 가리키는 것은 'ㄴλ″'이다. 따라서 (λ′)이 참이라고 하면, 'ㄴλ″'

이 참이 된다. 따라서

(가) Tr(⟨λ′⟩)→ㄴλ′

이다. 또 (λ′)의 대안 부정을 참이라고 가정하면, (λ′)이 말하는 것이 바로 그것이므로 (λ′)이 따라 나온다. 즉,

(나) Tr(⟨ㄴλ′⟩)→λ′

이다. 그런데 이 논리체계에서 '(β∨ㄴβ)'는 논리적 참이므로 다음 식도 논리적 참이다.

(다) (λ′∨ㄴλ′)'

이로부터 역설이 어떻게 발생하는지 보자.

① Tr(⟨λ′⟩) (가정)
② ㄴλ′ (①과 (가)의 MP)
③ λ′ (①의 T-제거)
④ λ′∧ㄴλ′ (②, ③ ∧-도입)

그런데 이 논리체계에서 '(β∧ㄴβ)'는 참일 수 없는 문장이다. 따라서 '(λ′∧ㄴλ′)'도 참일 수 없고, 그것을 귀결하는 (λ′)을 참이라고 가정하는 것은 불합리하다.

⑤ Tr(⟨ㄴλ'⟩) (가정)

⑥ λ' (⑤와 (나)의 MP)

⑦ ㄴλ' (⑤의 T-제거)

⑧ λ'∧ㄴλ' (⑥,⑦ ∧-도입)

위와 마찬가지 이유로 'ㄴλ''을 참이라고 가정하는 것도 불합리하다. 그러므로 'λ''과 'ㄴλ'' 어느 것도 참이라고 할 수 없다. (다)는 논리적 참인데, 그 선언문의 어떤 선언지도 참일 수 없다는 결론이 되어 모순이 발생한다.

원래의 LP 체계에서 어떤 방식으로든 '단지 참'을 표현할 수 있다고 가정할지라도 복수의 문제에 부딪힌다는 것을 보일 수 있다.[21]

(λλ) 이 문장은 단지 거짓이다(This sentence is false only).

(λλ)를 참이라고 가정하자. 그런데 (λλ)가 가리키는 것은 '(λλ)가 단지 거짓'이라는 것이므로, (λλ)는 단지 거짓이다. 따라서 (λλ)는 참일수 없다. 또 (λλ)를 참이 아니라고 가정하자. 그러면 (λλ)가 단지 거짓이라는 것이 참이 아니게 된다. 즉 (λλ)는 참이거나 적어도 양진적이다. 어떻든 (λλ)는 참이 된다. 결국 (λλ)를 참이라고 가정하면 참이 아님이 추론되어 귀류법에 의해서 참이 아님이 추론되고, (λλ)를 참이 아니라고 가정하면 참이 추론되어 참이 되게 된다. 따라서 모순이 발생한다.

양진주의자들은 (λλ)도 참이면서 거짓인 양진문장이라고 말할지도 모른다. 그러나 (λλ)가 참이면서 거짓이라면, (λλ)는 참이기도 하다. 그런데 (λλ)가 참이라면, (λλ)가 가리키는 것은 '(λλ)가 단지 거짓'이라는 것이므로, (λλ)는 단지 거짓이다. 결국 양진주의자들은 (λλ)를 양진문장이면서 동시에 단지 거짓인 문장이라고 말해야 한다. 그러나 '단지 거짓'이라는 의미는 참일 수 있음을 배제하고 오직 거짓의 진리치만을 갖는다는 의미이므로, 양진주의자는 다시 곤경에 처하게 된다.

지금까지의 논의를 정리해보면, 프리스트의 LP는 거짓말쟁이 문장을 양진문장이라고 주장함으로써 거짓말쟁이 역설을 해결하고자 시도한다. 즉 LP에 따르면, 거짓말쟁이 문장은 LNC의 반례이다. 그러나 이러한 해결의 첫 번째 난점은 '거짓말쟁이 문장은 양진문장이다'는 주장도 또한 양진적(참이면서 거짓)이라는 점이다. 과연 '거짓말쟁이 문장은 양진문장'이라는 주장은 참인가 거짓인가? 이 문제는 LP 자체에 비일관성이 포함된다는 문제와 그러한 논리체계에서는 주장과 거부를 적절하게 표현할 수 없다는 화용론적인 문제를 낳는다. 물론 프리스트에게 LP 자체가 비일관적이라는 것은 그렇게 심각한 문제가 아닐 수 있다. 그러나 하나의 문장이 참이면서 동시에 거짓인 양진문장이 있다고 주장하는 초일관성론의 양진주의는 어떤 주장에 대해서 동의하지 않음을 표현할 수 없다는 화용론적 비판은 대답이 되어야 할 문제이다. 이러한 화용론적인 문제를 해결하기 위해서 '그 문장이 단지 거짓이다'고 주장할 수 있겠지만, 이는 다시 LP에서 적절하게 표현할 수 없거나, 적절하게 표현하기 위해서 LP를 수정하면 다시 복수의 문제에 부딪힌다. 결국 거짓말쟁이 역설을 해결하기 위해서 제시된 프리스트의 초일관성론의 논리체계는 성공적이지 않으며, 그들이 주장하는 것처럼 거짓말쟁이 문장을 LNC의 반례로 받아들여야 할 이유는 없어 보인다.

요컨대 LP에서 '단지 참'과 '단지 거짓'을 적절하게 표현하기 어렵고 LP를 수정해서 이를 표현할 수 있도록 하면, 복수의 문제가 발생한다. 일반적으로 초일관성주의의 가장 큰 매력은 거짓말쟁이 역설에 대한 다른 해결책과 달리 복수의 문제를 낳지 않는다는 점이라고 주장되어왔다.

그런데 초일관성주의도 여전히 복수의 문제를 낳는다면 초일관성론의 가장 큰 매력 중 하나를 잃는 것이고, 초일관성론이 복수의 문제에 적절히 답할 수 없다면 그 견해는 설득력을 갖기 어려울 것이다.

2. 실재론적 양진주의[22]

메이어(E. Mares)는 참인 모순인 문장, 즉 양진문장이 있다고 주장하는 양진주의를 의미론적 양진주의(semantic dialetheism)와 형이상학적 양진주의(meatphysical dialetheism)로 구별하였다. 의미론적 양진주의에 따르면, 양진문장이 존재하지만, 그렇다고 실재 세계에 모순이 존재하지 않으며 실재 세계가 비일관적인 것은 아니다. 다시 말해서 참인 모순은 일관적인 세계를 기술하는 언어의 문제일 뿐, 실재 세계에 모순이 존재하거나 관찰 가능한 모순이 실제로 존재하지 않는다. 반면에 형이상학적 양진주의는 실재 세계가 일관적이라고 가정해야 할 필요가 없으며, 실재 세계에 모순이 있다고 주장한다.[23]

메이어는 프리스트를 형이상학적 양진주의자라고 분류하지만, 프리스트는 이 점에 대해서 중립적인 태도를 취하고 있는 것으로 보인다. 사실 프리스트는 우리가 살아가는 세계에서 모순이 관찰될 수 있는 것도 아니고 관찰 가능한 세계가 모순적인 것도 아니라고 주장하는 한편, 진리 대응설을 비롯한 어떤 진리 이론도 양진주의와 양립 가능하다고 주장한다. 진리 대응설을 소박하게 설명하면, 어떤 문장이 참이라면 그 문장을 참으로 만드는 객관적인 사실이 존재하고 그 객관적 사실과 문장이 대응할 때 그 문장이 참이라고 주장하는 진리론이다. 그렇다면 참인 모순문장이 있다는 양진주의를 받아들이면서 동시에 진리 대응설을 받아들이기 위해서는 참인 모순이 객관적 세계에 존재해야 하고 원칙적으로 관찰 가능하다고 주장해야 할 것이다. 프리스트는 이러한 문제에 어떻게 답할 수 있을까? 형이상학적 양진주의에 대해서 평가하고자 하는 이 절은 먼저 양진주의와 진리 대응설이 양립 가능한가라는 문제에 대한 논의로 시작할 것이다.

볼과 콜리반(M. Colyvan) 등은 경험세계가 일관된 것이라고 가정해야할 이유가 없으며, 모순이 실재세계에 존재하지 않고, 따라서 관찰 가능한 모순이 존재하지 않는다는 프리스트의 주장을 반박하면서, 명백하게 형이상학적 양진주의를 옹호한다. 이 절에서 다루어질 두 번째 문제는 경험세계에 모순이 존재하는가, 즉 관찰 가능한 모순이 존재하는가이다. 크룬(F. Kroon)과 베르토 등은 형이상학적 양진주의를 비판하면서 실재세계의 무모순성을 지지한다.[24] 과연 관찰 가능한 모순이 존재하는가?

타코(T. Tahko)는 경험세계는 일관된 세계이며 모순적일 수 없다고 주장하면서 LNC를 논리적 원리 이전에 세계의 구성 원리로서 일종의 형이상학적 원리라고 주장한다. 이 절에서 마지막으로 답할 문제는 LNC를 어떻게 이해해야 하는가이다. 즉 LNC를 단순히 인간의 사고와 언어의 원칙이라고 보아야 하는 것인지, 보다 근본적으로 세계를 구성하는 원리이며 세계의 존재에 대하여 모종의 제한을 가하는 형이상학적 원리인지의 문제이다. 이 문제는 두 번째 문제와 밀접한 관련을 갖는다. LNC가 세계의 존재에 대해서 제한을 부여하는 기본적인 원리라는 타코의 논증이 옳다면, 관찰 가능한 경험세계에 모순은 존재할 수 없을 것이기 때문이다.

이상의 문제를 다루기 위해서 먼저 진리 대응설을 포함해서 모든 진리론은 양진주의와 양립 가능하다는 프리스트의 주장과 그에 대해서 대체로 동의하면서 보다 세련된 논증을 제시한 아모어-갑(B. Armour-Gab)과 볼의 견해를 소개하고, 모순이 경험 세계에서 관찰 가능한 것은 아니라는 프리스트의 주장과 그에 대한 볼과 콜리반의 비판에 대해서 평가할 것이다. 끝으로 LNC에 대한 아리스토텔레스의 정의(정식화)에 주목하면서 LNC를 세계의 구성방식이며, 세계의 토대, 즉 형이상학적 원리라고 주장하는 타코의 논증을 분석하고 결론적으로 진리 대응설과 양진주의는 양립하기 어렵고, 실재 세계에서 관찰할 수 있는 모순은 존재하지 않으며, 실재 세계는 일관적이라고 주장할 것이다. 그리고 LNC는 우리의 사고나 언어의 기본 법칙일 뿐만 아니라 형이상학적 원리라고 주장할 것이다.

프리스트는 진리 대응설을 "참인 진리 담지자는 실재(reality)와 대응"한다고 주장하는 이론이라고 정의하고, 중요한 문제는 이러한 대응 개념을 어떻게 분명하게 설명하는지에 있다고 말한다. 우선 진리 대응설은 그것을 사실(fact)이라고 부르든 사태(state of affairs)라고 부르든 "서울은 대한민국에 있음"과 같이 대상(object) 이상의 무엇이 존재한다고 가정해야 한다. 즉 진리 대응설은 참인 문장을 참으로 만드는 진리 제조자(truth-maker)로서 사실이나 사태의 존재를 가정해야 한다. 그렇다면 양진주의와 진리 대응설이 일관된 이론이 되기 위해서는 양진문장을 참으로 만드는 대상 이상의 사실이나 사태가 실제로 존재해야 할 것이다. 프리스트는 "어떤 모순이 참이라면, 세계는 그 모순을 참으로 만드는 그런 세계이어야 한다. 이런 점에서 세계는 모순적[비일관적]이다"고 말한다.[25] 그러나 직관적으로 우리는 어떤 문장을 참으로 만드는 사태와 그 문장을 거짓으로 만드는 사태가 동시에 존재할 수 없다고 생각한다. 이러한 직관에 대한 프리스트의 반론을 살펴보자.

실재를 구성하는 요소들은 속성과 관계의 집합 R과 대상들의 집합 D 그리고 극성(polarities)의 집합 π={0,1}를 포함한다. (⋯) [잠재적] 원자적 사실은 ⟨r_n, d_1, (···) d_n, i⟩와 같은 순서쌍으로 표현될 수 있다. 여기서 r_n은 R에 속하는 원소이고, d_1, (···) d_n은 D에 속하는 원소이며, i는 π의 원소이다. 즉 우리는 하나의 사실 ⟨r_n, d_1, (···) d_n, 1⟩을 d_1, (···) d_n이 [순서대로] r의 관계에 있다고 생각할 수 있고, 하나의 사실 ⟨r_n, d_1, (···) d_n, 0⟩은 d_1, (···) d_n이 [순서대로] r의 관계에 있지 않다고 생각할 수 있다. 실재 자체, W는 원자적 사실들의 집합, 즉 현실화된 원자적 사실들의 집합이다.[26]

이제 L을 원자 술어(P_n)에 대상을 귀속시킴으로써 얻어지는 문장들의 집합과 그 문장들에 대한 부정, 연언, 선언을 포함하는 언어라고 하고, δ는 L의 상항과 술어에 의미를 부여하는 함수라고 하자. 어떤 문장 β가 어떤 세계 W에서 참이라는 것을 (W⊨$_T$ β)라고 쓰고, 그 문장이 그 세계에서 거짓이라는 것을 (W⊨$_F$ β)라고 쓰면 다음이 성립한다.

$$W \vDash_T P_n(a_1. (\cdots) a_n) \text{ iff } \langle \delta(P_n) \delta(a_1) (\cdots) \delta(a_n), 1 \rangle \in W$$

$$W \vDash_F P_n(a_1. (\cdots) a_n) \text{ iff } \langle \delta(P_n) \delta(a_1) (\cdots) \delta(a_n), 0 \rangle \in W$$

$$W \vDash_T \neg \beta \text{ iff } W \vDash_F \beta$$

$$W \vDash_F \neg \beta \text{ iff } W \vDash_T \beta$$

$$W \vDash_T \beta \vee \gamma \text{ iff } W \vDash_T \beta \text{ or } W \vDash_T \gamma$$

$$W \vDash_F \beta \vee \gamma \text{ iff } W \vDash_F \beta \text{ or } W \vDash_F \gamma$$

첫 번째 정식은 문장 '$P_n(a_1. (\cdots) a_n)$'이 W라는 세계에서 참이라면 그리고 오직 그럴 경우에만 ⟨$\delta(P_n) \delta(a_1) (\cdots) \delta(a_n)$, 1⟩이라는 긍정적 사실이 W에 존재한다는 뜻이고, 두 번째 정식은 그 문장이 W에서 거짓이라면 그리고 오직 그럴 경우에만 $\delta(P_n) \delta(a_1) (\cdots) \delta(a_n)$, 0⟩이라는 부정적 사실(negative facts)이 W에 존재한다는 뜻이다. 프리스트는 "W는 긍정적 사실 $\langle r_n, d_1, (\cdots) d_n, 1\rangle$과 그 사실에 대응하는 부정적 사실 $\langle r_n, d_1, (\cdots) d_n, 0\rangle$을 포함할 수 있기 때문에" 모순이 참일 수 있다고 말한다.[27]

물론 진리 대응설을 받아들인다고 해서 참인 모든 문장에 대응하는 사실이 있다고 가정할 필요는 없다. 선언문장이나 귀납적 일반화의 결론에 해당하는 문장의 참 등은 많은 기본적 사실들에 의해서 정의될 수 있는 것이다. 그러나 양진주의와 진리 대응설을 동시에 받아들이기 위해서는, 세계에 양진문장에 해당하는 사실은 긍정적 사실과 그에 대응하는 부정적 사실이 동시에 존재할 수 있다는 점을 인정해야 한다. 이에 대해서 프리스트는 극성 개념을 도입하여 그것이 가능하지 않다고 생각해야 할 이유가 없다고 주장하며 다음과 같이 말한다.

> 모든 원자적 사실은 그것이 긍정적이든 부정적이든, 독립적인 존재자이고, 자유롭게 섞이고 결합될 수 있다. 물론 이러한 가정을 압도할 고려사항이 있을 수 있다. (…) 그러나 그러한 고려사항은 사실에 관한 이론이나 진리 대응설로부터 도출되는 논증이 아니고, 참인 모순의 존재와 완전하게 양립 가능하다.[28]

그런데 참이면서 동시에 거짓인 양진문장이 있다는 것을 받아들이는 것과 그 문장을 참으로 만드는 객관적인 진리 제조자가 있다고 주장하는 것은 구별되어야 한다. 진리 대응설을 취하는 형이상학적 양진주의자들은 양진문장인 거짓말쟁이 문장 (λ)에 대응하는 사실이 있다고 주장해야 할 것이다. (λ)에 대응하는 사실을 $S(\lambda)$라고 하면, (λ)는 참이면서 동시에 거짓이기 때문에 $S(\lambda)$는 존립하면서 동시에 존립하지 않아야 한다. 이것이 어떻게 가능한가? 프리스트가 설명하는 것은 참인 부정적 진술을 참으로 만드는 진리 제조자가 있을 수 있음을 말하는 것일 뿐, 하나의 사실이 발생하면서 동시에 발생하지 않음을 보이는 것은 아니다.

　이러한 반론에 대해서 아모어-갑과 볼은 "양진주의자들도 임의의 [사태] S(any S)에 대해서 S가 존립하면서 동시에 존립하지 않는 것은 불가능하다는 점을 받아들인다"고 말한다. 그러나 그들은 계속해서 "어떤 S(some S)에 대해서는 그것이 존립하면서 동시에 존립하지 않는 것이 가능하다"고 주장한다.[29] 다시 말해서 모든 사실 S에 대해서 S가 존립하면서 동시에 존립하지 않는 것이 가능하다고 주장할 필요는 없다는 것이다. 그들이 주장하는 것을 정식화하면 다음과 같다.

$$\Diamond\{(\exists S)S \wedge \neg (\exists S)S\} \wedge \neg \Diamond\{(\exists S)S \wedge \neg (\exists S)S\}$$

　즉 어떤 사실 'S'에 대해서 'S가 존립하면서 동시에 존립하지 않음'은 가능하면서 동시에 불가능하다는 것이다. 진리 대응설을 받아들이는 양진주의자들은 (λ)와 같은 양진문장에 대응하는 사태가 존립하면서 동시에 비존립하는 것이 불가능하면서 동시에 가능하다고 주장할 수 있다는 것이다. 그들은 "S(λ)가 존립하면서 동시에 존립하지 않음을 이해하기 위해서 (λ)가 참이면서 동시에 거짓임을 이해하는 것 이상 아무것도 필요하지 않다"고 주장한다.[30] 그러나 그들의 견해에 따르면, LNC도 참이면서 동시에 거짓인 양진문장이다. 그들도 이 점을 허용해야 한다고 주장한다. 다시 말해서 그들은 다음을 인정하는 것이다.

$$\Diamond\neg (\beta \wedge \neg \beta) \wedge \neg \Diamond\neg (\beta \wedge \neg \beta)$$

　그러므로 양진주의를 받아들이면 어떤 것이 가능하면서 불가능하다는 주장을 못할 이유가 없게 된다.

아모어-갑과 볼은 어떤 사태가 어떻게 존립하면서 동시에 존립하지 않을 수 있는가를 이해할 수 없고 그것은 불가능하다고 주장하는 사람들에 대해서, 그들이 그렇게 주장하는 것은 존립하면서 동시에 존립하지 않는 '관찰 가능한 사태'를 상상하려고 하기 때문이라고 말한다. 프리스트처럼 그들도 관찰 가능한 참인 모순이 실제로 존재한다는 데 강하게 개입하지는 않는다. 그러나 그들은 우리가 관찰 가능한 사태가 존립하면서 동시에 존립하지 않는다는 것이 어떤 것과 같은지를 상상할 수 없다고 해서, 그 사실로부터 양진문장이 대응하는 사실인 $S(\lambda)$가 존립하면서 동시에 존립하지 않는 것이 무엇과 같은지를 이해할 수 없다는 주장이 따라 나오지는 않는다고 주장한다.

LNC를 양진문장이라고 주장하고 어떤 문장에 대해서 불가능함과 가능함이 동시에 성립할 수 있다는 주장은 어떤 사태가 존립하면서 동시에 존립하지 않음을 설명하는 근거가 될 수 있어 보인다. 그러나 이러한 주장은 전진주의를 피할 수 없다. 어떤 명제 θ가 불가능한 명제라고 가정해보자. 그런데 LNC가 양진문장이라면, θ가 불가능한 명제라는 사실로부터 θ가 가능하지 않다는 것이 반드시 따라 나오지 않는다. 즉 θ는 불가능하면서 동시에 가능할 수 있고, 어떤 문장이 불가능하다는 것이 증명되었다고 할지라도 그 문장의 가능함이 배제되는 것은 아니게 된다. 그렇게 되면 전진주의가 불가피하게 따라 나올 것이다. 일반적으로 어떤 문장이 거짓이라는 것을 증명한다면 전진주의는 논박된다고 생각할 수 있다. 그렇지만 LNC를 양진문장이라고 주장하는 아모어-갑과 볼의 견해에 따르면 반드시 그렇지 않게 된다. 거짓이라고 증명된 그 명제가 거짓이지만 그 증명으로 그 명제가 참일 수 있음이 배제되는 것이 아니고, 어떤 명제가 거짓임이 증명되었다고 해도 그 명제가 참이 아니라는 뜻은 아니라고 주장할 수 있을 것이기 때문이다. 결국 양진주의와 진리 대응설이 양립할 수 있다고 주장하기 위해서는 전진주의까지도 부정할 수 없는 매우 큰 대가를 지불해야 한다. 결국 형이상학적 양진주의는 양진주의와 진리 대응설의 불행한 결합의 귀결인 셈이다.

프리스트는 우리가 모순적인 지각 경험을 가질 수 있고 실제로 모순적인 경험을 하기도 하지만 그렇다고 관찰 가능한 세계에 모순이 실제로 존재한다는 것이 따라 나오는 것은 아니라고 주장한다. 그의 논증은 다음과 같이 정리할 수 있다.

(1) 만약 관찰 가능한 세계가 비일관적이어서 모순이 실재한다면, 우리는 그것을 지각했을 것이다.

(2) 기이한 착시나 망상을 제외하면, 우리는 모순을 지각하지 않는다. 즉 세계에 대한 우리의 지각은 완전히 일관적이다.

(3) 따라서 관찰 가능한 세계는 일관적이다.[31]

이에 대해서 볼은 위 논증의 두 전제를 모두 비판한다. 그는 첫 번째 전제에 대해서 관찰 가능한 세계가 비일관적이라고 해도 우리가 존재하는 모순을 관찰할 수 있는 것은 아닐 수 있음을 지적한다. 예컨대 우리 인간은 일관성 여과기(consistency filters)와 같은 장치를 가지고 있어서 모순적인 현상도 그것을 일관된 것으로 걸러서 본다고 생각할 수도 있을 것이다. 그렇다면 우리가 모순을 관찰할 수 없는 것은 모순이 실재하지 않아서가 아니라 바로 그 여과기의 효과 때문일 수도 있을 것이다. 그러나 프리스트가 지적하듯이, 우리가 그러한 여과기를 가지고 있다고 가정할 만한 아무런 이유도 없다. 만약 우리가 그런 여과기를 가지고 있다면 에셔(M. C. Escher)의 그림을 볼 때와 같은 기이한 착시나 망상에서처럼 우리가 실제로 모순을 지각한다는 사실을 설명하지 못한다.[32] 이런 지각 경험은 만약 모순이 실재한다면 우리가 모순을 지각할 수 있음을 말해주고, 그러한 사실은 우리가 일관성 여과기 같은 것을 가지고 있지 않다고 믿을 만한 훌륭한 증거가 될 것이다.

볼은 경험세계에 모순이 존재한다면 그 모순은 지각될 수 있을 것이라는 주장을 인정하더라도, 어떤 것이 관찰될 수 있음(could be observed)과 관찰되었을 것임(would be observed)은 구별되어야 한다고 주장한다. (β∧¬β)가 관찰 가능한 모순이라고 해보자. 정의상 (β∧¬β)는 관찰될 수 있다. 그렇다고 (β∧¬β)가 관찰되었을 것이라고 생각해야 할 이유는 없다. 일관성 여과기 같은 가정을 하지 않더라도 관찰 가능한 사실이 관찰되지 않았을 가능성은 얼마든지 있다. 관찰될 수 있는 모순이 실재한다면 그 모순은 관찰되었을 것이라고 주장하게 할 어떤 경험적 증거도 없고, 그렇게 생각해야 할 아무런 선험적인 이유도 없다. 결국 '할 수 있음'으로부터 '했을 것임'을 추론하는 것이 정당화되지 않는 것처럼, 관찰 가능한 모순이 있다면 관찰되었을 것이라는 프리스트의 논증의 전제는 받아들일 수 없다는 것이 볼의 반론이다.

이러한 볼의 반론에 대한 가능한 하나의 응답은 관찰 가능한 참인 모순이 있다면 그것은 관찰되었을 종류의 것이라고 주장하는 것이다. 그러나 볼은 우리가 모순을 본 적이 없다는 것을 어떻게 확신할 수 있는지 반문한다. 볼에 따르면, 우리는 모순이 어떤 것과 같이 보일지에 대해서 알고 있는 것이 전혀 없고, 우리가 알고 있는 것에 대해서도 우리는 당연히 그것을 인식하지 못한 채 그것을 관찰하기도 한다.

물론 우리가 모순이 어떤 것과 같은 것일지는 미처 알지 못했다고 할지라도 만일 우리가 모순을 보게 된다면 우리가 모순을 보고 있다는 것을 인지하게 되지 않을까? 이에 대해서도 볼은 부정적으로 대답한다. 그는 어떤 모순은 그 모순의 연언지 중 하나가 어떤 모습일지와 정확하게 같을 수도 있다고 말한다. 예를 들어보자.

(γ) (내가 기르는 고양이) 야옹이가 책상 위에 있다.

야옹이가 책상 위에 있지 않은 상황에서, 우리는 단지 'ㄱγ'만을 본다. 우리가 보는 것은 'γ∧ㄱγ'와 같은 모순이 아니고 단지 'ㄱγ'일 뿐이라고 생각한다. 볼은 그러나 왜 'γ∧ㄱγ'이 우리에게 정확하게 'ㄱγ'와 같이 보이지 않아야 하는지 반문하면서 다음의 예를 제시한다.

석이는 피아노 앞에 있고 그 피아노 주위에 불투명한 천이 드리워져 있다.

'α'는 '석이가 피아노 앞에 있다'를, 'β'는 '그 피아노 주위에 불투명한 천이 드리워져 있다'를 나타낸다고 하자. 이 경우, 'α∧β'는 정확하게 'β' 와 같은 것으로 보일 것이다. 그렇다면 왜 'γ∧ㄱγ'는 이와 정확히 같은 상황이라고 할 수 없는가? 그러나 볼의 이 설명은 받아들이기 어렵다. (α∧β)가 실재 세계에서 참이지만 α는 관찰할 수 없고 β만 관찰 가능한 상황이 있을 수 있다. 같은 방식으로 (γ∧ㄱγ)도 실재 세계에서 참이지만 γ 또는 ㄱγ만을 관찰 가능한 상황이 있을 수 있다고 생각할 수 있는가? 근본적인 문제는 (α∧β)는 실재 세계에서 참일 수 있지만, (γ∧ㄱγ) 도 실재 세계에서 참일 수 있는가이다. 볼은 지금의 논증은 단순히 모순이 존재한다고 가정할 때 그것의 관찰 가능함에 대해서만 다루고 있다고 답할지도 모른다. 그러나 여전히 두 상황의 유비는 그럴듯하지 않다. (α∧β)에서는 두 개의 사태가 양립 가능하고 하나의 사태가 다른 사태의 관찰을 물리적으로 방해하고 있는 것일 뿐이지만, 이와 달리 (γ∧ㄱγ) 에서는 하나의 사태가 다른 사태의 관찰을 물리적으로 방해하고 있는 것이 아니라 두 사태가 논리적으로 성립할 수 있는가의 문제이기 때문이다.

볼은 이러한 반론에 대해서 논점 선취라고 대답할지도 모르겠다. 그러나 $(\alpha \wedge \beta)$임에도 불구하고 β로 관찰되는 사례는 얼마든지 있지만, 그 경우는 다른 경험을 통해서 원칙적으로 검증할 수도 있고, 다른 방법을 통해서 관찰할 수도 있다는 사실을 부인할 수 없다. 그러나 다른 어떤 방법을 통해서도 $(\gamma \wedge \neg \gamma)$를 관찰할 수 있을 것 같지는 않다. 적어도 $(\alpha \wedge \beta)$가 β로 관찰될 수 있는 경우가 있다는 사실로부터 $(\gamma \wedge \neg \gamma)$가 $\neg \gamma$로 관찰되는 사례일 수 있다고 주장하기에는 두 사실 사이에는 심각한 비유사성이 있음에 분명하다.

볼은 이런 반론에 대해서 모순을 관찰하는 것이 무엇과 같은지에 대해서 우리가 전혀 모르는 만큼 관찰 가능한 모순은 없다고 생각하는 경향이 있다고 답할 것이다. 즉 $(\gamma \wedge \neg \gamma)$와 같은 모순을 관찰하는 것도 어떤 것인지를 알 수 없기 때문에 실제로 모순을 관찰하면서도 그것을 모순이라고 인식하지 못할 수도 있다는 것이다. 볼은 $(\gamma \wedge \neg \gamma)$보다 더욱 강화된 사례를 통해서 자신의 주장을 뒷받침하며 다음과 같이 말한다.

> 'δ'를 관찰 가능한 참이라고 하자. 프리스트에 따르면, '$\neg \delta$'는 (물론 참은 아니지만) 관찰 가능하다. 이제 '$\delta \wedge \neg \delta$'가 참이라고 가정하자. 그렇다면 프리스트에 따르면, 그것도 관찰 가능하다. 그러나 합리적인 원리[프리스트의 논리체계인 LP]에 의해서 다음도 관찰 가능하게 된다.
>
> $(\delta \wedge \neg \delta) \wedge \neg (\delta \wedge \neg \delta)$
>
> 도대체 우리는 이것을 관찰한 적이 있는가? 또 그것은 무엇과 같이 보인다고 생각해야 하는가?[33]

볼에 따르면, 프리스트처럼 모순을 지각한 적이 없다고 주장하는 것은 모순이 실제로 있을 경우 그것이 무엇과 같이 보일 것인지를 아는 능력을 가지고 있음을 전제하는 것이다. 즉 그의 전략은 관찰에 근거해서 우리가 어떤 모순도 경험한 적이 없음을 안다는 사실에 의존하는 것이다. 다시 말해서 프리스트는 "우리는 모순을 본 적이 없다"는 주장의 정당성을 일상적인 관찰에서 확보하려는 것이다. 그런데 우리는 모순이 어떻게 보일지에 대해서 전혀 모르고 있기 때문에, 우리가 모순을 본 적이 있는지 없는지는 일상적 관찰에 근거해서 대답할 수 있는 문제가 아니라는 것이 볼의 주장이다.[34]

그러나 여전히 볼은 모순의 관찰 가능성을 "모순을 관찰하는 것이 무엇과 같은지를 알 수 없음"에 의존하고 있다. 그렇다면 왜 모순을 관찰하는 것이 무엇과 같은지 알 수 없는가라는 질문에 대해서 답해야 할 부담은 모순의 관찰 가능성을 허용하는 볼에게 있다. 결국 모순의 관찰 가능성은 논쟁적인 문제로 남겨질 수밖에 없고 그럴 경우 우리는 직관에 호소하는 것이 상식적이며, 관찰 가능한 모순이 있다고 주장하는 측에 입증 부담이 주어진다고 보아야 할 것이다.

볼과 콜리반은 프리스트의 위의 논증을 비판하는 데에서 한 걸음 나아가 관찰 가능한 모순이 실제로 존재한다고 주장한다. 즉 그들은 관찰 가능한 모순이 있다는 주장에 대한 입증 책임을 하려고 한다. 그들은 분명하게 존재하는 모순의 예로 "이 헝겊 조각이 자청색(purplish-blue)임"을 든다. 자청색의 헝겊 조각은 청색(blue)이면서 동시에 청색이 아니기 때문에 모순적인 존재라는 것이다.

어떤 사태가 관찰 가능하다는 것을 두 가지로 설명할 수 있다. "(i) 어떤 사태 σ임이 사실이라는 것이 관찰될 수 있다면 그리고 오직 그럴 경우에만 그 사태 σ는 관찰 가능하다. (ii) 어떤 사태 자체가 관찰될 수 있다면 그리고 오직 그럴 경우에만 그 사태는 관찰 가능하다." 그리고 볼과 콜리반은 (i)을 약한 의미의 관찰 가능함으로 (ii)를 강한 의미의 관찰 가능함으로 부른다.[35] 이렇게 구별하고 나면, 자청색의 헝겊에서 모순을 볼 수 있다고 할 때 관찰 가능함은 단순히 약한 의미에서 관찰 가능함일 뿐이라고 생각할 수 있다. 그러나 그들은 자청색의 헝겊 조각의 청색임을 보고 동시에 그 조각의 보라색임, 즉 청색이 아님을 관찰하는 것으로 생각할 수 있고, 따라서 우리는 자청색의 헝겊 조각에서 모순을 강한 의미에서 관찰하는 것이라고 주장한다.

우리가 자청색의 헝겊을 볼 때, 또는 대머리인지 아닌지 모호한 사람을 볼 때, 모순을 본다고 할 수 있는가? 우리는 단지 개념의 모호함 때문에 그렇게 표현할 것일 뿐, 우리는 자청색의 헝겊을 보고 대머리인지 아닌지 모호한 속성을 지닌 대상을 보는 것일 뿐 아닌가? 볼과 콜리반이 예상하듯이, 그렇다면 우리가 모순을 관찰한다고 할지라도 그것은 약한 의미에서 관찰하는 것일 뿐이다. 그러나 그들은 이러한 반론에 대해서 그렇다면 강한 의미에서 관찰 가능한 사실은 거의 없게 된다고 주장한다.

예를 들어서 우리는 지구가 돈다는 사실도 강한 의미에서 관찰할 수 없다. 우리가 관찰하는 것은 회전하는 하늘이다. 우리가 지구가 돈다고 결론을 내리기 전에 수많은 추론과 이론이 관계한다. 이러한 견해에 따르면, 모순이 강한 의미에서 관찰 가능하다는 것을 확립할 수 없다고 할지라도 많은 다른 직관적으로 관찰 가능한 사실들(지구가 돈다는 것과 같은)과 마찬가지 의미에서 모순을 관찰할 수 있다는 것을 확립한 셈이다.[36]

그들은 관찰 가능한 모순이 있다는 것은 생각하는 것만큼 기이한 것도 아니라고 주장하고, 나아가서 프리스트는 관찰 가능한 모순이 없다고 주장하기 위해서 "우리가 모순을 본다면 그것을 인식할 것이다"라고 전제하는데, 우리가 자청색을 보면서 모순을 본다고 인식하지 않는다는 사실이야말로 그 전제의 반례라고 주장한다. 그들에 따르면, 모호성은 세계에 존재하는 것이지, 단순히 세계에 대한 우리의 기술 때문에 발생하는 것이 아니다. 즉 모호성은 관찰 가능한 세계의 특성인 것이다. 최선의 과학 이론의 언어는 세계를 정확하게 표상한다고 생각할 만하고, 따라서 최선의 과학 이론의 언어가 모호하다면 그것은 세계의 특성이 모호하다고 생각하는 것이 당연하다는 것이다.

볼과 콜리반은 관찰 가능한 세계에 모순이 있어도 반드시 관찰 가능한 것이 아니라는 주장과 우리는 실제로 모순을 관찰하면서도 그 사실을 인지하지 못했을 수 있으며, 모호한 대상과 같이 관찰 가능한 모순이 있다고 주장하면서 프리스트의 논증을 비판한다. 프리스트의 첫 번째 전제에 대한 그들의 비판은 받아들일 만하다. 즉 관찰 가능한 세계에 모순이 있다고 할지라도 이를 관찰하지 못했거나 관찰했다고 할지라도 그것을 모순으로 인지하지 못했을 수 있다는 주장은 받아들일 만하다. 그러나 그렇다고 해서 바로 관찰 가능한 모순이 있다는 것이 따라 나오는 것은 아니다. 그래서 그들은 관찰 가능한 모순이 존재한다고 주장하면서 그 예로 모호한 대상을 제시한다. 과연 모호한 대상을 모순이라고 할 수 있는가?

타코는 LNC는 논리적 원리라기보다는 세계를 구성하는 실재의 구조를 제한하는 형이상학적 원리라고 주장한다. 이를 논증하기 전에 그는 LNC에 대하여 "P이면서 동시에 P가 아닐 수 없다"는 정식화는 만족스럽지 않다고 말하면서, LNC에 대한 올바른 정식으로 아리스토텔레스의 정의를 제시한다.

동일한 속성이 동일한 대상에 동일한 관점에서 동시에 속하면서 속하지 않을 수 없다.[37]

LNC를 이렇게 표현하는 것이 옳다면, LNC는 어떤 대상이 배타적인 두 개의 속성을 지닐 수 없다는 직관을 표현하는 것이고, 따라서 위 정식에서 사용된 부정(not)은 베르토와 그림(P. Grim) 등의 용어를 따라 다음과 같은 "배제 형성의 부정(exclusion-forming negation)"이라고 이해할 수 있다.

x는 Φ가 **아니다**↔x가 Ψ인 그러한 Ψ가 있고 Ψ임은 Φ임을 배제한다.

타코는 아리스토텔레스의 LNC가 '부정'을 사용하고 있기는 하지만 LNC에서 중요한 점은 동시에 어떤 속성을 가짐과 그 속성을 결여함의 배타성의 문제라고 지적한다. 아리스토텔레스의 LNC 정의에 사용된 부정을 배제 형성의 부정으로 이해하면 LNC를 다음과 같은 배제의 원리(principle of exclusion)로 해석할 수 있다.

어떤 존재자가 P이면서 동시에 P가 아니라는 것은 불가능하다.

(It is impossible for an entity to be P and to be not P.)

즉 LNC가 말하는 것은 어떤 대상이 어떤 속성을 가지면서 동시에 결여하는 것은 불가능하다는 것이다. 이렇게 LNC를 이해하면 LNC는 명제에 대해서가 아니라 존재하는 대상에 관한 제한을 하는 원리로 이해할 수 있고, 자연스럽게 세계를 구성하는 실재에 대해서 제한을 가하는 원리라는 점을 받아들일 수 있을 것이다.

정신 독립적인 실재로서 존재자들은 아마도 어떤 종류의 원리에 의해서 지배된다.(그렇지 않다면 그 존재자에 대해 우리가 경험하는 질서는 없을 것이다.) 즉 어떤 종류의 존재자가 어떤 종류의 속성을 가질 수 있고, 가질 수 없음에 대한 제한이 있다. (⋯) 실체는 무모순율에 부합하는 방식으로 존재하는 것 같다.[38]

타코는 LNC를 이렇게 배제의 원리로 이해하면 LNC가 세계를 구성하는 실재에 대해 제한을 가하는 형이상학적 원리라는 것과 우리의 관찰이 이 원리와 부합하는 이유를 설명할 수 있다고 주장한다. 나아가서 배제의 원리로서 LNC는 경험세계가 일관된 세계임의 근거가 된다고 주장한다. 그의 논증은 간단히 다음과 같이 정리할 수 있다.

(1) 배제의 원리에 따라, 하나의 존재자가 두 개의 상호 배타적인 속성을 가질 수 없다.

(2) 모순이 존재하기 위해서는 하나의 존재자가 두 개의 상호 배타적인 속성을 가져야 한다.

(3) 따라서 모순은 존재하지 않는다.

대부분의 철학자들은 (1)을 받아들일 것이다. 문제가 되는 전제는 (2)이다. 배제의 원리가 옳다면 모순은 존재할 수 없는 것인가? 배제의 원리를 어기지 않는 모순이 있다면 (2)는 부정될 것이다. 그러나 배제의 원리가 옳음에도 모순이 존재한다고 주장하기도 어려워 보인다. 결국 이 논증은 건전해 보인다.

그러나 형이상학적 양진주의를 옹호하는 볼과 콜리반은 배제의 원리를 어기는 모순이 있다고 주장한다. 즉 전제 (1)의 반례로 자청색의 헝겊이나 대머리인지 아닌지 모호한 대상이 실재하는 모순이라고 주장한다. 그러나 이는 엄밀하게 말해서 배제의 원리를 어기는 모순이라고 할 수 없다. 어떤 헝겊 조각이 특정한 색(그것이 자청색이든 회백색이든)을 갖는다면 그것은 그 색을 가질 뿐 그 색을 동시에 결여할 수는 없다. 또 어떤 사람이 대머리인지 아닌지 모호하다고 해서 그가 대머리임의 속성과 대머리가 아님의 속성을 동시에 갖는다고 할 수는 없다. 그는 특정한 머리카락 수를 가지고 있으며, 어떤 기준에 따라 그에게 대머리임의 속성을 부가한다면 동일한 기준에 의해서 그에게 동시에 대머리가 아님의 속성을 부여할 수는 없을 것이다. 배제의 원리를 어기는 진정한 의미의 모순적 대상이란, 특정한 색깔(그것이 자청색이든 회백색이든)을 가지면서 동시에 그 색깔을 갖지 않는 대상, 그리고 특정한 수의 머리카락 수를 가지면서 동시에 그만큼의 머리카락을 갖지 않는 대상이다.

고유명사에 대해서도 마찬가지 주장이 가능하다. 한강이라고 할 수 있는지 아닌지 모호한 지역이 있을 수 있다. 우리는 그 지역을 한강이라고 할 수도 한강이 아니라고 할 수도 있을 것이다. 그렇다고 그 지역이 배타적인 두 개의 속성을 갖는 것은 아니다. 형이상학적 양진주의자들이 말하는 모호한 속성을 지니는 존재는 배제의 원리를 어긴다고 할 수 없고 그 자체로 관찰 가능한 모순이라고 할 수 없다.

그 외에 형이상학적 양진주의자들이 인정하는 관찰 가능한 모순은 어떤 것이 있는가? 분명하게 자신이 형이상학적 양진주의자인지에 대해서 중립적인 견해를 취하는 프리스트는 참인 모순이 존재하기 위해서, 즉 형이상학적 양진주의를 유지하기 위해서 다음 세 가지 가정이 참이어야 한다고 말한다.

① 언어 외적인 실체가 존재한다. 이 실체에 대해서 의미 있게 일관

되거나 비일관된다고 말할 수 있어야 한다는 의미에서 명제적이어야 한다.

② 실체는 대상과 속성의 결합과 같은 사실로 구성된다. 사실의 구조 내에서 언어에서 부정에 대응하는 어떤 것이 존재해야 한다.

③ 사실에는 극성이 있다. 즉 f+는 α를 참으로 만드는 가능한 사실이고, 또한 ¬α를 참으로 만드는 짝이 되는 사실인 f-가 있어야 한다.[39]

이로부터 형이상학적 양진주의자들은 f+와 f-가 존재할 수 있다는 점에서 실재세계에 참인 모순이 존재할 수 있다고 주장한다. 그러나 문제는 바로 ¬α를 참으로 만드는 부정적 사실이 존재한다고 주장할 수 있는가이다. 부정적 사실의 존재를 설명하는 하나의 방식으로 극성 개념을 통해서 부정적 사실의 존재를 허용할 수 있다는 주장은 볼과 프리스트의 논문에서 처음 등장한다.[40]

볼의 형이상학적 양진주의에 따르면, 참인(거짓인) 문장과 사실(fact) 사이에는 직접적인 대응이 있다. 따라서 참인 모순이 있다면, 그에 대응하는 사실도 존재해야 한다. 볼은 사실을 다음과 같은 구조로 설명한다.

$$\langle r_n, d_1, d_2, (\cdots) d_n, i \rangle$$

여기서 r_n은 n-항 속성으로 속성과 관계들의 집합 R의 원소이고, d는 개별자들로 개별자들의 집합 D의 원소이다. 그리고 i는 긍정(1)과 부정(0)을 뜻하는 극성을 나타낸다. 문장은 다음과 같이 표현할 수 있다.

$$p_n(c_1, c_2, (\cdots) c_n)$$

여기서 p_n은 n-항 술어이고, c_1, c_2, $(\cdots)$ c_n은 단칭용어를 나타낸다. 그리고 $\delta(p_n)$는 R의 원소이고, $\delta(c_i)$는 D의 원소라고 하자. 그러면 위 문장이 참이라 함은 $\langle\delta(p_n), \delta(c_1), \delta(c_2), (\cdots) \delta(c_n), 1\rangle$이 사실일 때이고, 이 문장이 거짓이라 함은 $\langle\delta(p_n), \delta(c_1), \delta(c_2), (\cdots) \delta(c_n), 0\rangle$이 사실일 때이다.[41] 볼의 이러한 설명에 따르면, 참(거짓)인 문장과 사실 사이에는 직접적인 대응이 존재한다. 볼은 하나의 문장과 그 문장의 거짓이 동시에 참일 수 있으며, 동일한 세계에서 어떤 긍정적인 사실과 그에 대응하는 부정적 사실이 동시에 얻어질 수 없도록 하는 것은 없다고 주장한다. 볼의 견해를 받아들이면, 우리는 매우 분명한 형이상학적 양진주의의 버전을 갖게 된다. 다시 말해서 하나의 문장과 그것의 부정이 동시에 참일 수 있으며 각각의 문장을 참으로 만드는 사실이 존재한다. 그러므로 볼은 모순을 범하지 않고는 세계를 정확하고 완전하게 기술할 수 없고, 만약 어떤 사실과 그 사실의 부정의 연합이 동시에 얻어지는 그러한 사실이 있다면, 세계에 대한 일관된 기술은 어떤 것도 적어도 하나의 사실을 기술하지 못하고 있는 셈이라고 주장한다.

도대체 진리 제조자로서 사실이 극성을 가지고 있다는 것은 무슨 뜻인가? 볼이 인식하고 있듯이 그것은 형이상학적 양진주의를 옹호하기 위한 미봉적(ad hoc) 장치일 뿐 아닌가? 이에 대해서 볼은 물리학의 극성 개념과의 유비를 통해서 대답한다.[42] 그러나 이 비유는 설득력이 없어 보인다. 전기력을 지닌 입자의 극성은 경험적 증거에 의해서 약한 의미에서라도 관찰 가능한 반면, 진리 제조자로서 객관적인 사실이 지닌다고 가정된 극성은 아무런 경험적 근거도 갖지 않기 때문이다. 이에 대해서 볼은 다음과 같이 주장한다.

사실의 극성들은 물리학의 극성들보다 더도 덜도 신비롭지 않다. (…) 그러한 극성들은 과학에서 자료를 설명하기 위해서 가정된다. 그 상황은 정확하게 형이상학의 관점과 일치한다. 사실의 극성들은 세계에서 우리가 관찰하는(see) 종류의 속성은 아닐 수 있다. 그러나 이것은 그러한 속성의 존재에 반대할 근거는 아니다. (…) 사실의 속성은 [형이상학과 진리론에 관한] 직관을 설명하기 위해 가정된다. 이렇게 그러한 극성의 가정은 과학에서 극성의 가정과 상세한 점에서는 다르지만, 둘 모두 이론을 설명하고 수용하기 위해서 가정되는 것이다.[43]

그러나 형이상학에서 설명되어야 할 자료라는 것이 도대체 무엇인가? 물리학에서 경험적 자료에 의존한다는 것은 분명하지만, 형이상학에서 설명해야 할 그런 종류의 자료가 있는가? 물론 형이상학도 경험적 사실과 일관될 필요가 있고, 미래의 관찰을 예측할 수 있기를 기대할 수는 있다. 그리고 사실이 극성을 갖는다는 가정을 받아들인다고 할지라도 그로부터 모순적 사실이 존재한다는 것이 따라 나오지는 않는다. 사실이 극성을 갖는다는 가정은 부정적 사실이 존재한다는 것을 설명하는 것일 뿐, 여전히 하나의 사실이 두 개의 극성을 동시에 가질 수 있음을 보이는 것은 아니다.

지금까지 관찰된 모든 경험적 사실은 형이상학적 양진주의를 지지할 만한 아무런 경험적 근거가 되지 않는다. 오히려 지금까지 관찰된 모든 경험적 자료는 배제의 원리로 해석된 LNC에 부합하고, 적어도 LNC의 반례일 수는 없다.

요컨대 형이상학적 양진주의자들은 모호한 대상을 실재하는 모순적 대상이라고 주장하고 사실에 대한 극성의 개념을 도입하여 긍정적 사실과 그에 대응하는 부정적 사실이 동시에 존재할 수 있다고 주장한다.

그러나 LNC를 아리스토텔레스의 정식화에 따라 배제의 원리로 이해하면 모호한 대상은 배제의 원리를 어기는 모순적 대상이 아니고, 극성 개념을 통해서 긍정적 사실과 동시에 부정적 사실이 존재할 수 있다는 주장은 아무런 경험적 근거도 가질 수 없는 가정일 뿐이다. 오히려 우리의 경험적 사실은 배제의 원리로서의 LNC를 뒷받침한다. 결국 배제의 원리로서 LNC는 세계를 구성하는 실재에 대하여 모종의 제한을 하는 형이상학적 원리라고 이해해야 한다.

형이상학적 양진주의에 대하여 평가하고 LNC에 대해 정확하게 이해하기 위해서, 지금까지 (i) 형이상학적 양진주의는 진리 대응설과 양립 가능한가, (ii) 관찰 가능한 모순은 있는가, 즉 실재세계에 모순이 존재하는가, 그리고 (iii) LNC는 언어와 사고의 법칙인가, 세계의 구조를 제한하는 형이상학적 원리인가라는 질문을 던지고 이에 대한 답을 제시하고자 했다. 양진주의와 진리 대응설이 양립한다고 주장하려면 전진주의도 받아들여야 한다는 점을 논증함으로써 전진주의를 거부하는 한 양진주의가 진리 대응설과 양립 가능하다는 주장은 포기되어야 한다고 주장했다. 그리고 실재세계에 모순이 존재한다는 주장은 경험적, 선험적 증거가 없으며, LNC를 아리스토텔레스의 정식화에 따라 배제의 원리로 이해하면 실재세계에 모순이 존재한다는 주장은 받아들일 수 없고, LNC가 주장하는 바가 배제의 원리임을 논증하였다. 결론적으로 실재세계는 배제의 원리에 의해서 규정되는 세계이고 따라서 실재세계는 일관된 세계이며, 관찰 가능한 모순은 없고, 형이상학적 양진주의는 받아들일 수 있는 견해가 아니다.

3. 의미론적 양진주의

앞 절에서 이미 언급했듯이, 메이어는 형이상학적 양진주의와 의미론적 양진주의라는 두 가지 형태의 양진주의를 제시한다. 형이상학적 양진주의는 세계가 비명제적인 모순, 모순적인 대상을 포함하고 있기 때문에 참인 모순이 실제로 존재한다고 주장하는 견해인 반면, 의미론적 양진주의는 참인 모순을 야기하는 것은 단순히 의미론적인 사실일 뿐이라고 주장하는 견해이다. 의미론적 양진주의를 옹호하는 사람들도 우리의 언어에 참인 모순이 있다고 주장하는 데는 여러 가지 서로 다른 이유를 제시한다. 메이어는 모호성이 일반적으로 세계의 속성이 아니라 미흡결정적인(under-determined) 술어에 의해서 야기되는 일상 언어의 속성이라고 간주되는 것처럼, 참인 모순도 과잉결정적인(over-determined) 술어에 의해서 야기되는 일상 언어의 속성이라고 주장한다. 볼은 이와 대조적으로 참인 모순은 '참' '만족' 등과 같은 의미론적 개념을 사용함으로써 나타나는 불가피한 결과라고 주장한다.

볼에 따르면, 진리는 유한한 존재로서 우리의 표현상의 한계를 극복하기 위해서 구성된 논리적 장치이다. 이 논리적 장치는 어떤 모순이 참이라는 것을 낳지만, 그것은 단지 "아주 재미없고, '수축된' 의미에서일 뿐이다."[44] 그는 우리가 적절한 능력만 가지고 있다면 진리술어 없이도 세계를 완전하게 기술할 수 있다고 주장한다. 진리술어를 갖지 않은 토대언어, $\mathcal{L}$은 원칙적으로 경험세계를 완전하게 기술할 수 있을 정도로 충분하지만, 우리가 투명한(transparent) 진리술어를 도입하여 사용하는 이유는, 진리술어가 없으면 $\mathcal{L}$로는 표현할 수 없는 세계에 대한 어떤 특징이 있어서가 아니라 진리술어가 세계를 기술하는 것과 관련된 우리의 유한성을 극복할 수 있게 해주기 때문이다. 진리술어는 세계에 대한 '새로운 주장'을 만들어내는 것이 아니라 우리의 여러 가지 한계 때문에 표현할 수 없었던 세계에 대한 주장을 편리하게 해주기 때문이라는 것이다. 그러므로 볼에 따르면, 전지전능한 신이 있어서 그러한 한계를 갖지 않는다면, 그 존재는 진리술어 없이 지낼 수 있을 것이다.[45]

그러나 일상 언어의 문법적 특징 때문에, 예컨대 유명한 거짓말쟁이 문장이나 참말쟁이 문장과 같이 진리술어가 제거될 수 없는(truth-ineliminable) 새로운 진술이 있다. 다음과 같은 참말쟁이 문장을 생각해보자.

(τ) 이 문장은 참이다.

이 문장이 구성되는 방식 때문에, 이 문장에 등장하는 진리술어는 진리술어에 대한 대체 규칙(substitution rules)으로 제거될 수 없다. (τ)는 직접적으로 모순을 낳는 논증을 만들어내지는 않는다는 점에서 거짓말쟁이 문장과는 다르다. (τ)는 일관성 있게 참이거나 거짓이다. 단지 어떤 것에 의해서도 그 문장의 값이 그중에서 어떤 것인지를 결정하지 못할 뿐이다. 볼은 그러한 문장에 대한 가장 간단한 설명으로 그러한 문장을 양진문장으로 간주할 것을 제한한다. 즉 진리술어를 제거할 수 없는 그런 종류의 문장을 양진문장으로 간주하자는 것이다. 그런데 그 견해는 문제가 있는데, 예컨대 "자신에 대해서 자신이 참이면 모든 문장이 참"이라는 커리문장도 진리술어를 제거할 수 없는 문장인데, 전진주의를 피하려고 한다면 커리문장을 양진문장으로 간주할 수 없다. 이 점을 인식하면서 볼은 진리술어를 제거할 수 없는 문장은 모두 양진문장이라는 자신의 주장을 제한해서, 진리술어를 제거할 수 없는 문장 중에서 조건문이 포함되지 않은 문장을 양진문장이라고 주장한다. 그러나 그렇게 양진문장을 제한한다고 해도 여전히 문제는 남는다. 다음과 같은 문장을 생각해보자.

(μ) 이 문장은 참이고 숫자 7은 초록색이다.

만약 (μ)를 양진문장이라고 간주한다면, (μ)는 참이기도 하다. 따라서 '숫자 7은 초록색이다'가 따라 나온다. 다시 말하면 (μ)를 양진문장이라고 하면, 임의의 문장이 참이라는 전진주의가 따라 나오게 된다. 분명히 볼의 이론에서 (μ)는 $\mathcal{L}$의 문장으로 구성될 수 있기 때문에, $\mathcal{L}$이 전진적인 모형(trivial model)을 허용할 수밖에 없게 되는 것이다.

볼은 진리술어를 포함하지 않는 토대언어, $\mathcal{L}$은 전적으로 일관성을 갖고 고전적인 언어라고 주장한다. 그런데 $\mathcal{L}$에 Tr(⟨x⟩)와 같은 일반화 하는 표현장치를 덧붙인다면, 그것은 참이면서 동시에 거짓인 진리술어를 제거할 수 없는 문장, 즉 그가 "양진적인 스팬드럴(spandrels)"이라고 부른, 진리술어를 제거할 수 없는 참이면서 동시에 거짓인 문장을 낳는다. 그에 따르면, 양진문장이 발생하는 유일한 이유는 바로 양진적인 스팬드럴 때문이다. 이런 의미에서 양진문장은 단순히 의미론적 현상일 뿐이다.[46]

이것이 바로 볼의 "단순히 의미론적인 양진주의"이다. 즉 진리술어를 갖지 않은 토대언어 $\mathcal{L}$은 완벽하게 일관되고 고전적이고, 우리가 유한성을 갖지 않는다면 이 언어로 모든 것을 충분히 서술할 수 있다. 그런데 우리의 유한성 때문에 우리는 투명한 진리술어를 도입해야만 하고, 그것이 바로 불가피하게 양진적 스팬드럴을 낳는다는 것이다. 그러므로 양진문장은 단순히 의미론적일 뿐이고 모순은 우리의 일관된 언어의 나머지에 대해서 아무런 악영향도 미치지 않는다는 것이다.

그런데 이러한 볼의 견해에 문제가 있는 것 같다. LP*의 많은 모형들 중에는 그 모형의 모든 문장이 참이면서 동시에 참이 아닌(true and untrue) 전진적인 모형이 있을 수 있다. 물론 볼은 그런 모형은 유용하지 않기 때문에 그것의 존재를 인정할 필요가 없다고 이를 거부한다. 볼에 따르면 그런 전진적인 모형은 아직 틀렸음이 입증되지 않은 어떤 것도 틀렸다는 것을 입증할 수 없을 것이기 때문에 그런 모형은 유용하지 않다고 주장하고 따라서 그런 모형을 인정할 필요가 없다는 것이다.[47] 그러나 전진적인 모형이 그 자체로 어떤 것을 입증하는 것과 관련된 유용성을 갖지 않는다는 사실을 인정한다고 할지라도 그로부터 그것의 존재 자체를 거부해야 한다는 것은 따라 나오지 않는다. 경제성의 원칙에 호소해서 가능한 한 적은 수의 모형의 존재를 인정하는 것이 옳은 선택이겠지만, 적법한 논리학의 모형을 배제하는 것과 관련된 특별한 근거를 포함하는 경제성의 원칙이 없는 한, $\mathcal{L}$의 전진적인 모형을 거부하기는 어려울 것 같다. 결국 $\mathcal{L}$의 전진적인 모형의 존재는 우리에게 전진적인 상황이 LP*에서 논리적으로 가능하다고 말해준다. 따라서 그것은 이론적으로 아무런 역할을 하지 못한다고 생각해서는 안 될 것이다.

다른 한편으로 볼에게는 전진적인 모형이 없다는 것은 매우 중요하다. 볼이 받아들이는 무모순율의 양상법칙(Modal Law of NonContradiotion: 이하 MLNC)은 다음과 같다.

(MLNC) $\neg \Diamond (\varphi \wedge \neg \varphi)$

단순하게 가능한 어떤 모순 α에 대해서, 우리는 $\Diamond (\alpha \wedge \neg \alpha)$을 가질 수 있다. 그리고 MLNC에 의해서 $\neg \Diamond (\alpha \wedge \neg \alpha)$이므로, 단순하게 가능한 임의의 모순은 가능하면서 동시에 불가능한 현실적 모순을 낳는다. 만약 그 α가 $\mathcal{L}$의 문장이라면 $\Diamond (\alpha \wedge \neg \alpha) \wedge \neg \Diamond (\alpha \wedge \neg \alpha)$도 $\mathcal{L}$의 문장이다.

따라서 볼의 이론이 전진적인 모형을 허용한다면, L의 모든 문장을 포함해서 모든 문장은 참이고 동시에 참이 아니기 때문에, $\mathcal{L}$의 모든 문장 φ에 대해서 우리는 $\Diamond(\varphi \wedge \neg \varphi)$와 $\neg \Diamond(\varphi \wedge \neg \varphi)$를 갖는다. 그렇다면 전진적인 모형의 존재는 (그것의 현실세계로부터의 접근 가능성을 전제하면) 토대언어 $\mathcal{L}$을 비일관성으로 넘쳐나가 함으로써 볼의 의미론적 양진주의를 받아들이기 어렵게 한다.

더욱이 그 점은 전진적인 모형을 넘어서 확장된다. 토대언어의 모순을 포함하는 모형이 있다면, 우리는 현실적 모순을 만들어내는 유사한 논증을 전개할 수 있다. MLNC는 효과적으로 어떤 모순도 논리적으로 가능하지 않다고 말하고 있다. 그러나 많은 모순이 논리적으로 가능하기 때문에, MLNC는 양진적이다. 모든 모순은 논리적으로 불가능하지만, 가능한 것도 있다. 그러나 위에서 제시된 논증은 볼이 모든 토대언어의 모순은 논리적으로 불가능할 뿐이라는 주장에 개입하고 있음을 의미한다. 볼은 양진주의자이기 때문에, 이 주장의 동기가 무엇인지 이해하기 어렵다.

비록 메타 이론에 의해서이기는 하지만, 볼은 받아들일 수 있는 논리학의 모형을 제한할 수 있고, 따라서 토대언어에 일관성을 부여할 수 있다. 그렇다면 문제는 그가 이렇게 그 이론을 제한할 수 있다는 데 있는 것이 아니라 그 제한의 동기에 있다. 이것은 피노키오 역설과 관련된 볼과 엘드리지-스미스 사이의 논쟁의 중요한 결말이다.

엘드리지-스미스(P. Eldridge-Smith)가 제시한 피노키오 역설(Pinocchio Paradox)[48]이란 다음과 같은 피노키오 원리(Pinocchio Principle: 이하 PP)와 피노키오 진술(Pinocchio Statement: 이하 PS)에 의해서 발생한다.

(PP) 피노키오가 거짓말을 할 경우 그리고 오직 그럴 경우에만 피노키오의 코가 커진다.

(PS) "내 코가 커진다."

(PP)가 성립하고, 피노키오가 (PS)를 발화할 경우 역설이 발생한다. (PS)를 참이라고 할 경우, 피노키오는 참인 진술을 했기 때문에 (PP)에 의해서 피노키오의 코는 커지지 않아야 하고 따라서 (PS)는 거짓이 된다. 또한 (PS)를 거짓이라고 할 경우, 피노키오는 거짓 진술을 했기 때문에 (PP)에 의해서 코가 커지게 될 것이고 따라서 (PS)는 참이 된다. 결국 "피노키오의 코가 커진다면 그리고 오직 그럴 경우에만 피노키오의 코는 커지지 않는다"는 모순이 발생한다. 이를 형식화해서 설명하면 다음과 같다.

1. $Tr(\langle PS \rangle)$ (가정)
2. $Tr(\langle PS \rangle) \leftrightarrow$ '피노키오의 코는 커지지 않는다.' [(PP)의해서]
3. $Tr(\langle PS \rangle) \leftrightarrow$ '피노키오의 코는 커진다.' [Tr-추론에 의해서]
4. '피노키오의 코는 커진다.' $\leftrightarrow$ '피노키오의 코는 커지지 않는다.'
   [2, 3에 의해서]
5. $Tr(\langle \neg PS \rangle)$ (가정)
6. $Tr(\langle \neg PS \rangle) \leftrightarrow$ '피노키오의 코는 커지지 않는다.' [Tr-추론에 의해서]
7. $Tr(\langle \neg PS \rangle) \leftrightarrow$ '피노키오의 코는 커진다.' [(PP)의해서]
8. '피노키오의 코는 커진다.' $\leftrightarrow$ '피노키오의 코는 커지지 않는다.'
   [6, 7에 의해서]
9. '피노키오의 코는 커진다.' $\leftrightarrow$ '피노키오의 코는 커지지 않는다.'
   [1, 4와 5, 8의 경우에 의한 논증]

피노키오 역설은 거짓말쟁이 역설의 변형이라고 할 수 있지만, 결정적인 차이점은 이 역설에는 의미론적 술어가 포함되어 있지 않다는 것이다. 즉 '피노키오의 코가 커짐'은 의미론적 사실이 아니라 물리적 사실이다. 또한 피노키오가 거짓말을 할 때 그의 코가 커진다고 할지라도 그 두 사실 사이의 관계는 "인과적이거나 어떤 다른 성질을 갖는다고 생각될 수는 있지만 의미론적인 관계는 아니다."[49] 피노키오 역설이 이러한 특징을 갖기 때문에, 대상언어와 메타언어를 구별하여 대상언어에서 의미론적 술어를 배제함으로써 거짓말쟁이 역설을 해결하려는 타르스키 식의 해결책은 피노키오 역설에는 적용될 수 없다. 언어의 위계를 통해서 피노키오 역설을 해결하려고 한다면, '커진다'와 같은 경험적 술어도 대상언어에서 그 사용을 제한해야 하는데 이는 받아들이기 어려운 제안이기 때문이다. 이런 제안을 받아들인다면, 그것은 다른 이유 없이 단순히 피노키오 역설과 같은 문제를 해결하기 위한 미봉적인 방안일 뿐이다. 그뿐 아니라 피노키오 역설과 같은 유사한 문제는 얼마든지 구성될 수 있을 텐데 그럴 때마다 관련된 경험적 술어를 제한해야 하는 문제에 직면하게 될 것이다.[50]

그러나 엘드리지-스미스가 피노키오 역설을 통해서 주요한 비판 대상으로 삼은 것은 의미론적 양진주의이고, 볼은 형이상학적 양진주의를 옹호하기도 하지만 기본적으로 자신의 양진주의를 축소된(deflated) 양진주의, 즉 의미론적 양진주의라고 주장하기 때문에, 엘드리지-스미스의 의미론적 양진주의에 대한 비판에 답하려고 한다. 엘드리지-스미스에 따르면, 피노키오 역설은 의미론적 역설에 대해서 의미론적 양진주의가 제공하는 해결책으로는 해결할 수 없는 버전의 의미론적 역설에 해당한다. 엘드리지-스미스는 의미론적 양진주의에 대해서 다음과 같이 설명한다.

[의미론적] 양진주의자들은 '폭발', 단 하나의 모순이 참이면 모든 것이 참이 된다는 논리적 전염병을 약삭빠르게 피한다. 양진문장은 그들의 의미론 속에 있고 적절한 초일관성 논리에 의해서 유지된다. 약삭빠른 양진주의자들은 형이상학적 모순은 믿지 않고 단지 의미론적 모순만 믿는다. (…) 열려진 문에 양쪽 다리를 벌리고 서면 방안에 있음과 방안에 있지 않음이 가능하다. 그들에게 이것은 물리적으로 존재하는 곳에 대한 모순을 가정하는 것이 아니다. '방안에 있음'은 경험적 술어인 반면, 그들이 서 있는 곳에 대한 모순은 동시에 두 장소에 있지 않음이라는 해석의 문제이기 때문이다.[51]

다시 말해서 의미론적 양진주의자들은 어떤 사람이 한 발은 방 안에 다른 발은 방 밖에 두는 것이 가능하지만, 이것은 경험적 물리세계에 모순이 있다는 것을 말하는 것은 아니며, 단순히 그러한 물리적 사실을 언어로 기술할 때 모순이 등장할 뿐이라는 것이다. 그러나 엘드리지-스미스는 이런 의미론적 양진주의가 피노키오 역설에 대한 적절한 해결이 될 수 없음을 다음과 같이 지적하고 있다.

그러나 (…) 피노키오 역설은 그러한 해결에 저항하는 거짓말쟁이 역설의 버전이다. 피노키오 역설은 (…) '나의 코가 커진다'는 피노키오 진술이 참이라는 사실에 의존한다. '커진다'는 경험적인 술어이지 의미론적인 술어가 아니다. 더욱이 피노키오의 코가 커지고 동시에 커지지 않는지 여부는 단순히 해석의 문제가 아니다. 만약 피노키오의 코가 커지면서 동시에 커지지 않는다는 것이 참인 모순이라면 그러한 세계는 단순히 의미론적으로 불가능할 뿐만 아니라 형이상학적으로 불가능하다.[52]

다시 말해서 피노키오 이야기에서 발생하는 사태는 어떤 사람이 한 발을 방 안에 다른 발을 방 밖에 두고 있는 사태와 달리 그 사태에 대한 해석에서 모순이 발생하는 것이 아니라, '코가 커짐'과 '코가 커지지 않음'이라는 실재적 모순이 발생한다는 것이다. 그러나 엘드리지-스미스의 비판에 대해서 볼은 피노키오 역설이 의미론적 양진주의에 대한 심각한 비판이 될 수 없음을 이발사의 역설(barber's paradox)과 비교하여 설명한다.

> 이발사의 역설을 생각해보자. 양진주의자들이 왜 스스로 면도하면서 동시에 면도하지 않는 이발사와 관련된 모순에 개입하지 않는가? 그 대답은 그러한 이발사는 단지 허구에서만 존재한다는 것이다. 우리가 스스로를 면도하지 않는 사람들만을 모두 면도해주는 이발사를 갖는 것은 오직 **그 이야기에 따를** 경우뿐이다.[53]

이발사의 이야기와 마찬가지로, 볼은 피노키오의 코에 대한 진술의 참에도 "피노키오에 관한 이야기에 따르면"이라는 연산자(operator)가 붙는다고 주장한다. 다시 말해서 피노키오의 코가 커지면서 동시에 커지지 않는 경우는 오직 그 피노키오 이야기에 한에서이다. 허구적인 이야기에서 참인 사실이 어떻게 실재 세계 속으로 스며들 수 있다고 생각할 수 있는지 매우 불분명하다는 것이다. 피노키오 이야기에서 기술되는 세계가 실제로 있는지는 물론 논쟁적일 수 있다. 비의미론적인, 형이상학적으로 주목할 만한 모순이 발생할 가능성이 없다는 사실과 피노키오 역설과 같은 기이함이 발생하는 이야기가 있다는 사실은 완벽하게 양립 가능하다는 것이 볼의 견해이다. 요컨대 피노키오 역설은 형이상학적 모순의 존재에 개입하지 않고 의미론적 양진주의의 방식으로 해결될 수 없다는 엘드리지-스미스의 비판에 대해서 볼은 의미론적 양진주의자들이 그런 모순은 허구적일 뿐이라고 대답하고 있는 셈이다.

이제 이발사의 이야기를 다시 생각해보자.

(1) 우리 마을에 사는 사람 중에서 스스로 면도하지 않는 사람들만을 모두 면도해주는 이발사가 있다.

(1)을 형식화하면 다음과 같다.

$(\exists y)(\forall x)(Ryx \leftrightarrow \neg Rxx)$ (Rab: a는 b를 면도해준다)

그런데 위 정식은 일차 술어논리에서 모순이고, 따라서 그러한 이발사는 현실세계에서나 가능세계에서 존재할 수 없다. 러셀의 역설은 형식적으로 볼 때 피노키오 역설과 유사한 것처럼 보인다. 그러나 엘드리지-스미스에 따르면, 피노키오 역설은 하나의 진술이 그 자체로 모순이 아니라는 점에서 이발사의 역설과 다르다. 물론 피노키오의 이야기는 일상적인 물리법칙을 위반하기 때문에 현실세계에서는 결코 발생하지 않을 것이다. 허구이기는 하지만 거짓말을 할 경우 그리고 오직 그럴 경우에만 코가 커지는 사람이 있는 가능세계를 상상하는 것은 얼마든지 가능하다. 그러한 가능세계에서 즉, (PP)가 참인 세계에서, 피노키오가 (PS)를 발화한 경우에 발생한다. 피노키오 진술, (PS)도 자기모순적인 진술이 아니다. 결국 (PP)가 성립하는 세계는 얼마든지 상상할 수 있는 세계이지만, 거기에 (PS)가 발화되는 순간 모순이 발생하여, 비일관적인 세계가 되고 만다. 따라서 형이상학적 모순의 존재에 개입하지 않고 단순히 모순은 의미론에만 있다는 의미론적 양진주의는 피노키오 역설을 해결하기 위한 옳은 방안일 수 없다는 것이 엘드리지-스미스의 비판이다.

볼은 형이상학적 양진주의자들이 이발사의 역설을 낳는 문장을 발화하는 이발사의 존재에 개입하지 않으며 단순히 그러한 이발사는 'X의 이야기에 따르면' 존재하는, 즉 허구 속에서만 존재할 뿐이라고 주장한다. 마찬가지로 '피노키오의 이야기에 따르면' (PP)와 (PS)는 모순을 낳지만 의미론적 양진주의자들이 그러한 모순이 실제로 존재해야 한다고 주장할 필요는 없다고 답하고 있다. 반면에 엘드리지-스미스는 (PP)와 (PS) 각각은 일관적이고 따라서 (PP)가 성립하는 세계가 존재할 수 있지만 그런 세계에서 (PS)가 발화되는 순간 그러한 세계는 더 이상 일관적일 수 없다는 것이다.

엘드리지-스미스는 (PP)가 참인 세계에서 피노키오가 "내 코가 커지고 있다"는 (PS)를 말하는 순간 현실세계는 전진성(triviality)으로 폭발한다고 말한다. 그런데 문제는 "내 코가 커진다"는 모순적인 문장이 전적으로 토대언어의 문장이라는 사실이다. 피노키오 코의 변화를 규정하는 원리가 "거짓(falsehood)"이라는 개념을 포함하고 있기는 하지만, 이것이 "내 코가 커진다"는 문장이 토대언어의 문장이라는 사실에는 아무런 영향도 미치지 않기 때문에 문제가 되지 않는다.

이에 대해서 볼은 유명한 이발사의 역설과 비교하면서 대답한다. 이발사의 역설이란, 어떤 이발사가 "우리 마을에 사는 사람들 중에서 스스로 면도하지 않는 사람들만을 모두 면도해주겠다"고 말했을 때 생기는 역설이다. 볼은 양진주의자들이 왜 이발사와 관련된 모순에 개입할 필요가 없는데, 그것은 허구적 이야기이기 때문이라고 답한다. 즉 이발사의 역설에서 이끌어내는 올바른 결론은 그런 이발사가 없다는 것일 뿐이다. 물론 이 결론은 옳다. 그리고 이발사가 자신을 포함하는 모든 마을 사람들에 대해서 진술한 원칙에 문제가 있다고 생각하는 사람은 누구나 이 결론에 동의할 것이다. 볼은 피노키오 역설도 그 이상의 문제를 낳지 않는다고 생각한다.

그러나 문제는 피노키오나 이발사가 현실적으로 존재할 수 있느냐의 문제가 아니다. 피노키오 역설을 통해서 엘드리지-스미스가 논박하는 것은 진리술어 때문에 양진문장이 생긴다는 볼의 주장이다. 그러므로 피노키오나 이발사가 현실적으로 있을 수 없음에도 그것들이 논리적으로 가능하다면 볼 자신이 받아들이는 MLNC에 의해서 토대언어의 비일관성을 논증할 수 있는 것이다. 당연히 우리는 피노키오가 현실적으로 존재하지 않는다는 볼의 주장에 동의하고, 나아가서 피노키오가 물리적으로 또는 생물학적으로 불가능하다는 것도 인정할 수 있다. 그러나 피노키오가 가능하다고 할 수 있는 어떤 의미의 가능성이 있는 한, 그리고 그의 가능성에 대응하는 MLNC를 가질 수 있는 한, 토대언어는 비일관적이라고 주장할 수 있음에 분명하다.

이발사에 대해서도 마찬가지다. 아마 이발사의 역설 이야기에서 나오는 그런 종류의 이발사는 현실적으로 없을 것이다. 피노키오의 경우처럼, 그러한 이발사도 물리적으로 심지어는 형이상학적으로 불가능하다. 그러나 아무리 약하다고 할지라도, 그 이발사가 가능하다고 여길 수 있는 의미의 가능성이 있는 한, 그리고 그에 대응하는 MLNC가 성립하는 한, 토대언어의 모순은 그 가능한 이발사로부터 따라 나온다.

여기서 피노키오가 논리적으로 불가능하다고 말할 때 정확하게 의미하는 것에 대해서 약간의 주의를 할 필요가 있다. 여기서 불가능한 것은, 그가 거짓을 말하면 그리고 오직 그럴 경우에만 그의 코가 커지고 '내 코가 커지고 있다'고 말하는 그런 목각인형의 존재이다. 한편으로 '내 코가 커지고 있다'고 말할 수 있는 '피노키오'라고 불리는 목각인형은 그의 코가 (PP)를 따르지 않는 한 논리적으로 가능하다. 마찬가지로 그의 코가 그 원리를 따르는 목각인형도 그들이 침묵을 지키거나 적어도 '내 코가 커지고 있다'는 문장을 말하지 않는 한 논리적으로 가능하다. 즉 정말로 불가능한 것은 그 목각인형의 코의 변화를 지배하는 원칙 (PP)와 그가 (PS)를 말하는 것의 조합이다.

또 하나의 쟁점은 피노키오 역설이 이발사의 역설과 동형적인가라는 것이다. 볼은 피노키오 역설은 거짓말쟁이 역설과 달리 이발사의 역설과 동형적이라고 본다. 이발사의 역설은 잘 알려졌듯이 러셀의 역설과 구조적으로 동형적이다. 따라서 볼이 이발사의 역설을 러셀의 집합론적 역설에서처럼 비존재(non-existence) 개념을 통해 해결하는 것은 받아들일 만하다. 그러나 피노키오 역설이 이발사의 역설과 동형적인가? 엘드리지-스미스는 피노키오 역설은 거짓말쟁이 역설과 구조적으로 동형적이라고 주장한다. 그러나 볼은 피노키오 역설에 대해서는 비존재의 해결을, 거짓말쟁이 역설에 대해서는 양진주의적인 해결책을 제시하는데, 이는 그가 두 역설의 구조적 동형성을 거부하는 것이라고 이해된다.

피노키오 역설은 우리가 생각하기에 현실 세계에서 실현될 수 없는 여러 특성을 지닌 목각인형과 관련되지만, 이런 특성들이 피노키오의 논리적 가능성을 부정하게 하는 것은 아니다. 만약 우리가 피노키오가 논리적으로 불가능하다는 주장을 그럴듯한 것으로 받아들인다면 거짓말쟁이 역설과 피노키오 역설 사이의 논리적 비대칭성, 즉 왜 하나는 필연적으로 양진적이고, 다른 하나는 단순히 논리적으로 불가능한 것인지에 대하여 설명해야 한다. 다시 말해서 피노키오가 논리적으로 불가능하다고 주장한다면, 왜 거짓말쟁이 문장을 말하는 사람도 논리적으로 불가능하다고 주장하지 않는가? 볼은 피노키오 역설과 거짓말쟁이 역설의 구조적인 차이를 설명할 수 있어야 한다. 고전 논리학의 견해에 동의하는 사람들은 피노키오가 불가능하다고 생각할 것이지만, 그것은 그들이 모순은 없다는 일반적인 주장의 근거 위에서 그런 것이고, 이것은 거짓말쟁이에 대해서도 마찬가지이다. 그런데 볼은 이러한 일반적인 주장에 동의하지 않기 때문에, 그는 이런 근거에서 피노키오의 가능성을 거부할 수는 없을 것이다. 피노키오 역설은 양진주의자로서 볼이 단순히 불가능한 것으로 배제한다고 생각하는 것이 그럴듯하지 않다는 점을 보이는 구체적인 사례라고 할 수 있다.

볼은 피노키오의 역설의 경우 발생하는 모순이 토대언어의 차원이 아니라고 주장함으로써 두 역설의 비대칭성을 설명하려고 할지도 모른다. 그러나 앞에서 언급했듯이, (PP)에 거짓이라는 개념이 등장한다고 해서 그것이 토대언어의 문장이 아니라고 주장할 수는 없다. 그리고 토대언어의 비일관성을 이끌어내게 하는 MLNC와 같은 원칙이 주어지면, 피노키오 역설은 토대언어는 완전히 일관된다는 볼의 주장에 대한 분명한 반례라고 생각할 수 있다. 그러므로 볼은 그러한 사례에도 불구하고 토대언어가 일관적이라는 점을 보여야 할 부담이 주어지는 것이다. 단순히 토대언어가 모순을 갖는다는 것을 거부하는 것은 논점을 선취하는 것이다.

그렇다면 볼의 견해에서 비대칭성을 찾거나 토대언어가 일관된다고 생각할 독립적인 이유를 찾을 수 있을까? 볼의 견해에 따르면 양진문장은 우리의 유한성을 극복하고 그것이 없다면 표현할 수 없는 일반화를 표현하기 위해서 도입된 진리술어 때문에 생긴다. 그러나 우리가 양진문장을 만들어내는 비일관적인 술어를 도입할 수 있게 되면, 우리는 비일관성에 빠지게 되고, 이로부터 전진주의를 피하기 위해서 프리스트나 볼의 초일관성 논리를 받아들여야 할 것이다. 그러나 초일관성 논리는 논리적 가능성에 대하여 보통의 고전 논리보다 더 넓게 이해하고 받아들이는 논리체계이다. 이 논리학 자체에는 피노키오와 같은 비일관적인 존재자를 배제하는 것은 아무것도 없다. 결국 MLNC에 의해서 토대언어는 모순을 포함하게 된다. 따라서 볼이 토대언어가 일관된다고 주장하는 것은 자신의 견해를 위해서 제시한 보다 일반적인 동기로 정당화될 수 없다고 생각된다.

요컨대 볼은 양진문장을 언어의 의미론적 요소로 제한하고 토대언어의 일관성이 자신의 견해의 중요한 부분이라고 강조하는데, 그의 논리학이 전진적 모형을 포함할 수 있다는 점에서 문제가 발생한다. 그래서 볼은 이러한 모델의 존재를 거부하는데, 그에 대해서 제시한 이유가 적절하지 않다. 또한 그는 토대언어 모순을 포함하는 모든 모형은 모두 논리적으로 불가능한 것으로 그 존재를 배제해야 하기 때문에 문제는 더욱 심각하다. 피노키오 역설은 단순히 논리적으로 불가능하지 않은 것처럼 보이는 직관적인 사례를 제공함에도 논리적으로 불가능한 존재를 배제하는 근거를 설득력 있게 제시하지 못한 것이다.

메이어가 설명하는 의미론적 양진주의에 대해서 살펴보고 이에 대해서 피노키오 역설이 함의하는 바가 무엇인지 생각해 보자. 메이어에 따르면, 의미론적 술어가 아닌 일상적으로 별 문제가 없이 사용되는 술어도 특별한 상황에서 그 술어는 부분적으로 정의되기도 하고 과잉 정의되기도 한다. 그런 점에서 메이어의 의미론적 양진주의는 진리술어의 도입으로 모순이 발생한다는 볼의 견해와는 구별된다. 메이어는 '~의 그림자이다'라는 술어를 예로 든다. 그는 이 술어에 대해서 일상적으로 받아들여지는 직관적인 정의를 다음과 같이 제시한다.

① X가 그림자를 드리운다면, X에 직접적으로 비춰지는 빛이 있다.
② X는 불투명물체를 투과해서 그림자를 드리울 수 없다.
③ 하나의 그림자의 모든 부분은 자체로 그림자이다.

'~의 그림자이다'는 술어를 만족하는 대상은 위 세 조건을 모두 만족해야 한다. 이제 한쪽 벽에 햇빛을 받아 그림자를 드리고 있는 헛간과 그 헛간의 그림자 진 부분에 한 마리 새가 있다고 생각해보자. 헛간의 그림 자에는 만약 그 새가 햇빛을 직접 받았다면 그림자를 드리웠을 부분이 있 을 것이다. 그 부분은 헛간의 그림자인가, 새의 그림자인가? ①에 의해서 그 부분은 새의 그림자일 수 없고, ② 때문에 헛간의 그림자일 수 없다. 그런데 ③에 의해서 그 부분은 그림자임에 분명하고, 그것이 그림자라면 새의 그림자이거나 헛간의 그림자일 것이다. 그러나 앞서 말한 것처럼 그것은 새의 그림자도 헛간의 그림자도 아니다. 결국 그 부분은 그림자 이면서 그림자가 아니게 된다. 물론 헛간과 헛간을 비추는 햇빛, 그리고 그 주위를 나는 새로 구성된 세계에는 아무런 모순도 존재하지 않는다.[54]

이상의 사실은 의미론적 역설을 낳는 진리에 관한 규칙이 잠재적으로 비일관적임을 인정해야 함을 시사한다. '~참이다'는 진리술어의 의미를 부여하는 규칙은 다음과 같다.

(RT) 한 문장이 참이라는 것은 그 문장에 의해서 사실이라고 말해지 는 것이 실제로 사실이고, 그리고 오직 그럴 경우이다.

그런데 (RT)가 일상적으로는 별 문제 없이 적용되지만, 거짓말쟁 이 문장과 같은 특이한 경우를 적용할 경우 비일관성을 낳는다. 따라서 (RT)도 잠재적으로 비일관적인 규칙이라고 받아들여야 한다. 결국 피노 키오 이야기의 (PP)는 그 자체로는 일관적인 것처럼 보이지만, 피노키 오가 (PS)를 발화하는 것과 같은 특이한 경험적 상황에서 모순을 낳을 수 있기에 잠재적으로 비일관적이라고 이해해야 한다.

(PP)나 (RT)는 다음 장에서 다룰 치하라의 비일관성론에서 나오는 비 서연합의 규칙과도 유사한 특징을 갖는다.[55] 많은 모임이 그 모임의 사무

처리를 위해서 비서를 고용하고 있는데, 그 모든 모임들은 자기 모임의 회원을 비서로 고용하지 않는다고 하자. 그래서 각 모임의 비서로 고용된 사람들이 자신의 이권을 위해서 비서연합이라는 모임을 만들었는데, 그 비서연합의 회원자격에 관한 규칙에 다음과 같은 규정이 있다.

(RS) 어떤 사람이 한 모임의 비서이면서, 그 모임의 회원이 될 수 없다면, 그리고 오직 그럴 경우에만 그 사람은 비서연합의 회원이 된다.

그런데 비서연합이 번창해져서 '돌이'를 그 모임의 비서로 고용하게 되었는데, 돌이는 어떤 모임의 비서도 아니라고 한다면 돌이는 비서연합의 회원이 될 수 있는가, 그렇지 않은가?

(RS)는 그 자체로는 비일관적인 규정이 아니지만, 그 비서연합이 비서를 고용해야 하는 특이한 경험적 상황이 발생했을 때 비일관성을 낳는 일종에 잠재적으로 비일관적인 규칙이다. 우리는 (RS)와 (RT) 그리고 (PP) 사이의 동형성을 읽을 수 있다. 결국 거짓말쟁이 역설은 진리술어의 의미를 설명하는 진리 규칙 (RT)가 일관적인 것처럼 보이지만, 거짓말쟁이 문장과 같은 매우 특이한 문장에 적용될 때 모순을 낳기 때문에 그것도 잠재적으로 비일관적인 규칙이라고 보아야 한다는 사실이다.[56]

이러한 진단으로부터 우리는 진리에 관한 직관적 사실을 유지하면서 어떤 모순이나 역설도 낳지 않는 진리개념을 구성하려는 진리 일관성론자들의 시도는 성공적일 수 없다는 것을 인정해야 한다. (RT)의 비일관성을 인정하지 않고, 거짓말쟁이 역설을 해결하려는 일관성론자들의 시도는, 피노키오 역설을 (PP)의 비일관성을 인정하지 않고 해결하려고 하는 시도나, 비서연합의 문제를 (RS)를 일관적이라고 생각하고 그 규칙을 수정하지 않은 채로 해결하려고 하는 시도처럼 무망한 것이다.

4

비일관성 이론

거짓말쟁이 역설에 대한 전통적인 해결 방식과는 구별되는 제안이 있다. 거짓말쟁이 역설이 발생하는 것은 진리개념이 비일관적이기 때문이라고 보고, 진리개념을 일관적이라고 생각하고 거짓말쟁이 역설을 해결하려는 모든 시도는 실패할 수밖에 없다는 견해가 그것이다. 이러한 견해는 진리개념을 비일관적(inconsistent)이라고 본다는 점에서 진리 비일관성론이라고 할 수 있다. 진리 비일관성론자들은 진리개념이 일관적이라는 전제를 두고 거짓말쟁이 역설을 해결하려고 하면 반직관적인 특별한 논리체계나 표준적이지 않은 의미론적 장치를 필요로 한다는 큰 대가를 지불해야 한다고 주장하면서 거짓말쟁이 역설을 제거하려는 시도를 포기해야 한다고 주장한다. 대표적인 진리 비일관성론자인 헤르츠버거(H. Herzberger)는 형식논리학을 통한 기술적인 장치를 도입하기 전에 역설을 낳는 문장에 대해서 우리가 갖는 직관을 포착하는 것을 목적으로 한다는 점에서 자신의 견해를 "소박한 의미론(naive semantics)"이라고 부른다. 그는 "소박한 의미론에서 역설은 자유롭게 발생하도록 허용되고 또 자신의 방식으로 벗어나도록 허용된다"고 말하면서 진리치 틈새 이론과 같이 "어떤 비고전적 논리학도 도입되어서는 안 되고" 맥락주의자들처럼 아래첨자가 붙은 진리술어를 도입하는 등의 "의미론적 역설을 막기 위해서 어떤 의미론적 방어 장치도 설정되어서는 안 되며" "역설은 자신의 내적인 원리(inner principles)에 따라 밝혀져야 한다"[1]고 말한다. 헤르츠버거의 소박한 의미론처럼 진리 비일관성론은 거짓말쟁이 역설을 해소하거나 제거하려고 하기보다는 역설을 낳는 문장이 역설을 낳은 이유를 정확히 파악하고 그러한 문장의 진리치가 갖는 불안정성(unstability)의 패턴을 설명하려고 한다. 그는 거짓말쟁이 역설을 해결하기 위해서 지금까지 제시된 많은 제안들은 우리의 소박한 직관을 적절하게 표상하지 못했기 때문에 성공적이지 않다고 비판하면서, 역설과 관련하여 발생하는 악순환을 일종의 상호작용하는 의미론적 과정으로 볼 것을 제안한다.

  이 장에서는 진리 비일관성론의 원조에 해당하는 치하라(C. Chihara)의 비일관성론을 시작으로, 거짓말쟁이 문장의 진리치의 행태를 설득력 있게 설명함으로써 거짓말쟁이 역설에 대한 중요한 시사를 제공한 굽타와 벨납의 진리 수정론에 대해서 상세하게 설명하고 평가할 것이다. 그리고 최근 에클런드(M. Eklund) 등에 의해서 발전된 비일관성론도 이 장에서 설명되고 평가될 것이다.

1. 치하라의 진리 비일관성론[2]

치하라는 거짓말쟁이 역설을 해결하려는 여러 시도가 성공적이지 못한 것은 진리개념을 논리적으로 일관된(무모순적인, consistent) 개념으로 보았기 때문이라고 주장하면서 진리술어를 비일관적인(모순적인, inconsistent) 개념이라고 주장한다. 그에 따르면 진리가 일관된 개념이라고 보는 견해(consistency view of truth)는 "'참이다'는 것이 의미하는 것의 정확한 진술은 이미 알려진 모든 사실과 특히 모든 지시적 사실과 논리적으로 일관되어야 한다"[3]는 견해이다. 진리 일관성론자들은 거짓말쟁이 역설의 해결은 진리술어의 의미를 설명하고 그 설명에 입각하여 거짓말쟁이 문장이 낳는 역설을 적절하게 해소해야 성공적인 진리론을 수립한 것이라고 본다. 그런데 고전적인 논리법칙을 어기지 않으며 타르스키의 T-도식이 성립하는 일관성 있는 체계는 자기 지시적인 문장을 포함하는 일상언어에 적용될 경우, 거짓말쟁이 역설은 피할 길이 없다. 따라서 진리 일관성론자들은 일상언어에서 발생하는 거짓말쟁이 역설을 해소하기 위해서는 일상언어가 자기 지시적인 문장을 포함한다는 것은 자명하기 때문에 고전적인 논리법칙을 제한하거나 타르스키의 T-도식에 제한을 부가하는 길 이외에는 달리 해결책이 있을 수 없다고 본다.

치하라는 일반적으로 의심의 여지없이 받아들여온 진리의 일관성론을 거부함으로써 거짓말쟁이 역설에 대한 새로운 진단을 제시한다. 그는 거짓말쟁이 역설을 낳는 추론은 논리적으로 타당하기 때문에 역설의 원인을 찾아 해결하기 위해서 그 추론 과정을 검토할 필요는 없고, 역설의 원인은 진리가 일관성 있는 개념이 아니기 때문에 발생한다고 주장한다. 그러나 치하라가 진리를 비일관적인 개념으로 본 최초의 철학자는 아니다. 타르스키도 분명히 일상언어의 진리술어를 비일관적인 것으로 본 셈이다. 그런 의미에서 타르스키야말로 진리의 비일관성론을 처음으로 주장한 철학자라고 할 수 있을 것이다. 타르스키 이후 많은 철학자들이 타르스키의 처방에 따라 언어의 위계적 분석을 통해서 일상언어에서 역설을 낳지 않는 진리론을 수립하려고 시도했지만, 일상언어의 진리술어가 일관되지 않다고 보는 타르스키는 그러한 시도가 성공적일 수 없음을 깨닫고 그러한 시도 자체를 포기하고 오히려 그러한 시도는 일상언어의 본질적 특성을 망각하는 것일 뿐이라고 주장한다. 즉 타르스키는 일상언어에서 진리술어는 일관된 술어가 아니며 진리술어를 일관성 있는 개념으로 보고 진리론을 수립하려는 시도는 무망한 일이라고 말한다. 그리하여 그는 "[거짓말쟁이] 역설은 분명하게 진리개념이 논리학의 법칙과 더불어 일상언어에 적용될 때 불가피하게 혼돈(confusion)과 모순(contradiction)을 초래한다는 것을 보여준다"[4]고 말한다.

치하라도 진리개념이 일관성 있는 개념이 아니라는 타르스키의 견해에 동의한다. 그러나 치하라는 중요한 점에서 타르스키와 차이가 있는데, 타르스키는 진리개념이 비일관적이기 때문에 진리개념을 설명하기 위해서 일상언어를 포기하고 형식언어를 제안한 반면, 치하라는 일상언어의 진리개념이 일관되지 않음에도 불구하고, 일상언어의 진리개념은 유용하며 그 진리개념이 낳는 모순이나 역설도 크게 문제가 될 만한 해로운 비정합성(harmful incoherence)을 초래하지는 않는다고 주장한다. 요컨대 타르스키가 비관적인(pessimistic) 비일관성론자라면, 치하라는 낙관적인(optimistic) 비일관성론자라고 할 수 있다.

1.1 거짓말쟁이 역설에 대한 비일관성론의 진단

치하라는 거짓말쟁이 역설과 관련하여 진단상의 문제(diagnostic problem)와 치료상의 문제(preventive or treatment problem)를 구별한다. 진단상의 문제가 일상언어에서 역설을 낳는 원인이 무엇인가를 설명하는 것이라면, 치료상의 문제는 진리개념을 설명하고 역설을 피할 수 있는 방법을 찾아내는 것이라고 할 수 있다. 그런데 치하라는 그 역설을 진리술어의 특성상 불가피한 것이므로 역설의 치료를 위해서 할 수 있는 것은 아무 것도 없고 치료는 오히려 질병을 악화시킬 뿐이라고 주장한다. 즉 엄밀하게 말해서 그는 거짓말쟁이 역설과 관련하여 우리에게 주어지는 문제는 치료상의 문제가 아니라 진단상의 문제일 뿐이라고 보는 것이다. 다시 말해서 거짓말쟁이 역설이 발생할 때 우리를 속이는 것이 무엇이고 왜 그 역설이 발생하는가가 우리의 주된 관심사가 되어야지, 어떻게 그 역설을 피할 수 있는가가 관심사가 되어서는 안 된다는 것이다.

치하라는 거짓말쟁이 역설을 낳는 추론에 사용된 전제들은 모두 옳고, 논증 과정도 명백하게 타당하기 때문에 건전한 논증이라고 주장한다. 그는 이렇게 건전한 논증이 역설을 낳는 이유는 진리개념이 일관되지 않기 때문이라고 본다. 거짓말쟁이 역설을 직접 다루기 전에 그는 비일관적인 규칙(rules)이나 정의(definitions) 또는 규약(conventions)이 쉽게 역설을 낳음을 보여주는 사례를 제시한다. '글루브(glub)'라는 동물에 대한 다음 정의를 생각해보자.

어떤 동물이 쥐가 아니라면 그리고 오직 그럴 경우에만 그 동물은 글루브이고, 또한 어떤 동물이 쥐가 아니고 자기 자신과 다르지 않다면 그리고 오직 그럴 경우에만 글루브가 아니다.

이제 '~글루브이다'를 나타내는 술어를 'G'라고 하자. 그리고 '~쥐이다'를 나타내는 술어를 'M'이라고 하고, 위 정의를 기호로 표현해보자.

(1) $(\forall x)[(Gx \leftrightarrow \neg Mx) \wedge \{\neg Gx \leftrightarrow (\neg Mx \wedge (x=x))\}]$

이로부터 연언지 제거를 통해서 다음의 (2)와 (3)을 얻을 수 있다.

(2) $(\forall x)[(Gx \leftrightarrow \neg Mx)$

(3) $(\forall x)\{\neg Gx \leftrightarrow (\neg Mx \wedge (x=x))$

이제 어떤 단칭명사 'a'가 글루브를 가리킨다고 하자. 즉,

(4) Ga

이다. (2)의 보편사례화를 통해서 다음을 얻을 수 있다.

(5) $Ga \leftrightarrow \neg Ma$

(4)와 (5)로부터

(6) $\neg Ma$

이다. 즉 글루브를 가리키는 'a'는 쥐를 가리킬 수 없다. 동일률에 의해서 $(a=a)$이므로 이를 (6)과 연언적으로 결합하면,

(7) $\neg Ma \land (a=a)$

이다. 그런데 (3)을 보편 사례화하면 다음 (8)이 얻어진다.

(8) $\neg Ga \leftrightarrow \{\neg Ma \land (a=a)\}$

(7)과 (8)로부터,

(9) $\neg Ga$

가 추론된다. 즉 'a는 글루브가 아니다'는 결론을 얻게 된다. 이제 반대로 단칭명사 'a'가 글루브를 가르키지 않는다고 하자. 즉 $\neg Ga$라고 가정하자. 이 가정과 (5)로부터

(10) Ma

가 얻어진다. (10)에 선언도입을 하면 다음 (11)을 얻을 수 있다.

(11) $Ma \lor \neg (a=a)$

(11)은 드모르간의 정리에 의해서 다음과 동치다.

(12) $\neg \{\neg Ma \land (a=a)\}$

그리고 (8)과 (12)에 의해서

(13) Ga

가 추론된다. 즉 'Ga'를 가정하면 '¬Ga'가 추론되고, '¬Ga'를 가정하면 'Ga'가 추론되어 역설이 발생한다. 그런데 치하라의 지적처럼 위의 추론 과정은 고전 논리학을 받아들인다면 타당하다. 그러므로 주어진 '글루브'라는 단어에 대한 정의에서 문제를 발견하지 못한다면 이 추론이 낳는 역설의 원인을 알아낼 수도 해결책을 찾을 수도 없을 것이다. 요컨대 이 역설의 적절한 진단은 '글루브'라는 단어의 정의가 우리를 속이고 있음을 지적하는 것, 즉 그 정의를 이루고 있는 두 문장, 기호화된 (2)와 (3)이 서로 일관되지 못함을 지적하는 것이 될 것이다.

거짓말쟁이 역설에 대해서 보다 많은 것을 시사해주는 또 다른 예를 살펴보자. 많은 모임이 그 모임의 사무 처리를 위해서 비서를 고용하고 있는데, 그 모든 모임들은 자기 모임의 회원을 비서로 고용하지 않는다고 하자. 그래서 각 모임의 비서로 고용된 사람들이 자신의 권익을 위해서 비서연합이라는 모임을 만들었다고 하자. 이 비서연합의 회원자격에 관한 규칙에 다음과 같은 규정이 있다.

어떤 사람이 한 모임의 비서이면서, 그 모임의 회원이 될 수 없다면, 그리고 오직 그럴 경우에만 그 사람은 비서연합의 회원이 된다.

그런데 비서연합이 번창해져서 '돌이'를 그 모임의 비서로 고용하게 되었는데, 돌이는 어떤 모임의 비서도 아니라고 한다면 돌이는 비서연합의 회원이 될 수 있는가, 그렇지 않은가? 이 질문에 답하려고 할 때, 역설이 발생한다. 즉 비서연합의 회원 자격에 대한 위의 규정으로부터 우리는,

(i) 어떤 사람이 비서연합의 회원이 된다면, 그는 어떤 모임의 비서이면서 그 모임의 회원이 될 수 없고, 오직 그럴 경우뿐이다.

를 얻게 된다. 그런데 돌이는 비서연합의 비서로 고용되었고 다른 모임의 비서가 아니다. 즉,

(ii) 돌이는 비서연합의 비서이다.
(iii) 돌이는 다른 어떤 모임의 비서도 아니다.

먼저 돌이가 비서연합의 회원이 될 수 있다고 가정하면, 돌이가 한 모임의 비서이면서 동시에 그 모임의 회원이 되어 (i)의 규정을 어기게 된다. 즉 돌이는 비서연합의 회원이 될 수 없다. 반대로 돌이가 비서연합의 회원이 될 수 없다고 가정하면 돌이는 한 모임의 비서이면서 동시에 그 모임의 회원이 아니게 되므로 (i)의 규정에 따라 비서연합의 회원이 되어야 한다. 그러므로 명백하게 역설이 발생함을 알 수 있다. 왜 이러한 역설이 발생하는가?

치하라는 그 모임의 회원자격에 관한 규정이 일관되지 못하기 때문에 역설이 발생한다고 설명한다. 규칙 (i)은 그 자체로는 아무 문제가 없는 것처럼 보이지만, (ii)와 (iii)과 같은 경험적 사실이 발생하여 그 규칙을 적용하려고 할 때 비일관성의 문제가 생긴 것이다. 그러므로 이러한 역설에 대한 치하라의 진단과 치료는 그 모임의 회원자격에 관한 규칙이 문제가 있다는 것이고, (ii)와 (iii)과 같은 비일관성 문제를 야기할 수 있는 사실이 발생하면 그 규칙을 수정하면 되는 것이다. 그런데 규정 (i)은 모임의 규칙으로 선포되었기 때문에 우리는 그것을 참이라고 여기고 지켜야 한다고 생각하려는 경향이 있다. 그러나 그것은 경험적 사실과 모순을

일으킬 수 있는 문장을 참이라고 선포함으로써 실제로 참으로 만들 수 있다고 생각하는 것과 다를 것이 없다. 일관성이 없는 진술의 집합이 선언을 통해서 참으로 만들어질 수는 없는 것이다. 치하라의 결론은 (i)과 같은 규칙은 비일관적이며, 그것 때문에 위와 같은 역설이 발생한다는 것이다.

이제 거짓말쟁이 역설에 대한 치하라의 진단을 살펴보자. 그는 '참이다'는 진리술어의 의미를 부여하는 규약은 다음 원칙에 의해서 설명될 수 있다고 말한다.

[T] 한 문장이 참이라는 것은 그 문장에 의해서 사실이라고 말하여지는 것이 사실이고, 그리고 오직 그럴 경우이다.

치하라는 이 원칙 [T]가 틀린 것은 아니지만, 애매하여 명료화할 필요가 있다고 주장하면서, "x는 F이다"[여기서 'x'는 어떤 문장을 지시하는 지시표현(referring expression)이고 'F'는 적절한 술어이다]와 같은 문장으로 표현하여 [T]를 명료화하여 다음의 원칙을 제시한다.

[T*] 한 문장 A가 지시표현 B와 '~은 참이 아니다'는 술어로 구성되고, B는 문장 C를 지시한다면, C가 참이 아닐 경우에 그리고 오직 그럴 경우에만 A는 참이다.

치하라는 이 원칙 [T*]는 아무런 문제도 야기하지 않는 경험적 사실을 기술하는 문장에 적용해도 비일관성을 드러내 보일 수 있다고 말한다. 다음 문장을 생각해보자.

(Q) 이 페이지에서 '이 페이지에서'라는 구절로 시작되는 첫 번째 문장은 참이 아니다.

그런데 이 페이지를 살펴보면, (Q)의 주어인 "이 페이지에서 '이 페이지에서'라는 구절로 시작되는 첫 번째 문장"은 (Q) 자신을 가리킴을 알 수 있다. 따라서 우리는 다음을 얻을 수 있다.

(QQ) "이 페이지에서 '이 페이지에서'라는 구절로 시작되는 첫 번째 문장"이라는 표현이 가리키는 문장은 "이 페이지에서 '이 페이지에서'라는 구절로 시작되는 첫 번째 문장은 참이 아니다"이다.

(Q)는 치하라의 진리원칙 [T*]에서 말하는 A와 같은 문장임을 알 수 있다. 즉 (Q)는 [T*]에서 B에 해당하는 지시구문, "이 페이지에서 '이 페이지에서'라는 구절로 시작되는 첫 번째 문장"과 "~은 참이 아니다"는 술어로 구성되어 있다. (Q)의 주어를 'e', 문장 (QQ)를 's'라 하고, 'Rxy'는 "x는 y를 가리킨다"를 그리고 'Cxy'는 "x는 주어 y와 술어 '~은 참이 아니다'로 구성되어 있다"를 나타낸다고 하자. 그러면 (QQ)는 다음과 같이 기호화될 것이다.

(가) Res

그리고 'Q'는 주어 'e'와 술어 '~은 참이 아니다'로 되어 있기 때문에,

(나) Cse

가 될 것이다. 또 'Tr(x)'를 "x는 참이다"를 나타내는 기호라고 하면, [T*]
는 다음과 같이 기호화될 것이다.

(다) $(\forall x)(\forall y)(\forall z)\{Cxy \rightarrow (Ryz \rightarrow (Tr(x) \leftrightarrow \neg Tr(x)))\}$

(다)에서 보편양화사를 제거하면 다음의 (라)를 얻을 수 있다.

(라) $Cse \rightarrow \{Res \rightarrow (Tr(s) \leftrightarrow \neg Tr(s))\}$

(나)와 (라)의 전건 긍정식을 통해서 다음의 (마)가 추론된다.

(마) $Res \rightarrow (Tr(s) \leftrightarrow \neg Tr(s))$

(가)와 (마)의 전건 긍정식에 의해서

(바) $Tr(s) \leftrightarrow \neg Tr(s)$

가 추론되어 역설적인 결론을 얻게 된다. 즉 일상언어에서 진리원칙
[T*]로부터 역설이 발생한 것이다. 그럼에도 우리는 왜 [T*]나 [T] 같은
진리술어의 원칙을 받아들이는 경향이 있는가? [T*]와 [T]의 어떤 매력
이 그것이 명백하게 역설을 낳음에도 우리로 하여금 그것을 받아들이게
하는 것인가? 진리 일관성론자들은 [T*]나 [T]로 표현된 진리원칙이 진
리의 일관성론의 논제와 일치한다는 데서 그것의 매력을 찾는다. 즉 많
은 문장을 검토한 결과, 한 문장이 그렇다고 말한 것이 실제로도 그럴 경
우에 그 문장은 참이고, 한 문장이 그렇다고 말한 것이 실제로는 그렇

지 않을 경우에 그 문장은 거짓이 되기 때문에 많은 경험적 확증을 받은 일반화로 그 원칙은 받아들일 만하다는 것이다. 그러나 치하라는 [T]나 [T*]의 매력을 진리 비일관성론의 입장에서, 비록 [T*]가 진리개념에 대한 완전하고 명시적인(explicit) 정의일 수는 없지만, 부분적인(partial) 인 정의라고 간주할 수 있어 진리개념의 의미를 설명해준다고 볼 수 있 다는 것이다.

1.2 치하라의 비일관성론에 대한 평가

치하라의 비일관성론이 설득력을 갖기 위해서는 진리 일관성론자들이 제기하는 비판적인 질문, "진리 비일관성론자들은 일상언어를 사용하는 사람들이 비정합적인 개념구조(incoherent conceptual apparatus)를 갖고 있는 것으로 생각하는 것은 아닌가라는 질문에 답해야 한다. 일상언어를 사용하는 우리가 비정합적인 개념구조를 가지고 있다는 생각은 받아들 이기 어렵기 때문에 만약 이 질문에 적절하게 답할 수 없다면 진리의 비 일관성론은 살아남기 어려울 것이다. 이러한 질문에 대한 치하라의 대 답은 비일관성론이 결코 일상언어의 사용자인 우리가 비정합적인 개념 구조를 갖는 것으로 생각하게 하지도 않고 그러한 개념구조를 갖게 하 지도 않는다고 답한다. 그에 따르면, 진리원칙이 비일관적이라는 주장은 문제를 일으키지 않는 보통 문장의 참과 거짓을 설명하는 데 아무런 방 해도 하지 않기 때문에 비일관성론이 진리개념의 비정합성이나 무용성 을 주장하는 것은 아니며, 이러한 것을 필연적으로 초래하지도 않는다. 비일관성론은 진리개념이 적용될 수 있는 대부분의 성공적인 경우로부 터 문제를 일으키는 경우를 구별해줄 뿐, 다른 어떤 불합리한 결과도 초 래하지 않는다는 것이다. 진리개념의 비일관성 때문에 거짓말쟁이 역설이 발생한다고 진단하지만, 진리개념이 비일관적이라고 주장한다고 해서 문제를 일으키지 않는 일반적인 경우의 문장의 진리치를 결정하는 데 어떤 어려움이 있다고 주장하는 것은 아니다. 또한 진리개념이 비일관적이라고 주장한다고 해서 경험과학의 다른 분야에서 좋지 않은 영향을 미치거나 해로운 역할을 하지 않는다. 그러므로 치하라는 문제가 될 만한 비정합성에 빠지지 않고 일관되지 않은 진리개념과 진리술어의 원칙을 따를 수 있다고 결론 내린다.

진리 일관성론자들은 일반적으로 [T]로 표현되는 진리에 관한 직관적 원칙을 유지하면서 역설을 낳지 않는 진리론을 구성하려고 하는데, 치하라는 이런 시도는 성공할 수 없다고 주장한다. 다시 말해서 일상언어에서 진리술어에 대한 정의를 제공하고 그 언어에서 거짓말쟁이 역설을 해결하려는 진리 일관성론자의 시도는 실패할 수밖에 없다는 것이다. 왜냐하면 진리에 대한 정의는 항상 직관에 반하는 결과를 낳고, 이러한 결과를 피하려는 시도는 진리술어를 반직관적인 것으로 수정할 것을 요구하기 때문이다. 그뿐 아니라 이러한 수정의 결과는 논리적으로 매우 복잡하고 어려운 개념을 이해하도록 요구하고 이러한 개념은 일반적으로 우리가 진리개념을 이해하기 위해서 필요한 것도 아니고, 누구나 이해할 수 있는 것도 아니다. 반면에 진리 비일관성론은 이러한 개념과 개념에 대한 이해를 필요로 하지 않는다. 더욱이 진리 일관성론자들은 거짓말쟁이 역설을 [T]가 비일관적임을 인정하지 않고 해결하려고 하는데, 이것은 마치 '글루브'라는 단어의 정의에 문제가 있음을 인정하지 않고 '글루브의 역설'을 해결하려는 것과 같으며, 비서연합의 역설에서 문제가 되는 경우에 모임의 회원자격에 관한 규정을 수정해야 한다는 것을 인정하지 않고 그 역설을 해결하려는 것과 같다. 이 세 가지 역설의 원인이 중요한 정의, 규칙, 그리고 원칙이 일관되지 않기 때문이라는 점에서 기본적으로 그 원인이 같다고 할 수 있다. 그러나 그 역설을 어떻게 처리해야 하는가는 조금씩 다르다. 예컨대 글루브의 역설은 '글루브'의 정의가 결정적으로 결함이 있기 때문에 그 정의를 거부하고 다른 정의를 제시함으로써 해결될 수 있을 것이고, 비서연합의 경우에는 회원자격에 대한 규정에 예외조항을 부가한다든지, 적절하게 수정함으로써 문제를 해결할 수 있다. 그러나 치하라는 비록 [T]가 일관적이지 않지만, 그것은 여전히 의미가 있으며 포기될 수 없는 것이라고 주장한다. 따라서 그는 거짓말쟁이 역설을 피하기 위해서 해야 할 것은 아무것도 없고, "역설을 낳는 요소들을 제거하기 위해서 필요한 일종의 수술을 감행하기보다는 [역설이라는] 질병과 함께 살아가는 것이 더 현명하다"[5]고 말한다.

진리의 비일관성론이 일관성론에 대해서 갖는 또 하나의 장점은 거짓말쟁이 문장과 같은 병리적 문장의 진리치가 무엇인가라는 질문에 답할 필요가 없다는 것이다. 진리 일관성론자들은 거짓말쟁이 문장이 참이나 거짓이라고 말하거나, 만약 이가의 원리를 거부하여 역설을 해결하려고 한다면 제3의 진리치를 갖는다고 말할 것이다. 그러나 이것은 앞에서 이미 언급한 것처럼 복수의 문제에 부딪힐 수밖에 없다. 반면에 진리 비일관성론자들은 그런 부담을 가질 필요가 없이, 거짓말쟁이 문장은 역설적이며 그것은 단지 진리술어의 원칙이 비일관적이기 때문이라는 결론을 받아들이면 그뿐이다. 그래서 치하라는 "이러한 반직관적인 사실을 설명해서 피해야 한다는 것은 진리 일관성론자에게 주어지는 무거운 짐이다. (…) 그러나 진리 비일관성론에 의하면 반직관적 사실은 우리에게 주어진 진리술어의 의미를 반영하는 것이기 때문에 설명을 통해서 제거될 수 있는 것이 아니다"[6]고 말한다.

치하라의 진리 비일관성론은 여러 가지 장점을 가짐에도 불구하고 치명적인 문제를 지닌 것으로 비판된다. 그것은 진리원칙으로 제시된 [T]

가 단순히 역설적인 문장만을 낳은 것이 아니라, 불합리하고 무의미한 문장도 추론할 수 있게 한다는 것이다. 커리문장을 [T]에 적용하여 고전 논리에 따라 추론할 경우 임의의 명제가 참이 된다는 전진주의의 문제에 부딪힌다는 것이다. [T]로부터 전진주의가 추론되는 다음 논증을 보자. 커리문장을 'δ'라고 하자.

(δ) 만약 δ가 참이면 임의의 명제 β가 참이다.

(δ)를 [T]에 적용하면,

① 만약 δ가 참이라면 그리고 오직 그럴 경우에만, δ가 참이면 임의의 명제 β가 참이다.

이다. 이제 δ를 참이라고 가정해보자. 그러면 이 가정과 ①에 의해서 다음이 얻어진다.

② δ가 참이면 임의의 명제 β가 참이다.

다시 δ가 참이라는 가정과 ②로부터, 다음 ③이 얻어진다.

③ 임의의 명제 β가 참이다.

조건도입(→introduction)에 의해서, 다음 ④가 추론된다.

④ δ가 참이면 임의의 명제 β가 참이다.

그러면 ①과 ④에 의해서, ⑤가 얻어진다.

⑤ δ가 참이다.

그러므로 ④와 ⑤에 의해서, "임의의 문장 β가 참이다"가 추론되어 전진주의가 증명된다.

치하라는 이러한 비판에 대해서 인간의 심리적 한계(psychological limitations)라는 말로 대답하려고 한다. 즉 우리는 어떤 주제와 관련된 믿음으로부터, 그 주제와 관계가 없는 다른 믿음을 논리적으로 추론하여 결론으로 얻을 수 있다고 할지라도 그러한 추론을 일반적으로 인식하지 못하거나 그러한 추론 결과를 받아들이지 않으려는 심리적 한계가 있다. 예를 들면 우리는 거짓말쟁이 역설에 관한 믿음으로부터 비록 그 추론이 타당하다고 할지라도 로켓의 추진궤도에 관한 어떤 것도 추론하려고 하지 않을 것이다. 비록 진리원칙에서 논리적으로 임의의 명제가 참이라는 사실이 추론될 수 있다고 할지라도 우리의 인식적 한계는 실제로 하나의 믿음체계로부터 아무런 관련이 없는 터무니없는 결론을 추론하게 하지는 않는다는 것이다. 치하라는 "실제 삶의 추론은 고전 논리학의 텍스트에서 제안된 것보다 훨씬 복잡하기 때문에 (…) 우리는 '실제 생활' 환경에서 애초에 믿을 만한 이유가 있는 모든 것의 논리적 결과를 단순하게 맹목적으로 받아들이지는 않는다"[7]고 말한다. 치하라의 주장의 핵심은 [T]와 같은 진리원칙이 비일관적이어서 불합리한 문장을 낳을 수 있다고 할지라도 우리는 그것으로부터 추론되는 모든 것을 다 수용할 필요가 없고 단지 합리적인(reasonable) 것만을 받아들이면 된다는 것이다. 물론 자연스럽게 받아들일 만한 합리적인 것과 그렇지 못한 불합리한 것을 구별할 수 있는 기준이 무엇인지라는 질문이 제기될 수 있을 것인데, 치하라는 이에 대해서 의미 있는 답을 피하고 있다.

2. 굽타와 벨납의 진리 수정론[8]

앞에서 살펴본 것처럼, 치하라의 진리 비일관성론은 거짓말쟁이 역설에 대한 새로운 시각을 제시해주었다는 점에서 의미 있는 견해이지만, 그가 제시한 진리술어에 관한 설명인 진리술어 원칙은 단순히 역설적 문장만을 허용하는 것이 아니라 불합리하고 의미 없는 문장도 허용하는 등의 문제가 있음을 보았다. 타르스키 이후 진행된 진리에 관한 논의가 성공을 거두지 못하고 있는 상황에서 굽타는 그의 논문 「진리와 역설(Truth and Paradox)」과 벨납과의 공저인 『진리 수정론(The Revision Theory of Truth)』을 통해서 진리론과 거짓말쟁이 역설에 관한 새로운 통찰을 제공한다. 굽타와 벨납은 다음과 같이 말한다.

> T-문장들은 분석적으로 옳으며 그 T-문장들은 진리술어의 의미를 결정해
> 줄 수 있다는 것이 진리개념에 대한 기본적인 직관이다. 그러나 거짓말쟁
> 이 역설은 그러한 기본적인 직관이 비정합적임을 보여주는 것 같다. 진리
> 론의 중심된 문제는 본질적으로 그 기본적인 직관을 손상하지 않고 역설
> 을 해결하는 것이다.[9]

즉 진리개념에 대한 일반적인 직관을 보존하면서 동시에 진리개념이 낳을 수 있는 역설을 해결할 수 있는 길을 보여주는 것이 굽타와 벨납의 진리 수정론의 가장 중요한 목표인 것이다. 진리 수정론은 초한적 반복 구조(transfinite iterative construction)에 의해 얻어지는 고정점에 의존한

다는 점에서 부분적으로 크립키적이고, 진리술어의 확정된 외연을 부인하고 진리가 일관성 있는 개념이 아니라고 생각한다는 점에서 부분적으로 치하라적이다. 그들은 진리 수정론을 통해서 진리술어의 사용에서 중요한 역할을 하는 하나의 규칙을 제공하려고 시도한다. 즉 '빨갛다', '크다'와 같은 일상적인 술어가 고정된(fixed) 외연을 만들어내는 적용 규칙(rule of application)에 의해서 의미를 가질 수 있는 것처럼 '~은 참이다'라는 진리술어는 그들이 수정 규칙(rule of revision)이라고 부르는 규칙에 의해서 의미를 갖게 된다고 주장한다. 그런 의미에서 굽타와 벨납은 그들의 이론을 진리 수정론이라고 부른다.

이 절의 첫 번째 목표는 굽타와 벨납의 진리 수정론을 상세하게 소개하는 것이므로, 먼저 진리술어의 수정 규칙이 어떻게 만들어지고 그것이 거짓말쟁이 역설의 해결에 어떻게 기여하는가를 논의할 것이다. 그리고 이어서 진리 수정론에 대한 가능한 비판들을 생각해보고, 그 비판들로부터 그 이론을 옹호함으로써 그 이론의 의미를 평가하는 것이 두 번째 목표이다.

2.1 거짓말쟁이 역설에 대한 진리 수정론의 진단과 처방

진리 수정론은 거짓말쟁이 역설에는 서술적(descriptive) 문제와 규범적(normative) 문제라는 별개의 두 문제가 포함되어 있다고 말한다. 첫 번째 문제는 '~은 참이다'라는 진리술어의 용법을 설명하고 그 술어를 포함하고 있는 문장의 의미를 설명하는 것이다. 이것은 우리가 특정한 언어에서 그 술어의 실제적 사용에서 나타나는 진리개념과 역설을 적절하게 설명함으로써 대답할 수 있을 것이다. 진리술어를 포함하는 문장 중에는 그 의미에 대한 분명한 어떤 통찰도 허락하지 않는 거짓말쟁이 문장과 같은 병리적(pathological) 문장이 있는 반면, 진리술어를 포함하지만 아무런 문제도 제기하지 않는 일상적으로 이해될 수 있는 문장도 있다. 그러나 이러한 두 종류의 문장을 구별하는 것이 간단하고 분명하지 않는 것처럼 보이기 때문에 그는 서술적 문제에서 중요한 것은 진리술어를 포함하는 문장 중에서 병리적인 문장과 그렇지 않은 문장을 구별할 수 있는 체계적인 기준을 제시하는 것이라고 말한다. 규범적 문제는 진리개념이 비정합적이지 않은가, 혹은 역설을 낳는 논증은 그럴 듯하게 보이지만 실제로는 잘못된 전제를 포함하고 있지는 않은가, 혹은 문제가 되는 개념은 무엇이고 그것은 어떻게 대체되어야 하는가 등의 문제를 다루는 것이다. 따라서 이 규범적 문제는 그러한 역설을 방지하고 역설이 없는 진리개념을 만들어내기 위한 적절한 방법을 제공함으로써 해결될 수 있을 것이다.[10]

굽타와 벨납은 규범적 문제가 제기하는 질문은 우리가 일상적인 진리개념을 체계적으로 이해할 때까지는 애매하고 불명료하기 때문에 서술적 문제에 일차적인 관심을 가져야 한다고 주장한다. 그는 이를 설명하기 위해서 다음과 같은 비유를 제공한다.

천문학이 발달하기 전에 어떤 종족의 사람들이 일식을 관찰했다고 생각해 보자. 그들은 이 일상적이지 않은 현상에 당연히 당황해하면서 그 현상에 대한 하나의 설명을 시도할 것이다. 그들의 첫 번째 경향은 그 사건의 원인에 대해서 숙고하는 것일 수 있다. 우리는 자연스러운 것처럼 보이는 종류의 가설들 즉 신의 분노, 악신이 태양을 삼킴 등의 가설을 상상할 수 있다. 그러나 그러한 숙고는 일식에 대한 이해를 줄 것 같지 않다. 이해를 얻기 위한 적절한 방법은 태양과 달 그리고 다른 별의 일상적이고 눈에 익은 움직임을 참을성 있고 체계적으로 연구하는 것이다.[11]

요컨대 우리는 일상적인 것에 대한 체계적 이해를 통해서 일상적이지 않은 것을 이해할 수 있게 된다는 것이다. 그러므로 우리는 거짓말쟁이 문장이나 그에 의해 발생되는 역설을 이해하기 위해서는 진리개념이 일상적으로 문제가 없이 사용될 수 있는 그 기초가 되는 원리가 무엇인가를 이해하도록 해야 한다.

진리의 일상적 개념에 관한 가장 기초적인 직관은 하나의 언어에서 모든 상항(constants)의 외연이 주어지면 우리는 그 언어에서 어떤 문장이 참이고 어떤 문장이 거짓인지를 결정할 수 있다는 것이다. 이러한 직관을 형식화해서 타르스키는 의미론적으로 열린 형식언어를 위한 진리의 정의를 제공한 것이다. 그러나 1장에서 살펴본 것처럼 타르스키의 정의는 주어진 언어가 의미론적으로 닫힌 경우에는 진리술어의 외연을 결정해주지 못하는 문제에 부딪힌다. 그런데 굽타와 벨납은 이 진리에 대한 기초적 직관을 의미론적으로 닫힌 언어의 문장에 적용하기 위해서는 진리술어의 외연을 미리 알아야 한다는 점으로부터 진리개념과 순환적 정의 사이의 유사성을 발견한다. 그리하여 그는 진리개념의 행태(behavior)는 그것이 일상적인 경우든 비일상적인 경우든 분명히 순환적 정의가 보여주는 행태와 비슷하다고 주장한다. 그 유사성을 살펴보기 위해 다음의 순환적 정의를 생각해보자.

(1) x는 G이다$=_{df}$ x는 F이거나, x는 H이며 동시에 G가 아니다.
   $[Gx =_{df} Fx \vee (Hx \wedge \neg Gx)]$

여기서 F와 H는 명료하고 잘 이해되는 술어라고 하자. 그렇지만 (1)은 정의항에 피정의어인 G를 포함하고 있기 때문에 순환적인 정의이다. 전통적 견해에 따르면 이러한 정의는 부당하며 또한 그러한 정의는 엄청

나게 많은 주장 특히 불합리한 주장을 함축할 수 있기 때문에 받아들이기 어렵다. 여기서 x가 F는 아니며 x가 H라고 가정해보자. 즉

(2) $\neg Fx \wedge Hx$

전통적인 견해가 주장하는 것처럼 (1)과 같은 순환적 정의가 어떻게 모순적 결론을 만들어낼 수 있는가를 알아보기 위해서 x는 G라고 가정해보자. 그러면 우리는 (1)에서 정의항을 얻을 수 있다. 즉

(3) $Fx \vee (Hx \wedge \neg Gx)$

(2)의 연언지 제거($\wedge$-elimination)에 의해서 얻은 $\neg Fx$와 (3)으로부터 선언지 제거(($\vee$-elimination), 즉 선언삼단논법(disjunctive syllogism)의 규칙에 의해서 우리는 $(Hx \wedge \neg Gx)$를 얻게 되므로 x는 G가 아니라는 것을 알 수 있다.

(4) $\neg Gx$

그리고 (2)의 단순화에 의해서 Hx를 얻고 이를 (4)와 연언 도입($\wedge$-introduction)으로 연언적으로 결합하면 우리는 $(Hx \wedge \neg Gx)$를 얻을 수 있다. 거기에 선언 도입($\vee$-introduction)을 통해서 Fx를 부가하면

(5) $Fx \vee (Hx \wedge \neg Gx)$

을 얻게 된다. (5)는 (1)의 정의항이므로, 우리는 Gx의 순환적 정의인

(1)과 ¬Gx라는 가정으로부터 그 가정과 모순되는 Gx를 결론으로 얻을 수 있게 된다. 즉 우리는 (1)과 같은 순환적 정의는 끝없는 고리처럼 계속됨을 알 수 있다. 'a가 G이다'는 'a는 G가 아니다'를 낳고, 또 'a는 G가 아니다'는 'a는 G이다'를 차례로 낳는다. 비트겐슈타인이 지적한 것처럼 이것은 거짓말쟁이 문장의 경우도 마찬가지이다. 즉 "나는 거짓말하고 있다. 그래서 나는 거짓말하고 있지 않다. 등"¹² 두 경우에서 모두 우리는 무한하게 순환하는 동일한 패턴을 보게 된다. 또한 굽타와 벨납은 순환적 정의와 진리개념 사이의 유사성은 병리적 문장에만 국한되는 것이 아니라 문제가 없는 경우에도 해당된다고 주장한다. 왜냐하면 순환적 정의도 어떤 범위의 대상에 대해서는 문제가 발생하지 않을 수 있기 때문이다. 예컨대 G에 관한 순환적 정의인 (1)도 F이거나 H가 아닌 대상들에 대해서는 문제가 발생하지 않는다. 그러한 유사성은 그들로 하여금 거짓말쟁이 역설이 진리정의의 순환성에 의해서 설명될 수 있다는 믿음을 갖게 한다.

일반적으로 받아들여지는 정의는 피정의어(definiendum)의 의미가 완전히 고정되는 정의이다. 피정의어의 의미는 가능한 모든 경우에서 그 외연을 부여하는 규칙에 의해서 결정된다. 즉 일상적인 정의는 우리에게 그 정의항(definiens)에 있는 용어의 외연이 주어지면 피정의어의 외연을 결정할 수 있게 해준다. 그러나 순환적 정의는 피정의어가 정의항에 다시 나타나기 때문에 피정의어의 의미를 고정할 수 없는 비일상적인 정의이다. 이러한 이유로 전통적 견해는 순환적 정의를 포기하도록 권하지만, 진리 수정론은 어떤 용어의 순환적 정의가 주어질 때 그 용어의 외연을 결정하기 위해서 다른 규칙이 사용될 수 있다고 주장한다. 진리 수정론자들은 우리가 피정의어의 외연에 관한 가설에 의해서 우리는 그 피정의어의 외연을 수정하면서 결정하여 감으로써 그 용어의 외연을 알 수 있다고 말한다. 즉 우리는 그 피정의어의 외연을 하나의 확실한 집합으로 결정할 수는 없지만, 그 외연을 어떤 집합으로 가정하면 그 외연이 어떤 집합을 가져야 하는가를 말할 수 있다는 것이다. 다시 다음의 약간 복잡한 순환적 정의를 생각해보자.

(6) $Gx =_{df} (Fx \wedge Hx) \vee (Fx \wedge \neg Hx \wedge Gx) \vee (\neg Fx \wedge Hx \wedge \neg Gx)$

논의를 간단히 하기 위해서 논의 영역 D와 술어의 외연의 집합 I를 다음과 같이 가정하자.

D={a, b, c}
I(F)={a, b} 그리고 I(H)={a, c}.

그리고 관련된 사실의 집합을 M이라고 하자. 여기서 G의 외연을 결정하기 위해서 G의 외연이 될 수 있는 대상의 집합이 공집합이라는 가설을 세우자. 이 가설을 초기의 임의의 가설(initial arbitrary hypothesis)이라고 한다. 이 가설에 상대적인 G의 외연이 무엇인가를 결정하기 위해서 위의 정의 (6)을 적용할 수 있다. 그 가설은 G를 만족시키는 것은 아무것도 없다고 말해주고 있다. 즉 Gx는 D에서 항상 거짓이다. Gx가 항상 거짓이므로 (6)의 정의항의 두 번째 선언지는 항상 거짓이다. 그러므로 G의 외연을 결정하기 위해서는 이제 첫 번째나 세 번째의 선언지를 만족하는 대상을 찾아야 한다. 주어진 조건에 의해서 'a'는 첫 번째 선언지를 만족시키고 'c'는 세 번째 선언지를 만족시킨다. 따라서 G의 외연이 아무것도 없다고 가정하면, 정의 (6)은 G의 외연을 {a, c}라고 새롭게 결정해준다. 만약 G의 외연이 전체 영역이라는 다른 초기의 가설을 세우면, 같은 방식으로 G의 새로운 외연은 {a, b}로 결정된다. 그리하여 순환적 정의 (6)은 G에 대한 가정적 외연 X를 입력하면 G의 결과적인 외연의 집합인 $\delta_{D,M}(X)$를 출력해 내는 함수 $\delta_{D,M}$을 만들 수 있게 한다. 결국 우리는 다음과 같은 리스트를 어렵지 않게 작성할 수 있다.

만약 $b \in X$ 이고 $c \in X$ 이면, $\delta_{D,M}(X) = \{a, b\}$이다.
만약 $b \in X$ 이고 $c \notin X$ 이면, $\delta_{D,M}(X) = \{a, b, c\}$이다.
만약 $b \notin X$ 이고 $c \in X$ 이면, $\delta_{D,M}(X) = \{a\}$이다.
만약 $b \notin X$ 이고 $c \notin X$ 이면, $\delta_{D,M}(X) = \{a, c\}$이다.

위의 목록에서 우리는 $c \notin X$ 이면 그리고 오직 그럴 경우에만, $c \in \delta_{D,M}(X)$임을 발견할 수 있다. 초기의 가설이 무엇이든지 G의 결과적 외연은 가정했던 것과는 다르다. 즉

$$X \neq \delta_{D,M}(X).$$

분명히 (6)과 같은 순환적인 정의가 피정의어인 G의 고정적인 외연을 제공해주지는 않는다. 그러나 그러한 순환적 정의는 우리에게 $\delta_{D,M}$과 같은 중요한 함수를 제공함으로써 특정한 하나의 초기 가설에 따른 상대적 외연을 산출할 수 있게 해준다. 이런 의미에서 진리 수정론은 순환적 정의는 피정의어에 가설적 성질을 지닌 외연을 부여한다고 말한다. 즉 그러한 정의가 피정의어의 외연을 절대적으로 결정해주지는 못하지만, 그 정의가 피정의어의 행태를 설명해주는 함수를 제공하는 만큼 그것을 무익한 정의라고 간주해서 버려야만 하는 것은 아니라는 것이다.
순환적 정의가 피정의어에 부여하는 의미도 우리에게 때로는 정언적

(categorical) 판단을 가능하게 하는 경우가 있다. 예컨대 (6)의 정의에서 a는 가능한 모든 경우에 피정의어 G에 속하기 때문에 모든 영역 D에서 a는 G이다. 단순히 가설적인 판단에서 어떻게 정언적 판단으로 전이될 수 있는가를 설명하기 위해서 굽타는 함수 $\delta_{D,M}$을 하나의 수정 규칙으로 간주할 것을 제안한다. 즉 그 함수를 가설적 외연 X에 적용함으로써 얻게 되는 집합 $\delta_{D,M}(X)$은 X보다 더 나은 G의 외연의 후보자들의 집합이다. 이 함수를 반복적으로 적용함으로써 G에 대한 한층 나은 외연의 후보자들의 집합을 얻을 수 있게 된다. 이 함수의 반복적 적용에 의해서 얻어지는 가능한 외연의 집합을 다음과 같이 표시하자.

$$\delta_{D,M}^0(X)=X$$
$$\delta_{D,M}^{n+1}(X)=\delta_{D,M}(\delta_{D,M}^n(X))$$

정의 (6)에서 G의 외연에 관한 초기 가설의 집합이 공집합이라고 하면, 수정 규칙으로서 위의 함수를 적용하여 다음과 같은 일련의 집합을 얻을 수 있다.

i) $\delta_{D,M}^0(X)=\varnothing$

ii) $\delta_{D,M}^1(X)=\{a, c\}$

iii) $\delta_{D,M}^2(X)=\{a\}$

iv) $\delta_{D,M}^3(X)=\{a, c\}$

v) $\delta_{D,M}^4(X)=\{a\}$

즉 주어진 사실들인 M과 G의 외연이 공집합이라는 가설로부터 술어 G를 만족시키는 것은 아무것도 없기 때문에 'a는 G이다'라는 문장은 거짓이다[i)]. 그러나 ii)에서 v)까지에서 보듯이 그 문장은 $\delta_{D,M}^n(X)(n>0)$ 에서는 참이다. 다시 말해서 그 문장은 초기 가설 단계에서만 거짓이고, 그 이후에는 항상 참이다. 한편으로 'c는 G이다'라는 문장은 $\delta_{D,M}^0(X)$ 에서는 거짓이고, $\delta_{D,M}^1(X)$에서는 참이 되고, 다시 $\delta_{D,M}^2(X)$에서 거짓이, $\delta_{D,M}^3(X)$에서는 참이 된다. 이것을 일반화하여 우리는 그 문장은 $\delta_{D,M}^n(X)$에서 n이 홀수이면 참이고, n이 짝수이면 거짓이라고 말할 수 있다. G의 외연에 속하는 집합이 {c}라는 가설로부터 시작한다면 우리는 'c는 G이다'는 문장은 $\delta_{D,M}^n(X)$에서 n이 짝수이면 참이고, n이 홀수이면 거짓이라는 것을 알 수 있다.

요컨대 순환적 정의는 피정의어에 대한 적용 규칙 대신 수정 규칙을 제공하여 그 피정의어에 가설적 성질을 갖는 의미를 부여하는 정의이다. 그 수정 규칙은 가설적 외연으로부터 출발하여, 그 외연을 주어진 순환적 정의에 적용하여 피정의어에 대한 보다 나은 외연의 후보자를 제공하고, 모든 가능한 가설에 대해서 그 규칙을 반복하여 적용함으로써 일련의 수정결과를 얻게 된다. 그리고 그 결과를 살펴봄으로써 우리는 어떻게 가설적인 것에서 정언적인 것으로 옮아가게 되는가를 알 수 있게 된다. 이러한 전이는 일상적인 정의의 피정의어든지, 순환적 정의처럼 비일상적인 정의의 피정의어든지 상관없이 모든 피정의어의 행태를 설명해준다. 일상적인 정의에서는 그 규칙이 피정의어의 행태에 대해서 가설에 상관없이 항상 동일하게 결정된 판단을 가능하게 하고, 비일상적인 경우에는 그 규칙이 피정의어의 행태를 일정하게 결정하지는 않으나 그 행태가 하나의 전형을 가짐을 보여준다.

진리 수정론에 따르면, 진리개념이 순환적이며 그 개념은 순환적 정의와 같은 행태를 갖는다. 타르스키는 T-문장에 대해서 "그것은 개개의 문장의 참이 어떻게 구성되는가를 설명해주는 진리개념의 부분적

정의라고 생각될 수 있다"[13]고 말한다. 그런데 T-문장이 진리의 정의로 받아들여지기 위해서는 두 가지 조건을 제시하는데, 첫째는 형식적 올바름(formally correct)이라는 조건과 둘째로 실질적 적합성(materially adequate)이라는 조건이 그것이다. 형식적 올바름의 조건은 순환적 정의를 배제하지만, 타르스키가 T-문장으로 제공하는 정의는 순환적일 수 있다. 다음의 예에서 보듯이 진리에 대한 정의항에 피정의어를 포함하는 T-문장을 생각할 수 있고, 따라서 진리개념은 순환적이라고 할 수 있다.

"'눈은 하얗다"는 참이다'는 '눈이 하얗다'는 것이 참이면 그리고 오직 그럴 경우에만 참이다. ("'Snow is white' is true" is true iff 'snow is white' is true.)

'존이 말한 것은 모두 참이다'는 존이 말한 것이 모두 참이라면 그리고 오직 그럴 경우에만 참이다. ('Everything John says is true' is true iff everything John says is true.)

진리술어에 대한 정의로서 위와 같은 T-문장은 분명히 정의항에 '참이다'는 피정의어를 포함하는 순환적 정의이다. 지금까지의 진리론은 형식적 올바름을 만족시키지 못하는 진리개념의 정의는 배제해야 한다는 것이었는데 진리 수정론자들은 그 조건을 만족시키지 못하는 순환적 정의도 의미가 있음을 지적하면서 진리개념의 정의로서 형식적 올바름의 조건은 필요조건이 아니므로 포기되어야 한다고 말한다. 또한 그들은 타르스키의 진리정의는 실질적 적합성의 조건을 만족시키는 것이고 그 조건의 충족만으로도 진리술어의 외연을 결정할 수 있음을 보인다. 앞에서 살펴본 순환적 정의의 경우에서처럼 정의항을 평가하여 진리술어의 외연을 결정하기 전에 우리는 그 술어에 대한 가설적 외연을 필요로 한다.

하나의 가설이 주어지면 T-문장들은 각 문장에 대한 그 술어의 수정된 외연을 산출할 수 있게 한다. 그 수정 규칙을 굽타와 벨납은 τ_M이라는 함수로 표시한다. 즉 임의의 문장 집합 U에 대해서 진리술어의 가설적 외연이 주어지면 그 함수는 그 조건하에서 참으로 판명되는(진리술어의 외연으로 판명되는) 새로운 문장의 집합 V를 산출해낸다. V는 U보다 진리술어의 외연으로서 나은 후보자이다. 진리치가 결정될 수 있는 모든 명제의 진리치가 결정될 때까지 그 함수는 거듭 사용될 수 있고, 사용될 때마다 새롭게 수정된 보다 나은 진리술어의 외연의 집합을 제공할 것이다.

매우 간단한 모델로 그 수정 규칙인 함수 τ_M이 어떤 것인가를 구체적으로 살펴보자. 일차 언어(first-order language) L이 '~아니다(not)', '그리고 (and)', '또는(or)', '~이면, ~이다(if-then)'라는 논리적 연결사와 '모든 (every)', '약간의(some)'라는 양화사 그리고 '~이다(is)'라는 계사를 포함하고 있다고 하자. 그리고 L은 '참이다(true)'라는 술어 외에 다음의 용어를 포함하고 있다고 가정하자.

이름: 눈, 존 그리고 문장을 지시하기 위한 인용부호적 이름(quotational name)

일항술어: 하얗다

이항술어: 말하다.

논의 영역 D가 {눈, 존}이라는 집합과 L의 문장집합과의 합집합 [D={눈, 존}∪{x|x는 L의 문장}]인 상황을 M이라고 하자. 그리고 L의 임의의 문장집합을 U라고 하고, 위의 술어의 외연을 다음과 같이 약속하자.

I(하얗다)={눈}

I(말하다)={⟨존, 눈은 하얗다⟩, ⟨존, 눈은 하얗다는 참이다⟩,

⟨존, 존이 말한 것의 일부는 참이다⟩}

그리고 처음의 임의의 문장집합 U에서 '참이다'의 외연은 없다고 하자 [I(참이다)=∅]. 이와 같은 모델의 언어에 수정 규칙을 적용하면 우리는 보다 나은 다음과 같은 진리술어의 외연의 후보자를 얻을 수 있다.

(ㄱ) 눈은 하얗다.

(ㄴ) '눈은 하얗다'는 참이 아니다.

(ㄷ) '"눈은 하얗다"는 참이다'는 참이 아니다.

(ㄹ) 모든 것은 참이 아니다.

(ㅁ) 존이 말한 것은 모두 참이 아니다.

위와 같이 수정 규칙을 한 번 사용하여 얻은 수정된 문장집합을 V_1이라고 하자. 그런데 V_1에는 보는 바와 같이 문제가 있다. 즉 하나의 문장 (Ga)이 그 집합 V_1에 속하면 그 문장이 참이라고 말하는 문장의 부정 (¬T(Ga))도 또한 V_1에 속한다. 그러므로 V_1에 있는 문장들은 완전한 진리술어의 외연일 수 없고 따라서 수정 규칙을 사용하여 수정되어야 한다. $\tau_M(V_1)$을 V_2라고 하자. 그러면 V_2는 '"눈은 하얗다"는 참이다'와 같은 2단계 문장(second-level sentences)에 대해 옳은 외연을 제공해줄 것이다. 그리하여 V_2에서는 (ㄱ)과 같은 문장을 진리술어의 외연으로 보존하면서 2차 단계의 문장 중에서 (ㄴ)과 같은 문장은 진리술어의 외연에서 배제한다. 그러나 V_2는 3차 단계의 문장, 즉 '""눈은 하얗다"는 참이다"는 참이다'와 같은 문장에 대한 올바른 외연을 제공해주지는 못한다. 결국 이를 위해서는 수정 규칙을 다시 한 번 사용하여 V_3를 얻어내야 한다. 그러므로 수정 규칙의 거듭된 사용이 보다 나은 외연의 후보자를 제공해주기는 하지만, 유한한 수의 거듭 적용은 여전히 수정을 요구하는 문장의 집합을 제공할 뿐인 것처럼 보인다. 즉 그 규칙을 초한적으로(transfinitely) 거듭 적용해야만 하는 것 같다. 도대체 이런 작업이 어떻게 가능할 수 있는가?

진리 수정론은 수정 규칙이 갖는 두 가지 속성을 설명함으로써 그 규칙의 유한한 적용만으로도 진리술어의 외연이 고정점에 이를 수 있음을 보여준다. 첫 번째 속성은 안정성(stability)이다. 안정성이라 함은 규칙을 적용해서 얻어진 문장 가운데 옳은 외연의 후보자들은 그 이후의 적용에 의해서도 옳은 것으로 보존된다는 것이다. 예컨대 '눈은 하얗다'는 문장은 규칙의 처음 적용부터 모든 적용에서 외연의 후보로 나타난다. 즉

'눈은 하얗다'$\in V_n$ (n≥1)

'"눈은 하얗다"는 참이다'는 문장은 V_2에 속하고 그 이후의 모든 적용에서 옳은 외연으로 보존된다. 즉

'"눈은 하얗다"는 참이다'$\in V_n$ (n≥2)

요컨대 우리는 궁극적으로 수정 규칙의 적용으로 얻어진 문장의 집합에서 차후에 보존되는 문장과 그렇지 못한 문장을 구별할 수 있는데 이것이 바로 이 규칙의 안정성을 보여주는 것이다.

또 하나의 중요한 속성은 수렴성(convergence)이다. 수렴성이란 어떤 문장의 지위는 우리가 어떤 초기 가설로 시작하든지 상관없이 동일하다는 것이다. 즉 초기의 임의 문장집합 U는 전혀 수정 과정에 영향을 주지 못한다는 것이다. 예컨대 다른 초기의 문장집합 U'으로 수정 과정을

시작했다고 가정해보자. 그리고 U′에서 진리술어 '참이다'의 외연을 논의 영역에서 가능한 모든 문장이라고 가정하자. 그러면

$\tau_M(U')=V_1'=\{$눈은 하얗다, 눈은 하얗다 는 참이다, 눈은 하얗지 않다는 참이다 (⋯) 모든 것은 참이다, 존이 말한 모든 것은 참이다, (⋯)$\}$

이 될 것이다. 우리는 여기서 V_1과 V_1' 모두 '눈은 하얗다'는 문장과 진리술어가 나타나지 않은 문장들을 포함하고 있음을 알 수 있다. 즉 그러한 문장들은 V_n과 $V_n'(n≥1)$에 모두 포함된다. 그런데 보는 바와 같이 V_1'도 문제점이 있어서 수정 규칙에 의해서 수정되어야 하며, 그렇게 얻어진 V_2'는 '"눈은 하얗지 않다"는 참이다'는 배제하고, '"눈은 하얗다"는 참이다'와 같이 V_2가 포함하는 문장만을 포함한다. 결국 수정 규칙을 두 번 적용함으로써 '"눈은 하얗다"는 참이다'는 문장은 초기 가설적 집합에 상관없이 항상 진리술어의 외연으로 고정된다. 즉 초기 가설의 임의성은 수정 과정에서 완전히 사라지게 된다는 것이다. 결론적으로 수정 규칙을 초한적으로 계속 적용하지 않고 유한한 적용만으로 얻어지는 진리술어의 외연의 후보자를 검토해봄으로써 그 외연에서 어떤 규칙적인 행태를 발견하게 되고 그 규칙적 행태를 통해서 우리는 귀납적으로 진리술어의 외연의 일정한 행태를 찾아내게 된다. 즉 수정 규칙의 수렴성은 초기 가설이 갖는 임의성에 대한 우려를 해소해주고, 안정성은 진리술어의 일정한 행태를 설명해줌으로써 그 규칙이 초한적으로 사용될 필요가 없음을 보여준다.

이제까지의 논의에서는 그 영역에 병리적 문장을 포함하지 않았다. 이제 우리는 병리적 문장을 포함하는 논의 영역에서도 수정 규칙이 안정성과 수렴성을 갖는가를 살펴보아야 한다. 우선 "이 문장은 참이다"라는

참말쟁이 문장을 보자. 이 문장은 완전하게 안정성을 만족시킨다는 사실을 수정 규칙을 적용해봄으로써 알 수 있다. 즉 이 문장을 참이라고 가정하고 수정 규칙을 적용하면 그 문장은 그 이후의 모든 수정 과정에서 참이고, 이 문장을 거짓이라고 가정하고 수정 규칙을 적용하기 시작하면 그 문장은 모든 과정에서 거짓이 된다. 반면에 이 문장은 수렴성은 만족시키지 못한다. 왜냐하면 이 문장은 초기의 가설이 무엇인가에 따라 고정점(fixed point)이 다르기 때문이다. 진리 수정론은 이러한 문장을 약하게 안정된(weakly stable) 문장으로 분류한다.

진리 수정론은 거짓말쟁이 문장에 대해서는 안정성은 만족시키지 못하지만 수렴성은 만족시킴을 지적한다. 즉 수정 과정에서 그 문장의 진리치는 계속해서 변하여 어느 고정점에서도 안정된 진리치를 갖지 못하기 때문에 안정성을 만족시키지 못하지만, 그 문장을 수정 규칙에 적용할 때 얻어지는 수정의 결과는 초기의 가설이 무엇인가에 상관없이 하나의 동일한 패턴을 보여주기 때문에 수렴성은 만족시킨다는 것이다. 진리 수정론자들은 이런 종류의 문장을 역설적 문장이라고 부른다. 굽타는 역설적 문장과 약하게 안정된 문장을 구별하여 "참말쟁이 문장과 같은 형태의 문장은 역설적 문장이 보여주는 변동을 보여주지 않는다. 그 문장은 초기의 가설에 따라 안정된 진리치를 갖는다. 그러나 어떤 가설에서는 안정적으로 참이고 다른 가설에서는 안정적으로 거짓이다"[14]라고 말한다. 굽타는 역설적 문장과 약하게 안정된 문장에 대한 정의를 다음과 같이 한다.

하나의 문장이 논의 영역 D에 속하는 어떤 임의의 집합 U에 대해서 안정적으로 참도 거짓도 아니라면 그리고 오직 그럴 경우에만 그 문장은 M에서 역설적이다.

하나의 문장이 논의 영역 D에 속하는 모든 임의의 집합 U에 대해서 M에서 안정되어 있지만 절대적인(U와 상관없이 결정되는) 진리치를 갖지는 않는다면 그리고 오직 그럴 경우에만 그 문장은 M에서 약하게 안정되어 있다.

진리 수정론은 또 다른 종류의 병리적 문장이 있음을 주목한다. 즉 A) 어떤 U에 대해서도 안정적으로 거짓이 아닌 문장, B) 어떤 U에 대해서도 안정적으로 참이 아닌 문장, 그리고 C) 어떤 U에 대해서는 안정적으로 참이고 다른 U에 대해서는 안정적으로 거짓인 문장이 있다. 이러한 문장의 예를 보자.

A) 이 문장은 참이거나 거짓이다.
B) 이 문장은 참이고 동시에 거짓이다.
C) 이 문장과 A)는 모두 참이다.

A)는 어떤 초기 가설에 대해서는 궁극적으로 참이지만 다른 가설에서는 그렇지 않다. 그러나 어떤 초기 가설에 대해서도 궁극적으로 거짓일 수는 없다. 즉 이 문장은 어떤 U에 대해서도 안정적으로 거짓일 수 없는 문장이다. B)는 어떤 초기 가설에 대해서는 거짓이지만 다른 가설에 대해서는 그렇지 않다. 그러나 어떤 초기의 가설에 대해서도 안정적으로 참일 수는 없다. 다시 말해서 이 문장은 어떤 U에 대해서도 안정적으로 참일 수 없는 문장이다. 끝으로 C)는 어떤 초기 가설에서는 궁극적으로 참이고, 다른 가설에 대해서는 거짓이며, 또 다른 가설에 대해서는 결코 참일 수도 거짓일 수도 없다. 그러므로 C)는 U에 대해서는 안정적으로 참이고 U′에 대해서는 안정적으로 거짓일 수 있는 문장이다.

분명히 다섯 가지의 병리적 문장 중에서 가장 문제가 되지 않는 종류의 문장은 참말쟁이 문장과 같이 약하게 안정된 문장이다. 왜냐하면 그러한 문장에 대해서는 의미론적 법칙과 직관적인 진리개념이 마찰을 일으키지 않으며, 그 문장이 T-도식에 적용되어 T-문장으로 만들어져도 그것은 안정적으로 참이 되기 때문이다. 위의 A), B), C)와 같은 문장들은 T-문장으로 만들어졌을 때 그 문장들이 안정적으로 참이 아니기 때문에 그 문장들은 진리개념에 대한 우리의 일상적 직관과 갈등을 일으키는 것처럼 보인다. 그러나 이러한 문장들은 초기의 가설에 따라 아무튼 안정되기 때문에 그 문장들은 역설적 문장에 비하면 그렇게 문제가 될 것이 없다. 이런 의미에서 진리 수정론은 역설적 문장을 다른 네 가지의 병리적 문장과 구별한다. 수정 규칙이 역설적 문장에 적용되면 그 문장의 외연의 후보자들이 계속해서 증가, 변화될 뿐이다. 그래서 굽타는 다음과 같이 말한다.

> 거짓말쟁이 문장과 같은 형태의 문장의 진리치에 대한 판단은 비안정적 특성을 갖는다. 진리개념에 대한 우리의 이해는 우리로 하여금 우리의 판단을 반대로 수정하게 한다. 수정 과정은 거기에서 멈추지 않는다. 그것은 다시 그 결과를 수정하여 우리에게 그전의 판단을 부여한다. 거짓말쟁이 문장과 관련한 일상적 논증에서 나타나는 순환적 패턴은 우리의 수정론에 의해서 설명된다.[15]

간단히 말해서 진리 수정론의 수정 규칙은 역설적 문장을 포함하고 있는 언어의 모든 문장의 진리 외연을 고정하지는 못한다. 이러한 의미에서 우리는 당연히 진리개념은 비정합적이지 않은가, 그리고 그 개념은 수정되어야 하는 것이 아닌가라는 질문을 할 수 있다. 그러나 진리 수정론자들은 이에 대해 진리개념의 두드러진 비정합성은 그 개념의 일상적 사용에 전혀 지장을 주지 않으므로 그 개념이 수정을 필요로 하지 않는다고 대답한다. 그들은 이 점을 다음과 같은 비유를 통해서 설명하는데, 우리가 "존이 정직한가?"라는 질문을 받았다고 생각해보자. 우리는 이 질문에 간단히 "그렇다" 또는 "아니다"라고도 대답할 수 있지만, 간단히 대답할 수 없는 경우도 생각할 수 있다. 즉 "그는 평소에는 정직하지만 술에 취하면 정직하지 않다"든지 "그는 돈에 관한 한 정직하지만 대인관계에서는 그렇지 않다"라고 대답할 수도 있다. 즉 존은 안정적으로 정직한 것은 아니라고 말할 수 있다. 이러한 경우가 있음에도 불구하고 '정직하다'는 술어의 일상적 사용에 문제가 없는 것처럼, 비록 어떤 문장들이 안정적으로 참이거나 거짓일 수 없는 경우가 있다고 할지라도 진리개념의 일상적 사용에는 아무 문제도 없다. 그러므로 진리 수정론자들은 진리개념의 외견상의 비정합성에도 불구하고 이를 수정하려는 시도는 무익하며 헛될 뿐이라고 주장한다.[16]

2.2 굽타와 벨납의 진리 수정론에 대한 평가

굽타와 벨납의 진리 수정론은 순환적 개념도 의미를 가질 수 있는 의미론적 구조가 있으며 진리개념은 순환적이라는 두 가지 생각의 결합물이다. 첫 번째 생각은 순환적 개념이 의미를 가질 수 있는 의미론적 구조를 어떻게 형성할 수 있는가를 보여주는 순환적 정의에 대한 설명에서 나왔고, 두 번째 생각은 T-문장은 진리개념의 부분적 정의라는 타르스키의 제안에서 나온 것이다. 타르스키는 진리개념의 순환성을 피하기 위해서 언어의 계층을 도입하지만, 굽타와 벨납은 그 개념의 순환성을 설명하고 그 위에서 그의 진리론을 세운 것이다. 그들에 따르면 역설의 발생은 일식의 발생처럼 자연스러운 것이다. 그들은 "일식이 지구와 달의 공전의 자연스러운 결과인 것처럼 역설은 진리개념의 수정적 특성의 자연스러운 결과"[17]라고 말한다. 거짓말쟁이 역설을 피해야 한다고 주장하는 것과 그것을 해결하는 방법을 찾으려는 것은 진리 규칙이 진리술어의 외연을 절대적으로 결정해야만 한다는 잘못된 믿음 때문에 생기는 것이다. 거짓말쟁이 역설은 진리개념의 성질로부터 자연스럽게 발생하는 것이기 때문에 그것을 어떻게 피할 수 있는가를 논의하기보다는 왜 그러한 역설이 발생하는가를 설명하고, 그 개념의 일상적인 사용을 이해함으로써 그것을 이해하려고 시도해야 한다. 굽타와 벨납이 진리 수정론을 통해서 제공하는 것이 바로 이것이다.

지금까지 살펴본 것처럼 진리 수정론은 문장의 유형을 일곱 가지로 나눈다. 즉 1) 안정적으로 참인 문장, 2) 안정적으로 거짓인 문장, 3) 약하게 안정된 문장, 4) 안정적으로 거짓이 아닌 문장, 5) 안정적으로 참이 아닌 문장, 6) U에 대해서는 안정적으로 참이고 U´에 대해서는 안정적으로 거짓인 문장, 그리고 7) 결코 안정되지 않는 문장이 그것이다. 다시 굽타는 1)과 2)는 정언적(categorical) 문장으로 3), 4), 5)와 6)은 타당한 (valid) 문장으로 그리고 7)은 역설적 문장으로 분류한다. 굽타의 진리 수정론에 대한 첫 번째 반론은 이와 같은 문장의 분류가 진리개념에 대한 우리의 일상적 직관과 일상적 사용에 항상 대응하지 않는다는 것이다. 예컨대 (λ)가 거짓말쟁이 문장을 가리킨다고 가정하고 다음의 문장을 생각해보자.

(7) λ는 참이거나 λ는 참이 아니다.

굽타와 벨납의 진리 수정론에 따르면 (7)은 고정적으로 거짓이 아닌 문장, 즉 5)에 해당하는 문장으로 타당한 문장이 될 것이다. 그러나 (7)의 선언지 모두 역설적 문장이지 타당한 문장이 아니다. 그런데 어떻게 두 개의 역설적 문장의 선언적 결합이 타당한 문장을 만들어낼 수 있는가? 이것은 우리의 일반적 직관에 반하는 것 아닌가? 진리 수정론의 중요한 목적 중 하나가 진리개념에 대한 우리의 일상적 직관과 고전 논리 법칙을 보존하면서 그 개념을 설명하려는 것이기 때문에 이 반론이 받아들여진다면 진리 수정론은 성공적인 것이라 할 수 없을 것이다. 그러나 이러한 반론은 어렵지 않게 답할 수 있다. 우리의 직관에 따르면 논리학의 동일률인 p→p는 모든 문장에 대해서 참이라고 말해준다. 즉 (∀p)(p→p)이다. 그러므로 거짓말쟁이 문장의 병리성에도 불구하고 그 법칙은 그 문장에 대해서도 참일 것이다. 따라서 우리는 다음 문장이 참임을 안다.

  (8) λ가 참이라면 λ는 참이다.

  그런데 (8)은 조건적 정의(conditional disjunct)라는 추론 규칙에 의해서 (7)을 함축한다. 그러므로 우리가 (8)을 타당한 것으로 받아들인다면 (7)도 타당한 것으로 받아들여야 한다. 그러한 반론을 제기하는 사람들은 아마 (7)을 거짓말쟁이 문장이 타당하거나 그것의 부정이 타당하다고 해석함으로써, 혹은 (7)을 거짓말쟁이 문장 (λ)가 '~은 참이다'는 진리술어의 외연에 속하거나 반외연(anti-extension)에 속해야 함을 말하는 것으로 잘못 이해함으로써 그러한 반론을 제기한 것처럼 보인다. 진리 수정론에 따르면 (7)은 거짓말쟁이 문장의 특이성 때문에 그렇게 이해되어서는 안 된다. 즉 (7)은 다음 문장들이 이해되는 것과 동일하게 이해되어서는 안 된다.

(9) 눈은 하얗거나 하얗지 않다.

(9)는 눈이 '하얗다'는 술어의 외연에 속하거나 반외연에 속한다는 것을 말하고 있다. 그러나 지금까지의 진리 수정론이 보여준 것처럼 거짓말쟁이 문장에서의 '참이다'라는 술어는 (9)에서의 '하얗다'는 술어와 같은 일상적인 개념과는 완전히 다르게 사용됨을 인식해야 한다. 일상적 개념이 적용 규칙에 의해서 설명되는 것과는 달리 진리개념은 수정 규칙에 의해서 설명되어야 하는 개념이다. 그러므로 (7)은 단순히 한 언어의 논리적 특성의 한 면을 표현하고 있는 타당한 문장이라고 할 수 있다.

진리 수정론에 대한 또 다른 비판은 그 이론이 모든 의미론적 역설을 설명하고 있지는 않으며, 진리 수정론이 만들어내고 설명하지 못하는 역설적 문장이 있을 수 있다는 것이다. 다시 말해서 진리 수정론에 대해서도 복수의 문제가 발생할 수 있다는 것이다. 예를 들어 다음 문장을 생각해보자.

(10) 이 문장은 정언적이 아니거나, 그것은 참이 아니다.

(10)이 정언적이 아니라고 가정하면, (10)은 처음 선언지가 참이 되어 (10)은 참이 된다. 결국 (10)은 정언적이 된다. 다른 한편으로는 (10)이 정언적이라고 가정하면, 처음 선언지가 거짓이고 그 문장이 정언적이기 때문에 나중의 선언지가 정언적이어야 한다. 따라서 (10)은 정확히 거짓말쟁이 문장과 같게 되어 정언적이지 않게 된다. 여기서 우리는 진리 수정론이 설명하지 못하는 분명한 역설에 부딪히는 것처럼 보인다. 그러나 진리 수정론에 따르면 위의 논증은 옳지 않다. 즉 마치 거짓말쟁이 역설이 진리개념의 본성과 관련하여 발생하듯이, (10)과 관련된 의미론적

역설은 정언성(categoricalness)이라는 개념의 본성으로부터 발생한다. 즉 마치 의미론적으로 닫힌 언어 L에서 그 언어에서의 진리술어(true in L)가 순환적인 것처럼 정언성이라는 개념을 그 자체에 포함하고 있는 언어 L에서는 그 언어에서의 정언적이라는 술어(categorical in L)는 순환적이다. 그러므로 L의 한 문장이 정언적인가 아닌가라는 물음은 오직 L에서 정언적이다는 술어의 외연에 대한 앞선 가정 위에서만 가능하다. 그저 (10)이 정언적인가 그렇지 않은가라고 묻는 것은 순환적 개념을 이해하지 못한 무의미한 물음일 뿐이다. 결국 '정언적이다'는 술어의 외연도 '참이다'는 외연과 마찬가지로 절대적으로 결정될 수는 없고 가정적으로 결정될 수 있을 뿐임을 기억한다면, (10)이 역설을 낳는다는 논증은 설득력이 없음을 알 수 있다.

굽타와 벨납은 진리 수정론을 통해서 거짓말쟁이 역설에 대한 의미 있는 처방을 제시해주었을 뿐만 아니라 일상적인 진리개념에 대해서도 중요한 설명을 제공하고 있다. 즉 진리개념에 대해서 우리가 갖는 기본적인 직관을 보존하면서 진리술어의 외연을 결정하는 (물론 가정적이기는 하지만) 방법을 제공해줌으로써 진리술어의 정체를 보여준 것이다. 요컨대 거짓말쟁이 문장은 그 진리치가 안정적이지 않은데, 그것은 진리개념이 순환적이기 때문이다. 그러나 그 개념이 순환적이어서 거짓말쟁이 문장과 같은 병리적 문장이 나타나고 거짓말쟁이 역설이 발생한다고 그 개념에 대해서 실망할 필요는 없다. 왜냐하면 순환적 개념도 수정 규칙에 의해서 적절하게 그 개념이 설명될 수 있고, 순환적 개념을 포함하고 있는 문장에 그 규칙을 반복하여 적용함으로써 그 개념의 보다 나은 외연을 점차 얻을 수 있기 때문이다.

결국 역설적 문장은 그 진리치가 결코 안정되지 않은 병리적 문장이기 때문에 어떤 수정 과정에서는 참으로, 어떤 과정에서는 거짓으로 나타난다. 그렇다고 역설적 문장을 참이며 동시에 거짓이라고 생각하다든지, 혹은 참도 거짓도 아닌 진리치를 갖지 않은(truth-valueless) 문장이라고 생각해서는 안 된다. 그리고 역설적 문장에 대해서 우리가 물어야 할 질문은 그것의 안정된 진리치가 무엇인가가 아니라 그 문장의 진리치의 변화가 어떻게 나타나는가이어야 한다. 즉 진리술어의 외연의 변화가 어떠하며, 그 변화의 원인은 무엇인가라고 묻는 것이 거짓말쟁이 역설과 관련하여 우리가 물을 수 있는 물음들이다. 그리고 그 물음에 대한 대답은 일상적으로 사용되는 진리개념의 행태를 살펴봄으로써 얻을 수 있다는 것이 굽타와 벨납의 진리 수정론의 핵심이다. 이렇게 진리 수정론이 의미론적 역설을 설명하는 것으로부터 우리가 얻을 수 있는 진리 수정론의 정신은 다음과 같은 그의 말로 정리될 수 있을 것이다.

> 유의미의 영역은 그것이 외견상 그렇게 보이는 것보다 범위가 더 넓고, 무의미한 개념으로 생각된 어떤 개념들도 실제로는 유의미하다. 개념의 우주는 실제로 풍부하다(The universe of concepts are rich indeed).[18]

진리 수정론자들은 정의라면 당연히 만족되어야 한다고 생각되어 온 형식적 올바름(formal correctness)의 조건을 버리고, 실질적 적합성(material adequacy)의 조건만을 만족시키는 순환적 정의의 행태를 설명함으로써 순환적 개념인 "진리"에 새로운 빛을 밝혀주고, 나아가서 개념이라는 우주의 풍부함을 보여준 것이다.

3. 에클런드의 의미 비일관성론

거짓말쟁이 역설의 해결책으로 제시된 대부분의 견해들은 모순을 위해서 T-도식을 제한하거나 고전 논리의 규칙을 제한한다. 그러나 이러한 견해들은 근본적으로 반직관적인 귀결을 가질 뿐만 아니라 관련된 핵심적인 표현의 의미에 대한 반성을 통해서 도달하는 상식적인 견해와 일치하지 않는 것처럼 보이는 귀결을 갖는다. 이와 달리, 거짓말쟁이 역설은 단순히 우리가 사용하는 진리술어를 가지고 있는 언어가 비일관적임을 보여준다고 설명하는 견해가 있다. 거짓말쟁이 역설에 대한 이러한 비일관성론에 따르면, 역설을 추론하는 과정은 핵심적인 표현이나 진리술어, 표현에 대한 규칙을 올바르게 따르면서 진행된 것이고, 그 추론 결과 도달한 병리적인 결론은 그 규칙들 사이에 비일관성이 있음을 보여준다. 여기서 말하는 규칙이란, 진리술어에 대한 규칙은 T-도식이고 논리적 표현에 대한 규칙은 고전 논리의 원칙이다.

비일관성론은 치하라가 왜 역설이 발생하고 그것이 왜 불가피한 것인지를 설명하는 역설의 진단의 문제라고 부른 문제에 집중한다. 비일관성론을 옹호하는 에클런드(M. Eklund)는 한 언어에 통달한 사람들이 T-도식의 타당성과 고전 논리의 규칙을 받아들이면 비일관성에 부딪힌다는 사실을 인식하게 되지만, 그럼에도 불구하고 그들이 어떻게 성공적으로 의사소통을 할 수 있는지 설명하고자 한다. 비일관성론자로서 에클런드는 언어를 잘 이해하고 적절하게 사용할 수 있는 능력인 "의미론적 통달 능력(semantic competency)"을 지닌 사람들은 T-도식에 의해서 표현되는 의미론적 직관이 비일관적이라는 점을 인식하지만, 의미 구성 원리(meaning constitutive principle)로서 T-도식을 받아들이는 경향이 있다고 주장한다. 그런 점에서 에클런드의 비일관성 견해를 의미 비일관성론

(meaning inconsistency view)이라고 할 수 있다.

어떤 문장이나 추론이 의미를 구성한다는 것은 일반적으로 받아들여지는 견해이다. '모든 총각은 결혼하지 않았다'는 문장을 받아들이거나 '~는 총각이다'로부터 '~는 결혼하지 않았다'로의 추론을 받아들이는 것은 '총각'과 '결혼하지 않은'이라는 표현과 관련된 언어 능력의 일부이다. 에클런드에 따르면, 언어에 유능한 화자가 어떤 문장이나 추론을 받아들이는 것은 의미 구성의 속성 때문인데, 그 속성은 두 가지 종류가 있다. 하나는 표현이 의미하는 바에 의해서 참이 되기 때문에 받아들여지는 속성이고, 다른 하나는 어떤 의미에 의해서 참이 되지도 않고 실제로 참이 아님에도, 화자들이 자신의 언어적 능력에 의해서 그것을 받아들이는 경향이 있는 문장이 갖는 속성이다. 에클런드는 전자의 의미 구성의 속성을 분석적 원리라고 부르고, 후자의 속성을 의미 구성 원리라고 부른다. 다시 말해서 언어에 통달한 사람들이 받아들이는 경향이 있으면, 그것은 일종의 의미를 구성하게 된다는 뜻에서 의미 구성 원리라고 부른다. 그러므로 의미 구성 원리는 반드시 참인 것은 아니고 따라서 분석적으로 참이지 않다.

의미를 가진 어떤 표현을 사용한다는 것은 그 표현을 규칙에 따라 사용해야 한다는 일종의 의미론적인 의무(semantic obligation)를 지는 것이다. 그러나 따라야 할 의무가 때로는 비일관적일 수도 있어, 의무를 진 사람이 모든 의무를 수행할 수 없는 경우가 있다. 바로 이런 이유 때문에 의미 비일관성 견해가 등장한다.

나는 의미론적 의무라는 말로 이 점을 설명할 수 있다. 자연언어에 대한 완전한 능력을 지닌 화자가 동시에 달성될 수 없는 의미론적 의무를 떠안고 있다는 것이 의미 비일관성론의 특징적인 주장이다.[19]

즉 일상 언어에 대한 완전한 능력을 지닌 화자가 동시에 달성할 수 없는 의미론적인 의무를 떠안는 경우가 있기 때문에 우리는 일상 언어가 비일관성을 갖는다고 해석할 수밖에 없다는 것이다.

에클런드는 '참이다'와 같은 진리술어의 의미 구성 원리는 다음과 같은 타르스키의 T-도식이라고 말한다.

(T) p는 p일 경우에 그리고 오직 그럴 경우에만 참이다.

즉 (T)는 진리술어의 의미를 구성하는 원칙이다. 어떤 언어에 통달한 화자는 그 언어의 진리술어에 관한 의미론적인 통달 능력에 의해서 (T)의 모든 사례를 받아들이는 경향이 있는 것이다. 다시 말해서 (T)의 사례들을 받아들이는 경향이 있을 때, 진리술어에 대한 통달 능력의 조건을 가지고 있는 화자라고 할 수 있다. 그런데 문제는 (T)의 사례들 중에는 거짓말쟁이 문장처럼 일관되지 않은 문장들이 있다. 따라서 거짓말쟁이 역설은 "의미 구성"의 두 번째 속성에 의한 의미 구성 원리들이 함께 사용될 때 비일관성이 나오기 때문에 발생하는 것이다.

물론 의미 구성 원리가 모순을 낳는다는 것을 인식한 능력 있는 화자는, 이로부터 자신이 의미론적 능력을 결여하고 있음을 보이지 않고, 의미 구성 원리 중 하나 혹은 그 이상을 참이 아니라고(non-true) 거부할 수도 있을 것이다. 어떤 표현에 대해 완전하게 능력이 있기 위해서 화자는 이 표현에 대한 의미 구성 원리가 참이라는 점을 받아들이는 경향이 있기만 하면 된다.[20]

에클런드에 따르면, 의미 구성 원리가 비일관성을 가질 때, 그 원리를 거부하지 않고 그 언어의 표현에 대한 의미론적 값들을 가능한 한 의미 구성 원리가 참이 되도록 부여해야 한다. 즉 일상 언어의 표현들에 대한 의미론적 값은, 의미 구성 원칙들이 함께 취해졌을 때 가능한 한 참에 가깝게 만들도록 부여된다. 이렇게 언어에 통달한 능력을 지닌 화자가 자신의 의미론적 능력에 의해서 건전하지 않은 논증의 잘못된 점을 수용하는 경향이 있을 경우 그 건전하지 않은 논증도 힘을 발휘(exert pull)할 수 있는 것이다. 에클런드도 거짓말쟁이 역설 논증 어딘가에 문제(거짓인 전제, 타당하지 않은 추론 과정)가 있다는 표준적인 분석에 동의한다. 그 추론의 어디에 문제가 있는지는 미결정적일 수 있지만, 아무튼 어딘가에 거짓인 전제가 있거나 타당하지 않은 추론 과정이 있을 것이다. 그러나 그가 주장하는 것은, 우리는 우리의 의미론적인 능력에 의해서 그 추론의 문제가 되는 것을 수용하는 경향이 있다는 것이다.

에클런드의 비일관성 견해는 첫째 그것이 갖는 매력적인 단순성 때문에 지지를 받을 만한 견해이다. 만약 진리술어가 일관적이라면 그 술어를 정의하기 위해서는 복잡하고 자연스럽지 않은 원칙들이 요구될 것이다. 그러나 우리는 진리술어에 대한 우리의 통달 능력이 그러한 원칙들과 관계가 있다고 가정할 필요는 없다. 더욱 중요한 점은 비일관성 견해는 진리술어와 관련된 언어적 직관 전체, 특히 거짓말쟁이 역설과 관련된 직관들을 적절하게 다루고 있는 유일하게 일관된 이론이라고 주장할 수 있다는 점이다. 모순을 연역하는 과정이 직관적이 않다고 생각하는 사람들은 의미론적인 무지를 보인다고 할 수 있을 정도로, 그 과정이 매우 직관적이라고 생각하는 이유를 그 사실을 통해 설명할 수 있다.

비일관성 견해는 양진주의, 특히 의미론적 양진주의와 구별되어야 한다. 의미론적 양진주의는 진리술어와 관련된 직관을 설명하는 점에서는 비일관성 견해와 유사하지만, 모순에 관한 직관을 설명하는 데에서는 비일관성 견해와 완전히 다르다. 특히 양진주의는 널리 인정되는 직관과 충돌하는 비고전 논리학을 받아들인다. 비일관성 견해와 양진주의는 진리술어의 의미 구성 원리에 대해서 같은 견해를 갖지만, 비일관성 견해는 양진주의를 거부하고 대부분의 철학자들처럼 일관된 이론만을 받아들이려고 한다. 요컨대 비일관성 견해는 비일관적 언어에 대한 일관된 설명을 하려는 매우 야심 찬 의도를 지닌 견해라고 할 수 있다.

3.1 거짓말쟁이 역설에 대한 에클런드의 설명

거짓말쟁이 역설에 대한 표준적인 진단이 갖는 공통점은 역설에 이르는 추론 과정에 문제를 야기하는 것(culprits)이 있을 것이고, 이를 찾아서 해결하는 것이 역설을 해소하거나 해결하는 방안이라고 본다는 점이다.

> 거짓말쟁이 논증에 대한 널리 받아들여지고 있는 진단에 따르면, 그 논증에서 문제를 야기하는 것은 그 논증의 타당성을 위해서 탈인용부호 도식 [T-도식]의 모든 사례가 참이라는 전제에 의존하는 단계이다. (…) (이와 같은 진단을 받아들이는 사람들조차도) 탈인용부호 도식이 타당하다고 생각하는 것이 지극히 자연스럽다는 점에 동의할 것이다.[21]

에클런드에 따르면, 우리의 의미론적 통달 능력은 거짓말쟁이 역설 논증에 포함된 문제가 되는 부분(거짓인 전제나 타당하지 않은 추론 과정)도 수용하는 경향이 있다는 것이다. 그는 거짓말쟁이 문장으로부터 역설이 추론되는 과정의 각 단계는 받아들일 만할 뿐만 아니라, 오히려 추론의 각 단계가 매력적이라고 생각하지 않는 사람은 관련된 개념에 대한 중요한 어떤 점을 파악하지 못한 것이라고 주장한다.

우리는 그 역설에 당혹스러워하지 않는 사람들이나 추론의 전제와 추론 과정을 처음에 매력적이라고 생각하지 않는 사람들을 단순히 어떤 것을 파악하지 못한 것으로 간주하는 현상이 있다. 이런 현상은 다른 설명을 인정한다. 그것은 '그 역설은 힘을 발휘한다(exert pull)'는 주장으로 직접 설명할 수 있다. 왜냐하면 이 주장은 그 역설에 당혹스러워하지 않는 사람들은 바로 그 사실로 인해 사용된 표현에 대한 능력을 결여하고 있음을 드러내준다는 점을 함축하기 때문이다.[22]

에클런드의 견해에 따르면, 어떤 언어에 대한 통달 능력을 지닌 화자들은 의미론적 역설과 같은 문제를 낳는 논증에서 역설의 원인으로 생각되는 원리를 수용하는 경향이 있고, 그렇게 문제를 일으키는 원리를 수용하는 경향이 있다는 사실은 바로 그 언어에 대한 화자의 언어적 통달 능력(linguistic competency)에 포함된다는 점을 받아들여야 한다. 또한 거짓말쟁이 역설을 낳는 논증을 건전하지 않다고 진단하면, 그 논증의 문제가 되는 전제나 부당한 추론 단계를 찾아서 그것이 실제로 참이 아닌데 그것이 왜 참인 것처럼 보이는지, 또는 타당하지 않은데 왜 타당하게 보이는지 설명해야 할 것이다. 그러나 그런 설명은 성공하지 못했고, 오히려 모순을 낳은 역설 논증을 건전하지 않다고 진단하는 것은 역설과 관련된 표현의 실제적인 의미 사이의 관계를 파악하지 못하게 한다는 것이 그의 주장이다.

내가 논증하고자 하는 것은 역설 논증에 사용된 표현에 대해서 통달한다는 것은, 당신이 그 논증의 타당성에 반대할 증거라고 간주할 만한 것을 갖지 않는 한, 그 논증에서 문제를 야기하는 것을 참이거나 타당한 것으로 받아들이는 경향이 있다는 것을 포함한다. (…) 만약 당신이 논증의 문제를 야기하는 것이 참이거나 타당하다는 것에 반대하는 증거로 간주할 증거를 가지고 있지 않으면서 그것이 참이거나 타당하다고 인정하기를 거부한다면, 당신은 의미론적 능력을 결여하고 있음을 드러내는 것이다. [언어적] 통달 능력이란 문제가 되는 점을 수용하는 경향을 포함한다.[23]

거짓말쟁이 역설 논증에서와 같이 명백하게 사실인 것처럼 보이는 것으로 시작해서 모순으로 끝나는 논증이 실제로 건전하지 않다고 할지라도, 진리술어에 대하여 의미론적으로 통달한 사람은 그러한 논증을 받아들이는 경향이 있고, 이러한 경향이 바로 에클런드가 의미 구성 원리라고 부르는 의미 구성의 속성 중 하나이다. 어떤 문장이 그 문장을 구성하는 표현의 의미에 의해서 참이 되는 이른바 분석적 원리도 의미를 구성하는 속성 중 하나이지만, 문장에 사용된 표현에 대해서 완전히 통달한 사람이 그 문장을 받아들이는 경향이 있다는 사실도 그 표현에 대한 의미를 구성하는 속성 중 하나이다. 다시 말해서 어떤 문장은 실제로 참도 아니고 따라서 의미에 의해서 참이 되지도 않지만, 화자들이 자신의 언어적 통달 능력에 의해서 그것을 받아들이는 경향이 있는 문장이 있을 수 있다는 것이다. 그런데 바로 이러한 "의미 구성"의 속성에 의한 의미 구성 원리들은 함께 사용될 때 비일관적일 수 있고, 따라서 모두 참은 아니다.

이것[의미 구성 원리가 거짓일 수 있다는 것]이 보여준다고 생각하는 것은, '참이다'의 의미가 탈인용부호 도식이 타당하다는 것을 요청한다고 해서 '참이다'의 외연이 그 도식을 타당하게 하는 것이라고 생각하지 않아야 한다는 것이다. (⋯) '참이다'의 의미가 탈인용부호 도식이 타당하다는 것을 요청한다는 것은 단순히 탈인용부호 도식을 수용하는 경향이 그 술어에 대한 의미론적 능력의 일부라는 것을 함축할 뿐이다.[24]

실제로는 참이 아니거나 심지어 논리적으로 거짓인 주장에 대해서도, 그 주장에 포함된 표현을 완전히 이해하고 통달하는 능력을 지닌 사람이 그 주장을 받아들이는 경향이 있는 그런 표현이 있지만, 그러한 경향이 일반적인 것은 아니다. 의미론적으로 통달한 사람이 건전하지 않은 논증을 받아들이는 경향이 있다고 말하는 이유는 그렇게 함으로써 관련된 문장이 갖는 중요한 특징을 설명할 수 있고, 그로 인해 역설을 낳는 추론에서 사용된 표현의 특징을 파악할 수 있기 때문이다. 그러나 거짓말쟁이 역설을 낳는 추론에 사용된 표현들이 역설을 낳지 않는 문장이나 추론에도 사용될 수 있는데, 거기에서 사용된 표현은 정합적이고 아무런 문제도 야기하지 않는다. 그렇다면 문제는 의미론적으로 통달한 능력을 지닌 사람들이 특별한 경우 일관되지 않은 주장을 받아들이는 경향이 있다면, 왜 그들은 아무런 문제가 없는 문장에 대해서는 일관되지 않은 주장을 받아들이지 않는가? 다시 말해서 왜 언어에 통달한 능력을 지닌 화자로서 우리는 진리 조건적으로 아무런 문제가 없는 문장에 대한 일관되지 않은 판단을 어쩔 수 없이 받아들여야 한다고 생각하지 않는 것인가? 의미론적으로 유능한 화자들이 자신의 언어적 유능함에 의해서 역설적 논증의 전제들과 추론 과정을 받아들이는 경향이 있을 경우 역설적인 논증에 포함되지 않은 문장도 참으로 간주하게 하는 경향을 가질 수 있을 것이고, 그렇다면 전진주의(trivialism)를 받아들여야 할 것 같다. 결국 비일관성론자들에게는 유능한 화자들이 일상 언어의 모든 문장들을 왜 참으로 간주하지 않는지를 설명해야 할 과제가 주어지는 것이다.

에클런드는 이러한 과제를 "규율(discipline)의 문제"라고 부른다. 그에 따르면, 어떤 언어에 통달하는 능력을 지닌 화자들이 병리적인 문장과 관련된 의미 구성 원리가 비일관적이라고 판단하는 경향이 있지만, 대부분의 문장을 정상적이라고 간주하기 때문에 모든 문장이 참이라고 주장하지는 않는다. 그에 따르면, 자신의 설명은 의미론적으로 통달하고 있다는 것이 "모든 것은 참"이라고 주장하는 전진주의를 받아들이거나 받아들이는 경향이 있다는 것을 함축하지 않고, 또한 참인 모순이 있다거나 따라서 모든 것이 참이라는 것도 함축하지 않는다. 그는 다음과 같이 말한다.

규율[의 문제]에 대해서 말하자면, 매우 많은 문장들, 또는 우리가 일상적으로 사용하는 아마 모든 문장들은 받아들일 수 있는 모든 의미론적 값 부여에서 동일한 진리치를 가질 것이다. 화자들이 참을 말할 목적을 가지고 있고 의미를 구성하는 원리의 옳음이 어떻게 최대화되어야 하는지를 암묵적으로 파악하고 있다면, 규율의 문제는 발생하지 않는다.[25]

진리술어에 대한 의미 구성 원리가 비일관적이기 때문에 받아들일 수 있는 진리술어의 외연을 결정하기는 어렵지만, 에클런드는 의미론적 값이 화자들의 판단과 어떻게 관련되는지에 관한 매우 상식적인 견해에 호소한다. 우리는 비일관적인 언어의 표현에 의미론적 값을 부여하려고 할 때 화자의 판단이 최대한 옳은 것이 되도록 부여해야 한다는 것이다. 언어가 일관되지 않는다는 사실이 주어지면, 우리는 화자들이 참으로 간주하는 것을 모두 존중할 수는 없지만, 가능한 한 많은 것이 참이 되게 하는 설명을 제시하려고 해야 한다는 것이다. 받아들일 수 있는 모든 의미론적 값 부여에 대해서 모든 것이 다 참은 아니고, 받아들일 수 있는 의미론적 값의 부여는 고전 논리에 따른 것이기 때문에, 모순은 어떤 값 부여에서도 참이 아니다. 따라서 역설적 논증은 의미론적 값에 대한 적절한 설명에 따라 항상 건전하지 않은 것으로 간주되어야 한다.

의미 비일관성 견해는 어떤 표현을 지배하는 규칙(예컨대, '그리고'라는 표현과 관련된 연언 도입 규칙과 제거 규칙)과 그러한 표현에 대한 의미론적 값(예컨대, '그리고'가 표현하는 진리함수)을 구별한다. 어떤 규칙이 그 표현에 대해서 의미 구성적이라면 그 표현은 그 규칙을 참이게 하고 진리 보존적이게 하는 의미론적 값을 갖는다. 예를 들어 연언에 대한 표준적인 규칙은 '그리고'에 대한 규칙들이고, '그리고'의 의미론적 값은 이러한 규칙들을 올바르게 만드는 것이다. 즉 '그리고'에 대한 표준적인 의미론적 값은 이러한 규칙들을 진리 보존적이게 한다. 만약 우리가 이러한 견해를 전체적으로 적용한다면, 어떤 의미론적 값도 진리술어에 대한 규칙들을 올바르게 만들 수는 없기 때문에 진리술어는 의미론적 값을 갖지 못한다고 말해야 할 것이다. 이에 대해서 에클런드는 진리술어의 의미론적 값은 진리술어에 대한 의미 구성 원리들을 전부는 아닐지라도 가능한 대부분을 참으로 만든다고 주장하면서, 이를 루이스(D. Lewis)가 이론 용어를 설명하기 위해서 제시한 논증을 이용해서 설명한다.

루이스에 따르면, '전자'와 같은 이론 용어의 의미론적 값은 그 용어와 관련된 원리들의 집합을 가장 잘 만족시키는 것으로 결정된다. 이러한 원리들은 이론 용어의 의미론적 값을 결정하는 것을 포함한다는 점에서 결정 원리(determinant principles)라고 부를 수 있다. 따라서 이 원칙들이 '전자(electron)'의 경우에 '$F_1(e)$', '$F_2(e)$', $(\cdots)$, '$F_n(e)$'(여기서 'e'는 전자를 가리킨다.)을 만족한다면, '전자'의 의미론적 값은 '$F_1(x)$', '$F_2(x)$', $(\cdots)$, '$F_n(x)$'를 가장 잘 만족시키는 값이 된다. 여기서 두 가지 질문이 생긴다. 첫째는 주어진 표현에 대한 결정 원리가 무엇인가라는 것이다. 즉 F_1에서 F_n까지의 속성 중에서 전자의 의미를 결정하는 결정 원리에 속하는 것은 무엇이고 그 이유는 무엇인가라는 문제이다. 둘째는 결정 원리를 가장 잘 만족시키는 것이 무엇이라고 생각해야 하는가라는 것이다. 다시 말해서 만약 F_1에서 F_n까지의 모든 속성을 만족하는 것이 없고, 여러 대상들이 그 속성 중의 일부를 각각 다르게 만족시킬 경우 어떤 대상이 전자의 의미를 결정하는 원리를 가장 잘 만족시킨 것으로 이해해야 하는가의 문제이다. 일반적으로 결정 원리는 표현에 대한 의미 구성 원리라고 받아들여지므로, 결정 원리는 통달 능력을 지닌 화자들(여기서는 전자에 대한 전문가들)이 받아들여야 한다. 그러나 루이스도 나중에 원리의 만족뿐만 아니라 존재자의 내재적 성질도 어떤 용어의 의미론적 값을 결정하는 데 고려되어야 한다고 주장했다.[26] 그는 어떤 존재자가 다른 것보다 더 자연스럽다면 더 자연스러운 존재자가 그 용어의 의미론적 값이라는 점을 인정한다는 것이다.

물론 루이스도 결정 원리가 어떤 용어의 의미론적 값에 의해서 만족될 수 없다는 것을 인정한다. 그러나 어떤 용어가 모든 결정 원리를 만족시키지 않는다고 할지라도 의미론적 값을 가질 수 있다. 만약 우리가 그것을 허용하지 않는다면 우리는 이론 용어 대부분은 공허하다는 견해를 받아들여야 하거나 의미론적 값을 결정하는 것을 포함하는 문장들은 거의 없거나 매우 빈약해서 의미론적 값을 결정하지 못한다는 견해를 받아들여야 할 것이다. 루이스에 따르면, 이론 용어는 그 용어가 등장하는 이론에 의해서 암묵적으로 정의되고, 이론 용어의 지시체는 그 용어가 등장하는 이론을 구성하는 문장들을 참으로 만드는 것이라고 간주해야 한다. 문제는 거짓된 이론에 포함된 이론 용어가 무엇인가를 지시하는가이다. 루이스에 따르면, 이런 용어는 그 이론의 관련된 문장을 양적으로 (quantitatively) 가능한 한 참으로 만들고 질적으로(qualitatively) 가능한 한 최선으로 만드는 것을 가리킨다. 이렇게 해서 그는 결정 원리가 수정되고 다시 받아들여지고를 반복하고 심지어 그들 중 거짓인 것이 있을 수 있다고 할지라도 어떻게 이론 용어가 지시체를 가질 수 있는가라는 문제에 대해서 답할 수 있다고 주장한다. 에클런드는 루이스의 이런 대답이 이론 수정과 이론 용어의 사용과 지시체에 대한 우리의 직관과 매우 잘 일치한다고 말한다.

에클런드는 '참이다'와 '전자'는 그것의 모든 결정 원리가 의미론적 값에 의해서 만족될 수 없다는 점에서 유사하다고 생각한다. 그는 '참이다'에 대한 결정 원리는 '참이다'에 대한 의미 구성 원리, 즉 (T)의 사례라고 생각한다. 그러나 거짓말쟁이 역설의 경우처럼 모순이 발생하는 경우가 있어 (T)의 모든 사례가 만족되지 않기 때문에 그중 어떤 것은 참이 아니어야 한다. 따라서 '참이다'의 의미론적 값인 참 자체는 실제로 '참이다'에 대한 모든 의미 부여 원칙(meaning-giving principle)을 만족시키지는 않는 어떤 것이다.[27]

3.2 에클런드의 의미 비일관성론에 대한 평가

에클런드의 견해에 따르면, '참이다(true)'는 진리술어는 비일관적이지만 참(truth)이라는 개념은 일관적이라고 생각할 수도 있다. "참이라는 개념이 일관적이라는 것"은 단순히 참에 대한 가장 완전하게 옳은 기술은 일관적이어야 함을 의미하는 것으로 이해될 수 있다. 양진주의를 거부하는 에클런드는 '참이다'의 의미론적 값은 여전히 일관된 방식으로 기술될 수 있다고 믿고, '참이다'의 의미 구성 원리는 참의 성질을 완전하게 포착하기를 기대한다. 따라서 그는 '참이다'와 같은 의미론적 값을 갖는 어떤 다른 일관된 표현에 대해 결정하는 원칙의 집합이 있다고 생각한다. 아마 거짓말쟁이 역설을 해결하기 위해서 고안된 여러 가지 진리정의 중 하나가 그러한 표현일 것이다. 그렇다면 그것은 '참이다'와 같은 의미를 가질 수 없을 것이고, 그것은 '참이다'에 대한 의미 구성 원리보다 오히려 참을 더 잘 포착할 것이다.

이 설명은 다소 반직관적이다. '참이다'에 대한 의미 구성 원리가 모두 참은 아니어도 그런 원칙이 있다는 것은 비일관성론이 주장하는 것이다. 이것은 독립적으로 설득력을 갖는 주장처럼 보이기도 한다. 그러나 '참이다'의 의미론적 값이 '참이다'의 의미를 구성하는 원칙을 만족시키지 않기 때문에 그 원리가 참일 수 없다고 말하는 것은 별개의 문제다. 만약 그것이 사실이라면, 우리는 문제의 원칙, 즉 (T)의 병리적인 사례는 단순히 참이 아닐 뿐만 아니라 거짓이다. 이 견해에 따르면, 참과 같은 것이 있다고 할지라도 그것은 '참이다'의 의미 구성 원리를 참으로 만들어야 하는 그런 방식으로 존재하는 것이 아닐 것이다. 그러나 이것은 받아들이기 어렵고, 만약 '참이다'가 비일관적이라면 우리는 오히려 참과 같은 것은 없다고 말해야 할 것이다.

그러나 문제는 에클런드의 설명이 반직관적이라는 데만 있는 것이 아니다. 오히려 어떤 표현의 의미론적 값이 결정 원리를 만족시키지 못한다는 것을 받아들일 수 있다고 할지라도 그것이 그 표현에 대한 의미 구성 원리를 만족시킬 수 없다고 주장하는 것은 받아들이기 어렵다. 그리고 '참이다'에 대한 의미를 구성하는 결정 원리 모두가 만족될 수는 없기 때문에, '참이다'는 결정적인 의미론적 값을 가질 수 없다. 그러므로 어떤 용어의 의미론적 값이 그것의 결정 원리를 만족시킬 수 없다는 견해는 어떻게 '참이다'가 일상적이고 일관된 표현처럼 사용될 수 있는지를 설명하기 위해서 사용될 수 없다. 다시 말해서, '참이다'의 정확한 본성에 대해서 확신할 수 없고 그 개념과 관련된 우리의 믿음이 거짓이라고 할지라도, '참이다'는 '전자'처럼 의미론적 값을 가지며 유용할 수 있다고 주장함으로써 '참이다'의 사용을 정당화할 수는 없다. 왜냐하면 전자가 만족시키지 못하는 원칙들은 '전자'에 대한 의미를 구성하지 않는다는 점에서 '참이다'는 '전자'와 다르기 때문이다.

진리술어와 '전자'의 비유사성에 대해 좀 더 분명히 알 수 있는 사례는 베이브(A. Båve)에 의해서 제시되었다.[28] 어떤 수학자가 조건, C_1 $(\cdots)$ C_n을 만족하는 수가 있다고 믿고 이 숫자의 다른 속성에 대해서 생각하기를 원한다고 하자. 그리고 그 수학자는 'τ'가 그 조건들을 만족하는 숫자라고 규정했다고 하자. 이 경우 각 문장 'τ는 C_i를 만족한다.$(1 \leq i \leq n)$'는 'τ'에 대해서 의미 구성적이다. 다시 말해서 'τ'에 대해서 통달 능력을 갖기 위해서 우리는 그것을 받아들이는 경향이 있어야 한다. 이제 조건들의 비일관성 때문에 위의 조건들을 만족하는 수가 없다는 것이 밝혀졌다고 가정하자. 그런 경우에 우리는 그 용어가 그 조건들을 가장 잘 만족시키는 것을 가리킨다고 여기지 않고 오히려 그것은 무엇인가를 지시하지 못한다고 주장할 것이다. 'τ'의 약정적 조건은 의미 구성 원리이고 이것이 바로 결정 원리이기 때문이다. 결국 'τ'는 그것의 의미 구성 원리가 만족될 수 없기 때문에 의미론적 값을 갖지 않는다고 말해야 할 것이다. 문제는 '참이다'가 '전자'와 유사한가 'τ'와 유사한가이다. 이 세 가지 용어의 결정 원리는 그것의 의미론적 값에 의해서 만족될 수 없다. 그러나 '전자'는 그것의 의미론적 값이 만족시키지 못하는 결정 원리, 즉 의미 구성적이지 않은 원리를 갖는다는 점에서 'τ'와 다르다. 그런데 '참이다'는 의미 구성 원리를 모두 만족시키지 못하지만, 그 밖의 다른 결정 원리를 갖지는 않는다. 따라서 결정 원리가 의미 구성적인가라는 문제와 관련하여, '참이다'는 '전자'보다 'τ'와 유사하다. 그러므로 우리가 'τ'에 대해서 그것은 의미론적인 값을 갖지 않는다고 말해야 하는 것처럼 '참이다'에 대해서도 동일하게 말해야 할 것이다.

베이브는 자신의 에클런드에 대한 비판을 두고, '전자'에 대한 의미를 구성하지 않는 결정 원리들을 부인하거나 인식하지 못하는 사람은 '전자'

에 대하여 의미론적인 능력을 갖지 못한 사람이기 때문에 '전자'에 대한 결정 원리가 의미 구성적이 않다는 생각은 잘못이라는 비판이 있을 수 있다는 점을 지적한다.[29] 물론 '전자'에 대한 "실체적인(substantial)" 결정 원리를 받아들이는 사람은 '전자'와 관련된 의미론적 통달 능력을 가질 것이다. 그러나 '전자'에 대한 의미론적 통달 능력을 지닌 사람도 그 결정 원리 중 어떤 것이든 일관성을 가지고 부인할 수 있음에 분명하다. 결국 '전자'에 대한 결정 원리는 '참이다'나 'τ'와 달리 반드시 의미 구성 원리와 일치하지 않을 수 있다는 것이 설득력 있는 베이브의 답변이다. 요컨대 에클런드가 진리술어의 의미론적 값은 '참이다'에 대한 결정 원리가 되는 의미 구성 원리를 대부분 만족시킨다는 점을 루이스의 이론 용어에 대한 설명을 차용하여 설명하려는 시도는 성공적이지 않은 것이다.

의미 비일관성론을 옹호하는 에클런드는 어떤 표현을 사용해서 그것이 특정한 의미로 이해되기를 의도하는 사람들이라면 그 의미와 관련하여 그 표현에 대한 의미 구성 원리를 받아들여야 한다는 데 동의할 것이다. 또한 에클런드는 어떤 표현이 특정한 의미로 이해되기를 의도하는 이론은 그 의미와 관련된 의미 구성 원리를 함축한다는 사실도 받아들일 것이다. 그런데 모든 이론은 암묵적일지라도 의미 구성 원리들을 포함하기 때문에 이론이 의미 구성 원리들을 함축한다는 것은 당연한 것처럼 보인다. 그러나 어떤 사람이 의미 구성 원리에 동의하는 것과 그 이론이 의미 구성 원리를 함축한다는 것 사이의 관계는 명료하지 않을 수 있기 때문에 정당화가 필요하다.

만약 '참이다'의 의미 구성 원리들이 우리의 나머지 이론과 일관된다면 우리는 '참이다'를 일상적인 의미로 사용하고 있다고 주장할 수 있다. 그러나 T-사례들 사이에 비일관성이 있다는 것을 인정하는 비일관성론자들은 그렇게 주장할 수 없다. 비일관성론자로서 에클런드는 '참이다'

가 일상적인 의미로 이해되기를 의도하면서 사용되고, 그 단어에 대한 일상적 의미와 관련된 의미 구성 원리가 (T)의 모든 사례를 포함한다고 주장한다. 이것은 그들이 (T)의 사례에 개입하고 있음을 함축하고 '참이다'가 사용되는 그들의 이론은 그 사례들을 함축한다는 것을 의미한다. 베이브는 이를 다음과 같은 사례를 통해서 적절하게 부연하고 있다.

논리적 상항이 등장하는 어떤 이론을 생각해보자. 임의의 그런 이론에 대해서 그 이론에 동의하는 사람은 그 이론에서 어떤 논리학이 성립해야 하는지를 구체화할 수 있어야 한다. 그런 논리학이 고전 논리학이라고 하자. 즉 논리적 상항들이 고전적으로 해석되어야 하는 이론이라고 가정하자. 그러면 분명히 그는 고전 논리의 정리에 동의할 것이다. 마찬가지로 그 정리들은 그 이론에 의해서 함축된다. 이 두 가지 주장은 구별할 수 없는 것 같다. (…) 이러한 논리적 상항의 의미가 의미 구성적 원칙에 의해서 결정된다면, 그 상항이 고전적으로 이해되기를 의도하면서 사용하는 사람들은 누구나 그 상항의 의미 구성 원리에 동의한다.[30]

논리적 상항의 의미가 의미 구성 원리에 의해서 결정된다고 가정할 필요는 없다고 할지라도, 어떤 표현의 의미가 의미 구성 원리에 의해서 결정된다는 데 동의하고, 그 표현이 그 원리에 의해서 결정되는 의미로 이해되기를 의도하면서 그 표현을 사용하는 사람들은 그 의미 구성 원리에 동의해야 한다는 것은 분명하다. 그런데 에클런드는 '참이다'의 의미가 정확하게 (T)의 사례 전체에 의해서 결정된다는 데 동의하기 때문에, 그가 '참이다'를 일상적인 의미로 사용하려고 한다면 '참이다'의 의미 구성 원리인 (T)의 전체 사례에 동의해야 할 것이다. 만약 어떤 사람이 하나의 이론을 제안하고 그 논리학이 고전적이기를 의도한다면, 그 이론은 고전 논리의 정리를 추론하기 위해서 요구되는 원리를 암묵적이거나 명시적인 공리나 추론 규칙으로 포함할 것이다. 마찬가지로 어떤 사람이 '참이다'를 사용해서 그것이 일상적으로 사용되고 있다고 주장하려고 한다면, 그는 그것의 의미 구성 원리에 동의해야 할 것이다. 에클런드와 같은 비일관성론자들에 따르면, 이때 의미 구성 원리란 (T)의 모든 사례를 포함한다. 그런데 이 사례들을 포함하는 이론은 모순을 함축할 수밖에 없다.

이에 대해서 비일관성론자들은 단순히 위의 추론을 거부하고, 그들은 자신들이 명시적으로 진술한 것에만 동의하는데 비일관적인 (T) 사례를 명시적으로 진술한 적이 없다고 주장할 수도 있을 것이다. 그러나 이는 어떤 사람이 자신의 이론의 논리적 상황이 고전적으로 이해되어야 한다고 주장하면서 고전 논리학에서 논리적 참인 사례 중 어떤 것은 참이 아니라고 주장하는 것과 같다. 이 두 주장은 동시에 받아들이기 어려운 주장임에 분명하다. 즉 자신은 문제가 되는 공리 도식이나 추론 규칙의 사례를 명시적으로 진술한 적이 없기 때문에 자신은 모순적인 주장에 개입하지 않는다고 말하면서 자신의 이론을 옹호하는 것은 매우 이상할 것이다. 그가 명시적으로 문제가 되는 문장이나 추론을 거부하려고 할지라도 그의 이론에서 고전 논리적으로 함축된 것은 여전히 함축된다. 그러한 거부는 그 모순에 대한 개입을 취소하는 것일 수 없는 것이다. 어떤 사람이 '참이다'가 일상적인 의미로 이해되어야 한다고 주장한다면 그리고 그 단어의 의미 구성 원리가 (T)의 모든 사례를 포함한다는 데 동의한다면, 그 원칙들은 마치 고전적 정리와 같이 그 이론의 정리이기 때문에, 결국 비일관성론자들은 '참이다'를 일상적인 의미로 일관되게 사용하지 못한다고 결론 내려야 할 것이다.

다시 규율의 문제에 대해서 생각해보자. 에클런드는 사람들이 참을 말할 목적을 가지고 있고 의미 구성 원리를 어떻게 최대한 옳은 것으로 만들 수 있는지를 암묵적으로 파악하고 있다면 규율의 문제가 발생하지 않는다고 주장했다. 에클런드에 따르면, 화자들은 자신의 의미론적 능력에 의해서 '참이다'와 같은 문제가 되는 표현들의 의미론적 값에 대한 잘못된 판단(falsehood)을 받아들이는 경향이 있음에도 불구하고 그들은 그와 같은 표현에 의미론적 값을 어떻게 일관되게 부여하는지를 파악한다. 에클런드가 말하는 언어에 통달한 화자들이 갖는 정합적 의미론에 대한 이러한 파악 능력은, 비록 그들이 역설 논증의 전제와 추론 과정을 받아들이는 경향이 있음에도 불구하고 왜 화자들이 모순을 받아들이는 경향을 갖지 않는지를 설명해준다. 결국 에클런드에 따르면, 일상 언어는 그 표현의 풍부성에도 불구하고 진리 조건에서 정합적으로 값이 부여될 수 있다는 완전히 정통적인 견해와 다르지 않으며, 언어에 통달 능력을 지닌 화자의 실행은 이러한 참된 의미론에 대한 그들의 지식으로 설명될 수 있다는 것이다.

그러나 이에 대해서 패터슨(D. Patterson)이 회의적으로 던진 질문처럼, 과연 일상적으로 의미론적으로 유능한 화자들은 그러한 암묵적인 파악 능력을 정말로 가지고 있는가?[31] 즉 언어에 대해서 유능한 화자로서 우리는 의미 구성 원리의 올바름을 최대화하기 위해서 의미론적 값을 어떻게 정합적으로 부여해야 하는지를을 정말로 암묵적으로 파악하고 있는가? 물론 에클런드가 기대하는 것처럼, 만약 화자들이 그러한 암묵적인 파악 능력을 가지고 있다면, 거짓말쟁이 역설에 부딪혔을 때, 왜 그들이 문제가 되지 않는 문장에 대한 비일관적인 평가를 수용하지 않는지를 설명할 수 있을 것이다. 그러나 문제는 그의 견해에서 의미론적 값을 정합적으로 부여하는 원리를 부가적으로 파악하는 것은 의미론적 능력의 한 부분인지, 부수적인 능력인지도 알 수 없다는 것이다.

결론

거짓말쟁이 역설에 대한 지금까지 알려진 진단과 처방을 정리하면 다음과 같다.

1) 거짓말쟁이 문장이 역설을 낳는 이유는 그 문장이 자기 지시적이기 때문이다.

2) 거짓말쟁이 문장이 역설을 낳는 이유는 의미 있는 명제를 표현하지 못하기 때문이다.

3) 모든 문장의 진리치를 참이거나 거짓이라고 보는 이가의 원리 때문에 역설이 발생한다.

4) 진리술어를 포함하는 언어 사용의 잘못으로 인해 역설이 발생하는 것으로 거짓말쟁이 역설은 의미론적인 문제라기보다는 화용론적인 문제이다.

5) 거짓말쟁이 역설을 낳는 논증은 건전하기 때문에 참이면서 동시

에 거짓인 양진문장이 있다고 보아야 한다.

6) 진리술어를 포함하는 언어는 그 자체로 비일관적이고, 따라서 일상 언어의 비일관성을 인정하고 이를 설명하는 것이 거짓말쟁이 역설에 대한 바른 이해이다.

거짓말쟁이 역설에 대해서 매우 오랫동안 직관적인 진단으로 여겨진 것은 대체로 1)~3)이었다. 타르스키와 러셀은 1) 즉, 거짓말쟁이 문장의 자기 지시성에 주목하고 그것을 역설의 원인이라고 보았기 때문에 언어 위계론과 유형 이론을 그 해결책으로 제시했다. 어떤 문장에 진리술어가 부가되어 만들어진 새로운 문장은 원래의 문장보다 한 단계 높은 메타언어의 문장이라는 타르스키의 설명을 고려할 때, 타르스키도 2)의 주장의 핵심, 즉 거짓말쟁이 문장은 의미 있는 명제를 표현하지 못한다는 주장을 받아들이는 셈이다. 그러나 거짓말쟁이 문장이 구문론적으로는 적형식의 문장이지만 의미 있는 명제를 표현하지 못한다는 주장은 파슨스와 맥락주의자들에 의해서 명시적으로 제시되었다. 결국 1)과 2)는 거짓말쟁이 역설에 대한 가장 전통적인 진단과 처방이라고 할 수 있는 언어위계론과 그를 발전시킨 맥락주의의 견해이다.

이 처방과 진단에 대한 중요한 비판은, 자기 지시적이지 않은 거짓말쟁이 역설과 동일한 유형의 역설을 구성하려고 한 야블로의 역설과 관련하여 제기된다. 만약 야블로의 역설이 그가 주장하듯이 자기 지시적이지 않다면, 거짓말쟁이 역설에 대한 1)의 진단은 설득력을 잃을 것이기 때문이다. 2)를 옹호하는 견해에 대해서 제기되는 비판은, 대부분의 처방이 직면하는 것처럼, 복수의 문제에 부딪힌다는 것이다. 즉 2)로부터 따라 나오는 자연스러운 주장인, "거짓말쟁이 문장은 의미 있는 명제를 표현하지 못한다"는 문장이 역설을 낳는다는 것이다. 그리고 그런 복수의 문제를 해결하면서 언어 위계론을 유지하기 위해서 등장한 견해가 맥락주의이다. 맥락주의는 맥락에 따라 문장 양화사의 영역이 변한다고 보는 파슨스와 글랜즈버그의 맥락주의가 있고, 진리술어가 맥락에 따라 변한다고 주장하는 버지와 시몬스의 맥락주의가 있다.[1] 그러나 맥락주의는 거짓말쟁이 문장이 병리적이라고 진단하지만, 그 진단의 결과 따라 나오는 주장이 역설을 낳기 때문에 이를 해소하기 위해서 "맥락 의존"이라는 개념을 도입하지만, 그 주장도 역시 복수의 문제에 부딪힌다. 대표적으로 "이 문장은 모든 맥락에서 참이 아니다"와 같은 "최고 거짓말쟁이 문장"이 낳는 복수의 문제는 여전히 맥락주의의 골칫거리로 남아 있다.

크립키 이전에도 거짓말쟁이 역설에 대한 진단으로 3)을 제시하고, 3치 논리를 통해서 그 해결을 모색한 철학자들이 있었지만, 3)을 거짓말쟁이 역설의 원인으로 보고 이를 해결하기 위한 기술적인 장치를 제공한 대표적인 철학자는 역시 크립키라고 할 수 있다. 3)을 거짓말쟁이 역설의 원인으로 진단할 때 자연스러운 해결책은 모든 문장은 참이거나 거짓이라는 이가의 원리를 제한하는 것이다. 그러나 3)의 처방에 따른 이런 자연스러운 해결책은 즉각 강화된 거짓말쟁이 역설이라는 복수의 문제에 부딪힌다. 3)의 진단이 1)만큼 직관적이기는 하지만, 3)을 옹호하는 사람들이 제시한 견해가 설득력을 갖기 위해서는 이러한 복수의 문제를 해결하지 않으면 안 된다. 이런 문제의식을 가지고 3)의 진단을 기초로 거짓말쟁이 역설을 해결하고자 한 철학자가 바로 크립키였다. 그는 역설이 단순히 말장난이 아니고 우리의 일상의 경험 사실로부터도 발생할 수 있다는 점을 파악하고 그렇기 때문에 타르스키처럼 언어를 위계적으로 구분함으로써 해결하려는 시도는 성공적일 수 없다고 보았다. 즉 크립키는 언어의 위계 개념에 의존하지 않고, 복수의 문제를 야기하지 않으면서 거짓말쟁이 역설을 해결하는 방법으로 초완전성 견해를 제시했던 것이다. 그의 진리론이 매우 논리적으로 정교하게 구성된 탁월한 이론인 것은 분명하지만, 그가 의도했던 두 가지 목표, 즉 언어의 위계 개념에 의존하지 않는 역설의 해결과 복수의 문제로부터 자유로운 해결이라는 목표를 달성했는지는 의심스럽다. 크립키의 견해의 귀결인 "거짓말쟁이 문장은 진리치를 갖지 않는다"는 문장은 그의 이론의 귀결이므로 참이어야 할 것이다. 그러나 그의 이론에서 그 문장은 최소 고정점에서 참의 외연에 포함되지 않기 때문에, 그것은 일종의 메타언어의 문장이라고 볼 수밖에 없다. 결국 크립키의 견해는 언어의 위계 개념을 필요로 하거나 그렇지 않다면 강화된 거짓말쟁이 역설을 피하지 못하는 결과에 이를 수밖에 없다. 모들린과 필드는 이런 문제의식을 가지고 초완전성 견해를 발전시키려고 시도하였다. 그러나 그들의 견해도 여전히 크립키에 대해서 주어지는 비판을 완전히 해결했는지는 여전히 논란거리로 남아 있다.

거짓말쟁이 역설에 대한 전통적인 해법 이외에 4)와 같은 진단과 처방을 하는 화용론적인 접근이 있다. 거짓말쟁이 역설에 대한 화용론적 해결책을 제안한 대표적인 철학자는 마티니치이지만, 그 이전에도 그런 시도가 있었다.[2] 그러나 그들의 견해는 단순히 거짓말쟁이 문장이 적절한 형식의 문장이 아니거나 적절한 진리 담지자(truth bearer)일 수 없다고 주장했다. 마치니치는 이런 주장에서 한 걸음 나가서 거짓말쟁이 문장은 진술이라는 언어행위를 적절하게 수행하지 못하는 화용론적으로 결함을 지닌 문장이라고 주장한다. 즉 약속이나 내기 또는 명령의 역설이 실제로는 역설이 아니고 약속, 내기, 명령이라는 언어행위를 적절하게 수행하지 못하게 함으로써 발생하는 것일 뿐 의미론적 역설이 아닌 것과 마찬가지로 거짓말쟁이 역설도 진술이라는 발화행위의 목적을 달성하지 못하게 하는 화용론적인 문제일 뿐이라고 주장한다. 그러나 거짓말쟁이 역설은 거짓말쟁이 문장(λ)에 의해서만 발생하는 것이 아니다. 크립키 등이 보여주었듯이, 일상적으로 별 문제가 없는 문장들도 경험적으로 특별히 문제가 되는 상황이 되었을 때 역설을 낳기도 한다. 서론에서도 설명했듯이, 마티니치의 주장대로 거짓말쟁이 역설을 "진술의 역설"이라고 부를 수 있다고 할지라도 그것은 단순히 화용론적인 문제가 아니라 진리 개념과 관련된 의미론적 역설이다.

1)~3)의 진단과 처방이 매우 전통적이고 직관적인 것이라면, 20세기 후반부터 시작되어 현재까지 매우 많은 논의가 되고 있는 견해가 있는데, 그것이 바로 초일관성론이라고 불리는 5)의 처방과 진단이다. 초일관성론은 참인 모순을 인정한다는 점에서 고전 논리학의 무모순율의 일반적인 타당성을 의심하는 매우 과격해 보이는 주장이다. 프리스트로부터 시작된 초일관성론은 참이면서 동시에 거짓인 명제가 있다고 주장함으로써 전통적으로 논리법칙으로 받아들여진 무모순율에 대한 반례를 인정하자는 주장이다. 초완전성 견해가 참도 거짓도 아닌 문장이 있다고 주장한다는 점에서 진리치 틈새 이론(gap theory)이라고 불리는 것처럼, 참이면서 동시에 거짓인 명제가 있다고 주장한다는 점에서 진리치 과잉 이론(glut theory)이라고 불리기도 한다.

진리치 과잉 이론은 참인 모순을 그 체계 내에 인정하기 때문에 고전 논리학을 그대로 적용할 경우 받아들이기 어려운 전진주의가 귀결되므로 새로운 논리체계인 초일관성 논리가 필요하다. 프리스트는 LP라고 부른 자신의 논리체계에서 모순이 임의의 문장을 함축하지 않도록 선언 삼단논법의 보편적 타당성에 제한을 가한다. 그러나 3장에서 살펴본 것처럼 프리스트의 LP는 그가 의도한 것처럼 성공적이지 않다. 무엇보다 그의 기대와 달리 LP는 복수의 문제로부터도 자유롭지 않을 뿐만 아니라, 무엇인가를 부인하거나 동의를 거부하는 표현에 제약이 되는 화용론적인 문제를 해결하지 못하기 때문이다.

또한 참인 모순과 같은 양진문장의 등장은 단순히 의미론적 현상일 뿐이고 실제 경험세계에 모순이 존재한다고 주장하지 않은 의미론적 양진주의는 어떤 면에서 거짓말쟁이 역설에 대한 중요한 직관을 제공하는 것으로 보인다. 특히 메이어의 의미론적 양진주의에 따르면, 일상 언어의 술어도 그 외연이 과잉 결정됨으로써 모순적일 수 있다. 이런 점으로부터 메이어는 거짓말쟁이 역설이 발생하는 이유를 진리술어의 의미를 부여하는 규칙에서 찾는다. 즉 진리술어의 의미론적 규칙은 일반적으로는 문제를 낳지 않지만 거짓말쟁이 문장과 같은 병리적인 문장에 적용될 경우 비일관성을 낳는다. 메이어의 의미론적 양진주의로부터 우리는 진리에 관한 직관적 사실을 유지하면서 어떤 모순이나 역설도 낳지 않는 진리개념을 구성하려는 진리 일관성론자들의 시도는 성공적일 수 없다는 시사점을 얻게 된다. 이는 치하라가 제시한 비서연합의 규칙이나 엘드리지-스미스가 제시한 피노키오의 원칙이 일상적으로는 문제가 없이 적용될 수 있으나 특이한 경험적 상황에 부딪혔을 때 역설이 발생하는 것과 같다고 생각할 수 있을 것이며, 이로부터 우리는 거짓말쟁이 역설에 대한 설득력 있는 견해가 바로 진리에 관한 비일관성 견해라는 생각에 이를 수 있다.

거짓말쟁이 역설에 대한 가장 직관적으로 받아들일 만한 견해는 그 역설은 진리술어가 비일관적일 수 있기 때문이라고 진단하고 진리술어가 작동하는 방식을 설명하여 역설에 대한 이해를 제공하려는 비일관성 견해라고 생각된다. 비일관성 견해 중에서 4장 초반에서 잠깐 언급한 헤르츠버거의 견해가 갖는 통찰이, 비일관성론이 거짓말쟁이 역설에 대한 가장 그럴듯한 진단과 처방이라는 점을 간단하고 명료하게 보여주기 때문에 헤르츠버거의 견해를 좀 더 소개하는 것으로 최종 결론을 대신한다.

헤르츠버거는 거짓말쟁이 역설을 제거하려는 모든 시도는 그 문제에 대한 우리의 올바른 이해를 방해할 수 있다고 주장한다. 그는 분명히 일관성 견해(consistency view)에 근거한 해결책을 거부하면서, 거짓말쟁이 역설을 일관성 견해에 근거하여 제거하려고 하거나 역설을 해소하기 위해서 표준적이지 않은 의미론적인 장치나 특별한 논리학을 도입하려고 해서는 안 된다고 주장한다. 그가 소박한 의미론(naive semantics)이라고 부른 견해에 따르면, "역설은 자유롭게 발생하도록 허용되고, 역설이 고유의 방식으로 작동하도록 허용된다."[3] 그는 역설에 반하는 어떤 의미론적인 방어 장치나 비고전 논리학을 도입할 필요가 없으며, 특히 진리치 틈새나 색인사가 붙은 술어 등을 도입하여 역설을 제거하거나 해소하려는 노력은 성공할 수 없다고 주장한다. 거짓말쟁이 역설은 자신의 내적인 원리(inner principle)에 따라 전개되므로, 역설과 관련하여 중요한 점은 역설을 낳는 문장들에서 진리치의 불안정성(unstability)의 패턴을 파악하는 것이라는 것이 그의 주장의 핵심이다.

헤르츠버거의 의미론은 정신에서 치하라의 비일관성 견해와 유사하고 방법론에서 크립키의 귀납적인 진리론과 밀접하게 관련되어 있다. 그는 고전적인 값매김 도식을 허용하도록 크립키의 이론을 수정하고, 자신의 이론은 완전히 귀납적이라기보다 반귀납적(semi-inductive)이라고 말한다. 그는 거짓말쟁이 문장의 진리치를 의미론적으로 불안정함이라는 말로 설명한다. 역설을 낳는 다음 두 문장을 생각해보자.

(1) 이 문장은 거짓이다.
(2) 위 문장은 참이다.

(2)는 (1)이 말하는 것이 참이라고 말하고 있을 뿐이기 때문에, 위 두

문장의 진리치는 같아야 한다는 것이 직관적인 판단이다. 그러나 다른 한편으로는 (1)이 말하는 것은 (2)가 말하는 것의 부정이기 때문에 두 문장의 진리치는 서로 달라야 할 것 같다. 문제는 진리에 대한 직관을 포기하지 않으면서 이와 같은 모순적인 생각을 어떻게 설명할 것인가이다. 위 문장들과 관련된 또 다른 역설이 있다. (2)가 말하고 있는 것은 (1)이 참이라는 것인데, 이는 (2)가 (1)보다 한 단계 더 높은 단계에 있다는 것을 의미하는 것으로 이해된다. 그러나 (1)과 (2) 사이에 단계의 개념이 적용될 수 없다고 생각할 수도 있다. (1)이 말하고 있는 것은 단순히 (2)가 말하고 있는 것의 부정인 만큼 이 두 문장은 동일한 단계에 있다고 생각할 수 있기 때문이다.

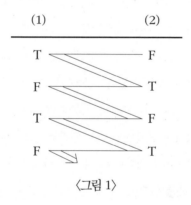

〈그림 1〉

헤르츠버거는 역설적 상황을 발생시키는 악순환을 상호작용하는 의미론적 과정으로 볼 것을 제안하고, 그 과정을 통해서 역설 문장의 진리치는 단계별로 결정된다고 주장한다. 즉 역설 문장은 의미론적 값매김에서 체계적으로 불안정(systematically unstable)하다. 위 〈그림 1〉에서 볼 수 있는 것처럼, (1)과 같은 역설 문장의 진리치는 한 단계에서는 참이고, 다음 단계에서는 거짓임이 반복되기 때문에 고정될 수 없다. 그는

(1)은 그것의 값매김에서 주기성 2의 순환(cycle of periodicity 2)의 모습을 보인다고 말한다.

이제 우편엽서의 역설이라고 알려진 다음 두 문장을 생각해보자.

(i) 다음 문장은 거짓이다.
(ii) 위 문장은 참이다.

이 두 문장은 주기성 4의 순환을 보인다. 즉 (ii)의 두 번째 단계에서의 진리치는 첫 번째 단계에서의 (i)의 진리치와 같고, 또 (i)의 첫 번째 단계에서의 진리치는 (ii)의 두 번째 단계의 진리치와 정반대이기 때문이다. 이를 도식화하면 다음과 같이 된다.

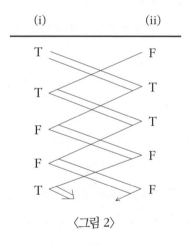

〈그림 2〉

이렇게 잘 알려진 역설들은 모두 유한한 주기성을 갖는다. 그는 주기성에 대해서 다음과 같이 설명한다.

소박한 절차에는 불안정성의 패턴에 대한 상계(upper bound)를 가지며,

이들 패턴은 언제나 주기적이다. 그리고 어떤 단계에서 그 절차는 고정적인 패턴으로 귀결되고 그 이후에는 영원히 주기적인 패턴을 반복한다.[4]

다시 말해서, 아무리 변동이 크고 불안정한 패턴을 보이는 복잡한 문장일지라도 궁극적으로는 순환적인 패턴 안에 포함된다는 것이다. 헤르츠버거는 자신이 반귀납적 구성이라고 부른 방법으로 이에 대한 구체적인 설명을 제시한다. 그는 집합론으로부터 "더 낮은 한계(lower limit)"라는 개념을 차용하여 설명한다. 더 낮은 한계란 수 계열에서 충분히 큰 모든 집합에 속하는 원소들을 모두 모음으로써 형성되는 집합이다. 어떤 집합 f(x)의 임의의 서수의 계열은 1까지의 모든 서수에 대해서 그 계열의 집합에 속하는 모든 원소가 속하는 집합이다. 헤르츠버거는 "임의의 계열 f(a)와 이 계열의 영역에 포함되는 임의의 서수 k에 대해서 k까지의 그 계열 f(a)의 더 낮은 한계는 다음과 같은 집합"이라고 말한다.[5]

Lower Limit$(a\langle k)f(x)=\{x\,|\,(\exists d\langle k)(\forall y: d\leq y\langle k)\; x\in f(y)\}$

이제 임의의 한계 단계에서 진리술어의 외연은 모든 이전 단계에서의 외연의 한계라고 주장할 수 있다. 따라서 만약 어떤 문장이 어떤 유한한 단계에서 참이고 이후의 모든 유한한 단계에서 그 의미론적 값이 유지된다면, 첫 초한 단계 d와 그보다 높은 임의의 초한 단계 k에서 참이라고 할 수 있다. 마찬가지로 어떤 문장이 어떤 초한 단계 k보다 낮은 단계에서 참이고 k 이후의 모든 하위 계열의 단계를 통해서 그 값을 유지한다면 그것은 k에서 참이라고 할 수 있을 것이다.

헤르츠버거에 따르면, 거짓말쟁이 문장은 실제로는 어떤 단계에서도 모순을 낳지 않는다. 실제로 비일관성은 서로 다른 단계에서의 값매김에서 발생하는 것이지 하나의 단계에서는 발생하지 않기 때문이다. 다시 말해서 거짓말쟁이 문장은 불안정하기는 하지만, 다른 단계의 값매김 사이에 비일관성이 있을 뿐이고, 그 비일관성은 일상 언어가 비일관적이라거나 비정합적이라는 것을 함축하지는 않는다. 따라서 우리는 이것을 병리적이어서 해결해야 할 문제로 볼 필요가 없고 단지 역설 문장의 불안정성의 패턴을 파악하기만 하면 된다는 것이 헤르츠버거의 중요한 주장이다. 요컨대 헤르츠버거는 역설 문장은 의미론적으로 불안정한 문장이다. 즉 그 문장은 어떤 단계의 값매김에서는 참이고, 다음 단계의 값매김에서는 거짓이며, 다시 그다음 단계의 값매김에서는 참이 되는 것을 반복한다. 그렇다고 이것이 역설 문장에 대해서 진리치 틈새나 진리 과잉을 함축한다고 생각해서는 안 된다. 거짓말쟁이 역설과 관련하여 대답되어야 할 문제는, 역설 문장의 진리치가 무엇인가가 아니라, 역설 문장의 진리치 변화의 패턴이 무엇인가이어야 한다. 바로 헤르츠버거가 소박한 의미론을 통해서 시도한 것은 바로 역설 문장의 진리치의 불안정성의 패턴과 정도를 구체적으로 보이는 것이다. 그렇게 함으로써 헤르츠버거의 소박한 의미론은 진리개념에 대한 우리의 기본적인 직관을 유지하면서 일상 언어가 왜 비일관적이라고 생각되는지를 설명해줄 수 있다.

굽타와 벨납은 진리술어에 대한 비일관성론자들의 직관을 설득력 있는 비유를 통해서 설명한다. 일식 현상에 대해서 정확히 이해하지 못했던 시대의 사람들은 그 현상에 대해서 당황해하면서 그 현상을 이해하는 데 도움이 되지 않는 이성적이지 않은 설명을 제시할 뿐이다. 일식 현상을 정확하게 이해하기 위해서는 태양과 달, 그리고 별의 일상적이고 규칙적인 움직임을 체계적으로 탐구해야 하는 것처럼, 진리술어가 일상적으로 사용되는 방식에 대한 체계적인 탐구를 통해서 그 술어가 비일상적인 현상을 낳는 이유를 탐구해야 할 것이다. 다시 말해서 우리가 거짓말쟁이 문장이나 그에 의해 발생되는 역설을 이해하기 위해서는 진리개념이 일상적으로 문제 없이 사용될 수 있는, 그 기초가 되는 원리가 무엇인가를 이해해야 한다. 거짓말쟁이 역설에 대한 가장 적절한 대처는 진리개념에 대한 우리의 직관을 보존하면서 동시에 진리개념이 낳는 역설을 해소하는 길을 찾는 것이다. 참인 모순문장을 받아들이는 프리스트의 초일관성 견해는 진리에 대한 우리의 일상적 직관에 반한다는 큰 부담을 가질 수밖에 없다. 반면에 진리개념에 대한 우리의 직관을 보존하려고 시도했다는 점에서 필드의 초완전성 견해는 의미 있는 시도임에 분명하지만, 그가 제시한 진리론은 일관성을 유지하기 위해서 일상적인 직관이 적용되기 어려운 조건문을 도입하는 부담을 갖는다. 결국 우리는 진리에 관한 직관적 사실을 유지하면서 어떤 모순이나 역설도 낳지 않는 진리개념을 구성하려는 진리 일관성론자들의 시도는 성공적일 수 없다는 점을 인정하고, 진리술어가 병리적인 문장에 적용되어 역설을 낳게 될 때 진리술어가 일상적으로 문제가 없이 사용될 수 있는, 그 기초가 되는 원리가 무엇인가를 이해함으로써 그 역설의 원인을 진단하는 비일관성론의 견해를 취하지 않을 수 없다.

주석

서론

1 G. Pitcher(1998), p. 2.

2 야블로는 "이것은 파리를 잡기 위해서 대포를 사용하는 격이다"라고 말한다.
   S. Yablo(1993), p. 251.

3 위의 논문, p. 252.

4 야블로의 역설에 대한 논쟁은 다음 논문을 참고할 것. G. Priest(1997), R.
   Sorensen(1998), JC. Beall(2001), O. Bueno & M. Colyvan(2003).

5 이 역설을 이렇게 이름한 철학자는 반 프라센(B. Van Frassen)이다. B. Van
   Frassen(1968), p. 147. 이렇게 역설을 해결하기 위해서 제안된 방안이 다른 역설
   을 낳는 문제를 복수의 문제(revenge problem)라고도 한다.

6 진리 수행론의 해결책을 다룬 이 절은 1997년 필자와 연세대 이승종 교수가
   함께 발표한 「진리 수행론과 의미론적 역설」을 토대로 다시 정리한 것이다.

7 A. Martinich(1983), p. 64.

8 위의 논문, p. 66.

9 위의 논문, p. 67.

10 F. Ramsey(1990), pp. 183~184. 필자는 전자의 유형의 역설을 '집합론의 역설'

후자의 유형의 역설을 '의미론적 역설'이라고 부를 것이다.

11 B. Russell(1971), p. 63.

12 위의 책, p. 75.

1장 언어 위계론과 맥락주의

1   여기서 'iff'는 '~이면 그리고 오직 ~일 경우에만'을 줄인 것이다. 앞으로 'iff'는 동치도식에서 이와 같은 의미로 사용될 것이다.

2   A. Tarski(1944), p. 50.

3   H. Field(1972), p. 96.

4   A. Tarski(1988), p. 194.

5   A. Tarski(1944), p. 54.

6   그럼에도 거짓말쟁이 역설에 대한 견해에서 러셀과 타르스키는 매우 중요한 차이가 있다. 타르스키는 의미론적으로 닫힌 언어인 일상언어를 사용하는 한 거짓말쟁이 역설은 피할 수 없다고 주장하는 데 반해, 러셀은 분지유형이론을 통해서 일상언어에서 거짓말쟁이 역설이 해소될 수 있다고 믿는다.

7   Kripke(1975), p. 54.

8   C. Parsons(1974), p. 38.

9   파슨스에게 양화사의 범위는 대상언어와 메타언어를 구별하는 데 사용된다. U에 포함된 명제들은 대상언어에 속하고 U를 넘어서는 명제들은 메타언어에 속한다.

10 C. Parsons(1974), p. 33.

11 위의 논문, pp. 28~29.

12 Burge(1979), p. 95.

13 위의 논문, p. 99.

14 버지에 따르면, 어떤 문장이 i-단계에서 진리도식(truth$_i$-schema)에 적용될 수 없다면 그 문장은 i-단계에서 병리적이고(pathological$_i$), 어떤 문장이 i-단계에서 병리적이라면 그 문장은 i-단계에서 참(true$_i$)이 아니다.

15 이로부터 버지의 견해가 그와 같은 수정된 위계론을 주장하는 파슨스의 견해와 어떻게 다른지 알 수 있다. 파슨스는 거짓말쟁이 문장이 명제를 표현하지 못하는 문장, 즉 참도 거짓도 아니라고 주장한다는 점에서 3치 논리를 받아들이는 셈이다.

16 Burge(1979), p. 107.

17 위의 논문, p. 109.

18 위의 논문, p. 110. 진실의 원칙과 정의의 원칙 이외에 최소화의 원칙도 필요하다. 버지는 진실의 원칙이 해석자의 의도에 부합하도록 진리술어의 단계가 충분히 높을 것을 요청하는데, 그 높은 정도는 정의의 원칙과 양립할 수 있는 가장 낮은 단계여야 하기 때문이다. 이 최소화의 원칙은 형식적 설명을 최대한 간단히 할 수 있게 하는 원칙이다. 버지는 이러한 원칙들을 적용하면 진리술어의 적절한 단계를 결정할 수 있다고 주장한다.

19 Gupta(1982), p. 204.

20 Burge(1979), p. 108.

21 Glanzberg(2001), p. 231.

22 그럼에도 불구하고 파슨스와 글랜즈버그 둘 다 "문장 S가 맥락 c에서 참이라고 말하는 것은 문장 S가 c에서 표현하는 명제가 있고 그것이 맥락 c에서 참이라고 말하는 것과 같다"는 주장에 동의한다는 점에서는 기본적인 맥락주의 아이디어를 공유한다고 할 수 있다.

23 Glanzberg(2001), p. 231.

24 'Exp(x, y)'는 'x라는 문장이 y라는 명제를 표현한다'를 뜻한다. 그러므로 '$\neg \exists p(\text{Exp}(\delta, c, p))$'는 '문장 δ는 맥락 c에서 표현하는 명제가 없다'를 뜻하고, '$\exists p(\text{Exp}(\delta, c', p))$' '$\delta$가 다른 맥락 c'에서는 표현하는 명제가 있다'를 뜻한다. 따라서 $\{\neg \exists p\text{Exp}(\delta, p)\}$와 $\{\exists p\text{Exp}(\delta, p)\}$는 모순이지만, $\{\neg \exists p\text{Exp}(\delta, c, p)\}$와 $\{\exists p\text{Exp}(\delta, c', p)\}$는 모순이 아니라는 것이 글랜즈버그의 주장이다.

25 Glanzberg(2001), p. 233.

26 Stalnaker(1999), p. 66.

27 위의 책, p. 98.

28 글랜즈버그는 명제에 대한 양화사의 범위가 어떻게 확장되어 전이가 일어나는지를 설명하면서, 맥락은 개별자들과 술어의 영역과 같은 두드러진 항목의 목록(list of salient items)을 포함하고 이러한 맥락의 구성요소를 두드러진 구조라고 말한다. Glanzberg(2004), p. 40 이하를 보라.

29 Glanzberg(2004), p. 19.

30 시몬스는 맥락주의가 부딪히는 복수의 문제를 낳는 논증을 네 부분으로 나누어 설명한다. 첫째 병리적인 문장이 발화되는 단계, 둘째 병리적인 문장이 진리치를 갖지 않음을 논증하는 단계, 셋째 다시 병리적인 문장을 반복하는 단계, 넷째

반복된 병리적인 문장이 진리치를 갖게 되는 단계가 그것이다. 여기서 그는 두 번째 단계에서 세 번째 단계로의 이행에서 맥락의 전이가 발생한다고 설명한다. Simmons(2007), p. 350.

31 글랜즈버그는 이 논제를 "(Exp-Prov)"라고 한다. 이 논제는 "s가 참인 전제들로부터 증명될 수 있다면, s가 표현하는 명제가 있다[∃p(Exp(s, p))]"라고 주장하는 것이다. 위의 논문, p. 228.

32 Gauker(2006), p. 403.

33 Simmons(1993), p. 102.

34 위의 책, p. 102.

35 위의 책, p. 105.

36 Gauker(2006), p. 400.

37 Simmons(1993), p. 107.

38 특이성 이론에 대한 형식적 전개는 Simmons(1993)에서도 나오지만, 이를 좀 더 발전시킨 것은 Simmons(2007)와 Simmons(2015)에서 찾아볼 수 있다. 여기서 설명하는 거짓말쟁이 문장에 대한 일차 나무에 대한 도식과 설명은 Simmons(2007), p. 36, Simmons(2015), p. 126에 자세히 설명되고 있다.

39 Simmons(1993), pp. 144~145.

40 만약 맥락이 진리술어의 외연에 영향을 주지 않는다면, 즉 진리술어가 불변하는 술어라면, 아래첨자 L의 계속되는 등장은 공허할 것이고 더 이상 아무것도 나타내지 않을 것이다. 만약 진리술어가 맥락 의존적이라면 그 이후에 사용되는 진리술어가 맥락 L이 진리술어의 처음 사용을 결정했던 외연을 물려받지 않는 한 아래첨자 L은 다시 등장하지 않는다.

41 시몬스는 이를 버지와 같이 '화용론적 무언함의(pragmatic implicature)'의 취소라고 설명한다. Simmons(1993), p. 104.

42 이러한 비판은 모든 맥락주의에 적용할 수 있겠지만, 가우커는 특히 시몬스의 특이성 이론에 대해서 이와 같이 비판하고 있다. 가우커의 시몬스에 대한 상세한 비판은 C. Gauker(2006), pp. 399~401을 볼 것.

43 Simmons(1993), p. 105.

44 C. Gauker(2006), p. 401.

45 Antonelli(1996), p. 158.

46 Simmons(1993), p. 182.

2장 초완전성 이론

1 이 절과 다음 절은 필자가 2013년 발표한 「크립키 진리론은 복수의 문제를 피할 수 있는가?」를 토대로 발전시킨 것이다.

2 Kripke(1975), p. 54.

3 위의 논문, p. 57.

4 여기서 D는 공집합일 가능성은 배제한다.

5 어떤 일항술어 F의 외연과 반외연의 집합은 D의 진부분집합이고, 또한 F의 외연과 반외연의 집합이 D 전체를 포괄하지 않는다면 그리고 오직 그럴 경우에만, F의 해석이 부분적으로(partially)만 정의되어 있다고 말한다.

6 Kripke(1975), p. 67.

7 위의 논문, p. 68.

8 크립키에 따르면, 참말쟁이 문장 ⑫는 기반을 갖지 않은 문장이지만 역설적인 문장은 아니기 때문에 임의로 참 또는 거짓의 값이 할당될 수 있다. 따라서 T의 외연을 확장하는 시작점에서 ⑫에 참 또는 거짓의 값을 부여하면 그 값은 계속해서 그대로 유지된다. 즉 ⑫에 참의 값을 부여하면, 그것은 L_0에서 $S_1 = \{⑫\}$, $S_2 = \varphi$이다. 그리고 T의 외연이 확장된 L_1에서도 여전히 S_1에는 ⑫가 포함되고 이는 계속될 것이다. 그러나 이렇게 진리치가 고정된 고정점은 최소 고정점은 아니다.

9 Kripke(1975), p. 61.

10 위의 논문, p. 80.

11 Gupta(2006), p. 722.

12 Maudlin(2004), p. 49.

13 모들린은 경계문장이 일반적으로 의미론적 기본값인 참, 거짓을 갖지만 모호한(vague) 술어 때문에 그 이상의 기본값을 가정할 필요가 있다고 말한다. 위의 책, p. 70.

14 Maudlin(2006a), p. 697.

15 위의 논문, p. 698.

16 Maudlin(2004), p. 51.

17 위의 책, p. 52.

18 위의 책, p. 154.

19 위의 책, p. 154.

20 위의 책, p. 58.

21 위의 책, pp. 170~171. 여기서 모들린은 모두 7개의 조건을 제시한다. 예를 들어 참인 문장은 주장 가능하고 거짓인 문장은 주장을 금해야 한다는 것 등이다. 그러나 그러한 조건이 누구나 항상 만족시켜야 하는 것은 아니다.

22 Maudlin(2006a), p. 702.

23 모들린이 구체적으로 적시하지는 않았지만, '거짓말쟁이 문장은 참이다'는 문장은 거짓은 아니지만 주장 가능하지 않은 문장의 예 중 하나일 것이다.

24 위의 책, p. 175f.

25 만약 어떤 경험과학의 이론이 어떤 이론 용어 'ε'을 도입했는데, 그 이론이 암묵적이든 명시적이든 'ε'을 온전히 만족하는 설명이 없고 일부를 만족하는 설명만 있을 경우, 'ε'은 상대적이라고 결론 내리기보다는 'ε'이 지시하는 것은 미결정적이라고 말하는 것이 옳을 것이다.

26 Gupta(2006), p. 723.

27 Maudlin(2006b), p. 731.

28 Maudlin(2004), p. 9.

29 Maudlin(2006b), p. 733.

30 Field(2008), p. 15f.

31 위의 책, p. 210.

32 페르난데즈와 압바드는 필드의 견해의 목적을 6가지로 제시한다. 그들이 제시한 6가지 목적은 1)과 2)를 각각 2개로 구분한 것으로 여기서 제시된 4가지 목적과 차이가 없다. Fernandez & Abad(2011) 참고.

33 필드의 조건 기호와 관련된 진리 수정론에 대한 자세한 설명은 Field(2008)의 §§16.2~16.3에 나온다.

34 $A \rightarrow A$가 보편적으로 성립하는데, 예컨대 거짓말쟁이 문장 λ의 경우, 즉 '$\lambda \rightarrow \lambda$'도 타당한 정식임을 증명할 수 있다. 이 문장은 조건문이므로, 초기 단계에서 부여되는 값은 $\frac{1}{2}$이다. 즉

$$\gamma_0^M(\lambda \rightarrow \lambda) = \frac{1}{2}$$

이다. 다음 단계에서 우리는 이 문장의 값을 전 단계에서 이 조건문이 가진 전건과 후건의 값을 토대로 계산한다. (λ)는 역설적 문장이기 때문에 그것은 최소 고정점에서 $\frac{1}{2}$의 값을 갖는다. 따라서 이 문장의 전건과 후건은 이전 단계에서 $\frac{1}{2}$의 값을 갖기 때문에 이 단계에서 이 조건문은 1의 값을 가질 것이다. 사실,

(λ)는 모든 수정 단계에서 $\frac{1}{2}$의 값을 갖기 때문에 $\alpha \rangle 1$인 모든 α에 대해서

$$\gamma_\alpha^M(\lambda \to \lambda)=1$$

그러므로 이 조건문은 초기 단계 이후 1 이외에는 어떤 값도 갖지 않기 때문에, 이 조건문의 궁극적인 값은 1이다. 결국 다음을 얻을 수 있다.

$$\|\lambda \to \lambda\|_M=1$$

35 커리문장은 축약의 규칙을 받아들이면 모순을 낳는다는 것이 커리의 역설이다. 그런데 필드의 논리체계에서 $\mathrm{Tr}(\langle \kappa \rangle) \leftrightarrow (\mathrm{Tr}(\langle \kappa \rangle) \to \bot)$의 궁극적인 값은 1이다. (여기서 $\langle \kappa \rangle$는 "이 문장이 참이면 임의의 문장이 참이다"는 커리문장의 이름이다.) $\bot$은 정의에 의해서 그 값이 모든 단계에서 0이다. 따라서 $\gamma_{\beta+1}^M(\mathrm{Tr}(\langle \kappa \rangle) \to \bot)$의 값은 이전 단계 $\gamma_\beta^M(\mathrm{Tr}(\langle \kappa \rangle))$의 값이 0일 경우 1이고, $\gamma_\beta^M(\mathrm{Tr}(\langle \kappa \rangle))$의 값이 1일 경우 0이다. 그러므로 $\mathrm{Tr}(\langle \kappa \rangle) \to \bot$는 $\mathrm{Tr}(\langle \kappa \rangle)$에서의 값의 연쇄와 같은 연쇄를 보여줄 것이다. $\mathrm{Tr}(\langle \kappa \rangle) \to \bot$와 $\mathrm{Tr}(\langle \kappa \rangle)$은 각 단계에서 동일한 값을 취하기 때문에, 그 쌍조건문의 궁극적 값은 1이다. 즉 다음을 얻게 된다.

$$\|\mathrm{Tr}(\langle \kappa \rangle) \leftrightarrow (\mathrm{Tr}(\langle \kappa \rangle) \to \bot)\|_M=1$$

36 Field(2008), p. 163.

37 위의 책, p. 164.

38 위의 책, p. 237. 따라서 다음과 같이 될 것이다.

$$\lambda_0 = \neg \mathrm{Tr}(\langle \lambda_0 \rangle)$$
$$\lambda_1 = \neg \mathrm{DTr}(\langle \lambda_1 \rangle)$$
$$\lambda_2 = \neg \mathrm{DDTr}(\langle \lambda_2 \rangle)$$

39 위의 책, p. 72.

40 Field(2002), p. 6.

41 굽타와 벨납의 진리 수정론은 4장 2절에서 상세하게 설명할 것이다.

42 $\mathrm{Tr}(\langle C \rangle) \to \bot$은 $\mathrm{Tr}(\langle C \rangle)$가 1의 값을 갖는 모든 단계에서 0의 값을 갖고, $\mathrm{Tr}(\langle C \rangle)$가 0의 값을 갖는 모든 단계에서 1의 값을 갖는다. 따라서 항상 '$\mathrm{Tr}(\langle C \rangle)$'과 '$\mathrm{Tr}(\langle C \rangle) \to \bot$'은 모든 단계에서 서로 다른 값을 갖게 되어 $\mathrm{Tr}(\langle C \rangle) \leftrightarrow (\mathrm{Tr}(\langle C \rangle) \to \bot$은 모든 단계에서 0의 값을 갖는다.

43 Chihara(1979), p. 590.

3장 초일관성 이론

1 Zalta & Berto(2008), §2. 참고.

2 양진주의에 대한 비판으로 대표적인 것으로 T. Parsons(1990), G. Littmann & K. Simmons(2004), B. Whittle(2004), Zalta(2004) 등을 꼽을 수 있다.

3 이 절은 필자가 2013년 발표한 「거짓말쟁이 문장은 무모순율의 반례인가?」를 토대로 수정하여 작성한 것이다.

4 Priest(2006b). p. 83.

5 커리의 역설이란, 커리문장이라고 알려진 "이 문장이 참이면 임의의 문장이 참이다"가 야기하는 역설을 말한다.

6 Priest(2006b). p. 85.

7 $M=\langle W, R, G, v \rangle$ (W: 가능세계들(w_i)의 집합, R은 W에 관한 이항관계, G는 현실세계, v는 명제 매개 변항의 값매김)
   $v_w(\varphi \Rightarrow \psi)=\{1\}$ iff $w_i R w$인 모든 w_i에 대해서 $v_{wi}(\varphi)=\{1\}$이면 $v_{wi}(\psi)=\{1\}$이고, $v_{wi}(\psi)=\{0\}$이면 $v_{wi}(\varphi)=\{0\}$이다.
   $v_w(\varphi \Rightarrow \psi)=\{0\}$ iff $w_i R w$인 어떤 w_i에 대해서 $v_{wi}(\varphi)=\{1\}$이고 $v_{wi}(\psi)=\{0\}$이다.
   Priest(2006b), p. 85.

8 Priest(2006a), p. 79.

9 위의 책, p. 70.

10 프리스트는 『모순에 대하여』의 1판에서 '누구도 합리적으로 하나의 문장을 수용하면서 동시에 거부할 수 없다'고 주장했다. 그러나 2006년의 2판에서 이 견해를 포기한다고 말한다. 그리고 동일한 문장에 대해서 수용하면서 동시에 거부할 수밖에 없는 경우가 있다고 말한다. 그리고 이와 유사한 논증은 Priest(2006b), 6장에서도 제시된다.

11 이 주장은 프리스트가 시몬스(K. Simmons)와의 서신에서 제시한 것이다. Littmann & Simmons(2004), p. 318.

12 Priest(2006a), p. 116.

13 T. Parsons(1990), p. 345.

14 Rescher & Brandom(1979), p. 138.

15 Berto(2006), p. 284.

16 Beall(2009)에서 볼은 이러한 취지로 베르토의 반론에 답하고 있다(pp. 99~100).

17 Bremer(1999), p. 169.

18 위의 논문, p. 170.

19 '단지 거짓'과 '단지 참'이 이와 같이 표현될 수 있는 이유는 다음 진리표를 통해서 설명될 수 있다.

β	(ㄴ>β∧ㄴβ)	(ㄴ>β∧ㄴ¬β)
t	f	**t**
f	**t**	f
b	f	f

20 대안 부정을 도입한 LP의 체계에서 'α→β'과 'ㄴα∨β'을 동치라고 한다면, 이 경우 '[(α∨β) ∧¬β]→α'는 논리적으로 참이 되어 선언삼단논법이 성립함을 보일 수도 있다.

21 이에 대한 더 자세한 논의는 Littmann & Simmons(2004), p. 322를 참고할 것.

22 이 절은 필자가 2014년 발표한 「형이상학적 원리로서의 무모순율: 모순이 관찰 가능한가?」라는 논문을 토대로 하여 수정한 것이다.

23 E. Mares(2004), pp. 265~266.

24 크룬은 Kroon(2004)에서 형이상학적 양진주의라는 용어 대신 실재론적 양진주의(realist dialetheism)라는 용어를 쓰면서 실재론적 양진주의를 비판하고, 베르토는 Berto(2006)에서 의미론적 양진주의를 옹호하기보다는 형이상학적 양진주의를 비판함으로써 의미론적 양진주의만이 받아들일 수 있는 양진주의임을 시사하고 있다.

25 Priest(2006a), p. 299. 메이어는 프리스트의 이러한 주장 때문에 그를 형이상학적 양진주의자로 분류하는 것으로 보인다.

26 Priest(2000), p. 315.

27 위의 논문, p. 315.

28 위의 논문, p. 318.

29 Armour-Gab & Beall(2002), p. 220.

30 위의 논문, p. 221.

31 Priest(1999)의 주된 주장을 볼과 콜리반이 정리한 것이다. Beall & Colyvan (2001), p. 564.

32 프리스트는 에셔의 그림 외에도 슈스터 그림(Schuster figure)과 펜로즈 그림 (Penrose figure), 그리고 운동과 관련한 모순 지각 현상으로 폭포수 효과 (waterfall effect) 등을 제시한다. Priest(1999), pp. 440~442.

33 Beall(2000a), p. 115.

34 위의 논문, pp. 114~115.

35 Beall & Colyvan(2001), p. 565. 약하게 관찰 가능함을 예를 들어 설명하면, 돌이가 행하는 어떤 행위를 직접 관찰하지 않더라도 여러 증거와 추론을 토대로 돌이가 행하는 그 행위를 알 수 있을 때 우리는 돌이가 행하는 그 행위를 약하게 관찰 가능하다고 한다.

36 위의 논문, p. 566.

37 Aristotle(1984), 1005b19~20. 영어 번역은 다음과 같다. "The same attribute cannot at the same time belong and not belong to the same subject in the same respect."

38 Tahko(2009), p. 33.

39 Priest(2006a), p. 300.

40 Beall(2000b)와 priest(2000)을 볼 것.

41 Beall(2000a), p. 265.

42 부정적 사실이 존재하는가의 문제는 매우 논쟁적이다. 부정적 사실이 존재한다는 주장은 프리스트나 볼처럼 극성 개념을 도입하지 않고도, 최근 바커(S. Barker)와 자고(M. Jago)가 설명하듯이, 사실은 긍정적이든 부정적이든 어떤 대상과 술어 사이의 내적 관계(internal relation)에 있는 것으로 설명함으로써 부정적 사실이 존재함을 주장할 수 있다. Barker & Jago(2013) 참고.

43 Beall(2000a), p. 266.

44 Beall(2009), p. 1.

45 위의 책, p. 14.

46 볼은 이를 다음과 같이 형식적으로 설명한다. $\mathcal{L}$을 토대언어라고 하고, LP* 모형들의 집합을 $(\alpha \in \mathcal{L})$인 임의의 문장 α에 대해서 $\not\vDash_{\mathcal{L}}(\alpha \wedge \neg \alpha)$와 같은 것으로만 규정적으로 제한함으로써 양진문장은 단순히 의미론적이라는 생각을 모형화할 수 있다. 그 결과 $\mathcal{L}$의 양진문장을 포함하는 모델은 없을 것이고, 비록 선언삼단논법과 폭발논증이 타당하지는 않지만 토대언어($\mathcal{L}$)에서 그것들에 대한 반례가 없을 것이다. 그리고 프리스트의 용어를 빌리면 그것들은 유사-타당(quasi-valid)한 규칙이어서 우리가 $\mathcal{L}$에서 추론할 때 이러한 추론원칙들을 안전하게 사용할 수 있다는 장점이 있다. 위의 책, p. 16~17을 참고할 것.

47 위의 책, p. 64.

48 피노키오 역설은 엘드리지-스미스가 2010년 자신의 딸, 베로니크가 거짓말

쟁이 역설의 다른 버전으로 제시한 것을 정리한 것이다. Eldridge-Smith & Eldridge-Smith(2010)을 볼 것.

49 위의 논문, p. 213.

50 나중에 논의하겠지만, '~그림자이다'나 '~모임의 비서이다'와 같은 술어도 특수한 상황에서 모순을 낳을 수 있다.

51 Eldridge-Smith(2011), p. 1.

52 위의 논문, p. 2.

53 Beall(2011), p. 690.(강조는 볼 자신이 한 것임)

54 메이어는 축구 경기에서 '~골이다'는 술어는 부분적으로 정의되는 술어일 수 있음을 논증한다. 그는 이러한 점들을 토대로 세계를 일상언어로 기술할 때 모순이 등장하고 따라서 그러한 모순을 허용하는 논리체계로서 의미론적 초일관성론을 받아들여야 한다고 주장한다. Mares(2004), pp. 266~268.

55 Chihara(1979)를 참고할 것. 치하라의 비일관성 견해는 4장 1절에서 상세하게 설명된다.

56 (PP)는 규칙이 아니며 더구나 의미론적 규칙이 아니기 때문에 피노키오 역설을 의미론적 역설로 간주할 수 없으며, 엘드리지-스미스도 위 역설을 의미론적 역설이라고 보지 않는다는 비판이 있을 수 있다. (PP)는 '거짓말을 한다'나 '커진다'는 술어를 어떻게 적용할지 규정하는 규칙이 아니기 때문에 규칙이라고 하기 어렵다는 것이다. 어떤 것이 규칙이라면, 우리가 통제할 수 있는 행위에 대해서 말해주는 바가 있어야 하는데, (PP)는 어떤 통제 가능한 우리의 행위를 기술하는 문장이 아니기 때문이다. 그러나 (PP)는 피노키오에게 주어지는 일종의 도덕적 규칙이라고 할 수 있을 것이다. 거짓말을 해서는 안 되고, 거짓말을 할 경우 코가 커지는 증상이 나타난다고 경고하는 규칙이라고 볼 수 있을 것이다. 또 의미론적 규칙으로부터 모순이 도출되는 것이 아니기 때문에 의미론적 역설이라고 볼 수 없다는 비판이 있을 수 있는데, 이는 의미론적 역설을 지나치게 강하게 해석한 결과이다. 엘드리지-스미스 자신도 명백하게 피노키오 역설을 의미론적 역설 중 하나인 거짓말쟁이 역설의 한 버전이라고 말한다. Eldridge-Smith(2012), p. 752.

4장 비일관성 이론

1   H. Herzberger(1982), p. 482.
2   1절 치하라에 대한 글은 필자의 논문 「진리, 일관적 개념인가?」(1996)를 수정하여 정리한 것이다.
3   C. Chihara(1979), p. 607.
4   A. Tarski(1988), p. 267.
5   C. Chihara(1979), p. 618.
6   위의 논문, pp. 612~613.
7   C. Chihara(1984), p. 226.
8   2절 굽타와 벨납의 진리 수정론에 관한 글은 필자의 논문 「굽타의 진리 수정론」(1997)을 수정하여 작성한 것이다.
9   Gupta & Belnap(1993), p. 6.
10 굽타의 이러한 구별은 치하라의 진단상의 문제와 치료상의 문제의 구별과 유사하다. 굽타의 서술적 문제와 치하라의 진단상의 문제는 왜 역설이 발생하는가에 관심을 갖고 설명하는 것이라면, 굽타의 규범적 문제와 치하라의 치료상의 문제는 어떻게 그 역설이 피해질 수 있는가를 설명하는 것이다. 또한 두 철학자 모두 후자의 문제보다는 전자의 문제가 중요한 것임을 역설하고 있다는 것도 유사하다.
11 Gupta & Belnap(1993), p. 17.
12 Wittgenstein(1984), p. 120.
13 Tarski(1944), p. 369.
14 Gupta(1981), p. 226.
15 위의 논문, p. 229.
16 이런 점에서 굽타와 벨납의 진리론은 치하라의 진리론과 비슷하다. 즉 치료의 시도는 질병을 악화시킬 뿐이다.
17 Gupta & Belnap(1993), pp. 142~143.
18 위의 책, p. 278.
19 Eklund(2008), p. 97.
20 Eklund(2002b), p. 322.
21 Eklund(2002a), p. 259.
22 위의 논문, p. 260.

23 위의 논문, p. 252.

24 위의 논문, p. 256.

25 위의 논문, p. 267.

26 Lewis(1984), p. 227.

27 Eklund(2002a), p. 268.

28 Båve(2012), p. 138f.

29 여기서 베이브는 절대적인 의미 구성 원리와 상대적인 의미 구성 원리를 구분하고, '전자'와 같은 경험적 내용을 갖는 경우는 일반적으로 상대적인 의미 구성 원리를 가질 뿐이라고 주장하면서, 여기서 제시된 비판은 일종의 애매어(equivocation)에 호소하는 것이라고 답한다. 베이브의 위의 논문, p. 139 이하를 참고할 것.

30 위의 논문, p. 142.

31 Patterson(2009), p. 409.

결론

1 물론 여기서 소개된 맥락주의가 전부는 아니다. 맥락주의를 다룬 1장에서도 모든 맥락주의자들의 견해를 다 소개하지는 못했다. 특히 바와이즈(J. Barwise)와 엔치멘디(J. Etchmendy)의 상황 의미론(situational semantics)에 토대한 맥락주의와 가이프만(H. Gaifman)의 맥락주의는 그 중요성에도 불구하고 다루지 못했다. 바와이즈와 엔치멘디의 거짓말쟁이 역설에 대한 중요한 저서로는 *The Lair: An Essay on Truth and Circularity*(Oxford: Oxford University Press, 1987)가 있고, 가이프만의 중요한 논문으로는 "Pointers to Truth"(*The Journal of Philosophy*, vol. 89, no. 5, 1992)가 있다.

2 러시아 철학자 코이레(A. Koyré)는 거짓말쟁이 문장은 엄격하게 말해서 적절한 주어를 갖지 않은 형식적으로 올바른 문장이 아니라고 주장하였고, 영국의 철학자 닐(W. Kneale)도 거짓말쟁이 문장은 명제를 표현하지 못한다고 주장했다. 코이레의 주장은 Koyré(1946)를 닐의 주장은 Kneale(1971)을 참고할 것.

3 Herzberger(1982), p. 482.

4 위의 논문, p. 490.

5 Herzberger(1984), p. 141.

참고문헌

Antonelli, G. A (1996), "Book Review of Simmon's *Universality and the Liar*", *Notre Dame Journal of Formal Logic*, vol. 37, no. 1, pp. 152~159.

Aristotle (1984), *Metaphysics*, trans. by W. D. Ross, revised by J. Barnes, Princeton: Princeton University Press.

Armour-Garb, B. & JC. Beall (2002), "Further Remarks on Truth and Contradiction", *The Philosophical Quarterly*, vol. 52, no. 207, pp. 217~225.

Barker, S. & M. Jago (2012), "Being Positive about Negative Facts", *Philosophy and Phenomenological Research*, vol. 85, no. 1, pp. 117~138.

Båve, A. (2012), "On Using Inconsistent Expressions", *Erkenntnis*, vol. 77, no. 1, pp. 133~148.

Beall, JC. (2000a), "On Truthmakers for Negative Truths", *Australasian Journal of Philosophy*, vol. 78, no. 2. pp. 264~268.

_____ (2000b), "Is the Observable World Consistent?", *Australasian Journal of Philosophy*, vol. 78, no. 1. pp. 113~118.

_____ (2000c), "On Truthmakers for Negative Truths", *Australasian Journal of Philosophy*, vol. 78, no. 2. pp. 264~268.

_____ (2001), "Is Yablo's Paradox Non-circular?", *Analysis*, vol. 61, pp. 176~187.

_____ (2009), *Spandrels of Truth*, Oxford: Oxford University Press.

_____ (2011), "Dialetheists against Pinocchio", *Analysis*, vol. 71, pp. 689~691.

Beall, JC. (ed.) (2003), *Liars and Heaps*, Oxford: Oxford University Press.

_____ (ed.) (2007), *Revenge of the Liar: New Essays on the Paradox*, Oxford: Oxford University Press.

_____ & B. Armour-Garb (eds.) (2005), *Deflationism and Paradox*, Oxford: Oxford University Press.

Beall, JC & M. Colyvan (2001), "Looking for Contradiction", *Australasian Journal of Philosophy*, vol. 79, no. 4. pp. 564~569.

Beall, JC. & G. Priest (2007), "Not So Deep Incosistency: Reply to Eklund", *Australasian Journal of Logic*, vol. 5, pp.74~84.

Berto, F. (2006), "Meaning, Metaphysics, and Contradiction", *American Philosophical Quarterly*, vol. 43, no. 4. pp. 283~297.

Bremer, M. (1999), "Can Contradictions be Asserted?", *Logic and Logical Philosophy*, vol. 7, pp. 167~177.

Bueno, O. and M. Colyvan (2003), "Paradox without Satisfaction", *Analysis*, vol. 63, pp. 152~156.

Burge, T. (1979), "Semantic Paradox", in Martin (ed.), 1984, pp. 83~117.

Chihara, C. (1979), "The Semantic Paradoxes: A Diagnostic Investigation", *The Philosophical Review*, vol. 88, no. 4, pp. 590~618.

Eklund, M. (2002a), "Inconsistent Languages", *Philosophical Phenomenological Research*, vol. 64, pp. 251~275.

_____ (2002b), "Deep Inconsistency", *Australasian Journal of Philosophy*, vol. 80, pp. 321~331.

_____ (2007), "Meaning-Constitutivity", *Inquiry*, vol. 50, pp. 559~574.

_____ (2008), "Reply to Beall and Priest", *Australasian Journal of Logic*, vol. 6, pp. 94~106.

Eldridge-Smith, P. & V. Eldridge-Smith (2010), "The Pinocchio Paradox", *Analysis*, vol. 70, pp. 212~215.

Eldridge-Smith, P. (2011), "Pinocchio against the Dialetheists", *Analyis*, vol. 71, pp. 306~308.

─────────── (2012), "Pinocchio Beards the Barber", *Analysis*, vol. 72, pp. 749~752.

Fernandez, J. M. & J. V. Abad (2011), "Saving Truth From Paradox", *Notre Dame Philosophical Reviews* (electronic Journal: http://ndpr.nd.edu).

Field, H. (1972), "Tarski's Theory of Truth", *Journal of Philsophy*, vol. 69, pp. 347~375.

─────── (2002), "Saving he Truth Schema from Paradox", *Journal of Philosophical Logic*, vol. 31, pp. 1~27.

─────── (2003), "A Revenge-Immune Solution to the Semantic Paradoxes", *Journal of Philosophical Logic*, vol. 32, pp. 139~177.

─────── (2005), "Is the Liar Sentence Both True and False?", in Beall and Armour-Garb (eds.), 2005, pp. 23~40.

─────── (2008), *Saving Truth From Paradox*, Oxford: Oxford University Press.

Gauker, C. (2006), "Against Stepping Back: A Critique of Contextualist Approaches to the Semantic Paradoxes", *Journal of Philosophical Logic*, vol. 35, pp. 393~422.

Glanzberg, M. (2001), "The Liar in Context", *Philosophical Studies*, vol. 103, pp. 217~251.

─────────── (2004), "A Contextual-Hierachical Approach to Truth and the Liar Paradox", *Journal of Philosophical Logic*, vol. 33, pp. 27~88.

Grim, P. (2004), "What is a Contradiction?", in Priest, G., Beall, JC. and Armour-Gab, B. (eds.), *The Law of Non-Contradiction*, Oxford: Oxford University Press, 2004, pp. 49~72.

Gupta, A. (1982), "Truth and Paradox", in Martin (ed.), 1984, pp. 175~235.

─────── (2006), "Remarks on a Foundationalist Theory of Truth", *Philosophy and Phenomenological Research*, vol. 73, no. 3, pp. 721~727.

Gupta, A. & N. Belnap (1993), *The Revision Theory of Truth*, Cambridge: The MIT Press.

Herzberger, H. (1982), "Naive Semantics and the Liar Paradox", *The Journal of Philosophy*, vol. 79, pp. 479~497.

_____ (1984), "Notes on Naive Semantics", in Martin (ed.), 1984, pp. 133~174.

Irvine, A. D. (1992), "Gaps, Gluts, and Paradox", *Canadian Journal of Philosophy*, vol. 18, pp. 273~299.

Ketland, J. (2004), "Bueno and Colyvan on Yablo's Paradox", *Analysis*, vol. 64, pp. 165~172.

Kneale, W. (1972), "Propositions and Truth in Natural Languages", *Mind*, vol. 81, pp. 225~243.

Koons, R. C. (1992), *Paradoxes of Belief and Strategic Rationality*, Cambridge University Press.

Koyré, A. (1946), "The Liar", *Philosophy and Phenomenological Research*, vol. 6, pp. 344~362.

Kroon, F. (2006), "Realism and Dialetheism", in G. Priest, JC. Beall, and B. Armour-Garb (eds.), *The Law of Non-Contradiction*, Oxford: Clarendon Press, pp. 244~263.

Kripke, S. (1975), "Outline of A Theory of Truth", *The Journal of Philosophy*, vol. 72, in R. Martin (ed.), 1984, pp. 53~81.

Littmann, G. & K. Simmons (2004), "A Critique of Dialetheism", in G. Priest, JC. Beall, and B. Armour-Garb (eds.), 2004, pp. 264~275.

Lewis, D. (1984), "Putnam's Paradox", *Australasian Journal of Philosophy*, vol. 62, pp. 221~236.

Mares, E. (2004), "Semantic Dialetheism", in G. Priest, JC. Beall, and B. Armour-Garb (eds.), 2004, pp. 264~275.

Martin, R. (ed.) (1984), *Recent Essays on Truth and the Liar Paradox*, Oxford: Clarendon Press.

Martinich, A. (1983), "A Pragmatic Solution to the Liar Paradox", *Philosophical Studies*, vol. 43, pp. 63~67.

Maudlin, T. (2004), *Truth and Paradox: Solving the Riddles*, New York: Oxford University Press.

_____ (2006a), "Precis of Truth and Paradox", *Philosophy and Phenomenological Research*, vol. 73, no. 3, pp. 696~704.

_____ (2006b), "Replies", *Philosophy and Phenomenological Research*, vol. 73, no. 3, pp. 728~739

Parsons, C. (1974), "The Liar Paradox", *Journal of Philosophical Logic*, vol. 3, in Martin (ed.), 1984, pp. 9~45.

Parsons, T. (1990), "True Contradictions", *Canadian Journal of Philosophy*, vol. 20, pp. 335~354.

Patterson, D. (2009), "Inconsistency Theories of Semantic Paradox", *Philosophy and Phenomenological Research*, vol. 79(2), pp. 387~422.

_____ (2007), "Understanding the Liar", in Beall (ed.), 2007, pp. 197~224.

Pitcher, G. (1998), *Truth*, (2nd ed.), Oxford: Clarendon Press.

Priest, G. (1979). "The Logic of Paradox", *Journal of Philosophical Logic*, vol. 8, pp. 219~241.

Priest, G. (1997), "Yablo's Paradox", *Analysis* 57, pp. 236~242.

_____ (1999), "Perceiving Contradictions", *Australasian Journal of Philosophy*, vol. 77, no. 4, pp. 439~446.

_____ (2000), "Truth and Contradiction", *The Philosophical Quarterly*, vol. 50, no. 200, pp. 305~319.

_____ (2006a), *In Contradiction: A Study of the Transconsistent*, (2nd expanded ed.), Oxford: Clarendon Press.

_____ (2006b), *Doubt Truth to be a Liar*, Oxford: Oxford University Press.

Priest, G. & JC. Beall, & B. Armour-Garb (eds.) (2004), *The Law of Non-Contradiction*, Oxford: Clarendon Press.

Ramsey, F. (1990), *Philosophical Papers*, D. H. Mellor (ed.), New York: Cambridge University Press.

Rescher, N. & R. Brandom (1979), *The Logic of Inconsistency*, Totowa: Rowman & Littlefield.

Russell, B. (1971), *Logic and Knowledge*, New York: Capricorn Books.

Simmons, K. (1993), *Universality and the Liar: An Essay on Truth and the Diagonal Argument*, Cambridge University Press.

_____ (2007), "Revenge and Context", in Beall (ed.), pp. 345~367.

_____ (2015), "Paradox, Repetition, Revenge", *Topoi*, vol. 34, pp. 121~131.

Sorensen, R. (1998), "Yablo's Paradox and Kindred Infinite Liars", *Mind*, vol.

107, pp. 137~155.

Stalnaker, R. (1999), *Context and Content*, Oxford: Oxford University Press.

Tarski, A. (1944), "The Semantic Conception of Truth", *Philosophy and Phenomenological Research*, vol. 4, in *Philosophy of Language*, A. P. Martinich (ed.), Oxford: Oxford University Press, 1985, pp. 48~71.

_____ (1988), *Logic, Semantics, Metamathematics*, (2nd ed.), trans. by H. Woodger, Indianapolis: Hackett Publishing Co.

Tahko, T. (2008), "The Metaphysical Status of Logic", *The Logica Yearbook 2007*, Prague: Filosofia, pp. 225~235.

_____ (2009), "The Law of Non-Contradiction as Metaphysical Principle", *Australasian Journal of Logic*, vol. 7, pp. 32~47.

Van Frassen, B. (1968), "Presupposition, Implication, and Self-Reference", *The Journal of Philosophy*, vol. 65, pp. 136~152.

Whittle, B. (2004), "Dialetheism, Logical Consequence and Hierarchy", *Analysis*, vol. 64, no. 4, pp. 318~326.

Wittgenstein, L. (1984), *Remarks on the Foundations of Mathematics*, Cambridge: The MIT Press.

Yablo, S. (1993), "Paradox without Self-reference", *Analysis*, vol. 53, pp. 251~252.

Zalta, E. (2004), "In Defense of the Law of Non-Contradiction", in Priest & Beall & Armour-Garb (eds.), 2004, pp. 418~436.

Zalta, E. & F. Berto (2008), "Dialetheism", *Standford Encyclopedia of Philosophy*, http://plato.stanford.edu/entries/dialetheism/.

찾아보기

거짓말쟁이 역설에 관한 탐구

1판 1쇄 찍음 | 2019년 2월 19일
1판 1쇄 펴냄 | 2019년 2월 26일

지은이 | 송하석
펴낸이 | 김정호
펴낸곳 | 아카넷

출판등록 2000년 1월 24일(제406-2000-000012호)
10881 경기도 파주시 회동길 445-3
전화 | 031-955-9511(편집), 031-955-9514(주문)
팩스 | 031-955-9519
책임편집 | 박수용
www.acanet.co.kr

Printed in Seoul, Korea.

ISBN 978-89-5733-624-3 93170

이 도서의 국립중앙도서관 출판예정도서목록(CIP)은
서지정보유통지원시스템 홈페이지(http://seoji.nl.go.kr)와
국가자료공동목록시스템(http://www.nl.go.kr/kolisnet)에서 이용하실 수 있습니다.
(CIP제어번호: CIP2019004806)

이 저서는 2015년 정부(교육부)의 재원으로 한국연구재단의 저술지원 사업의 지원을 받아 이루어졌다.
(NRF-2015S1A6A4A01013455)